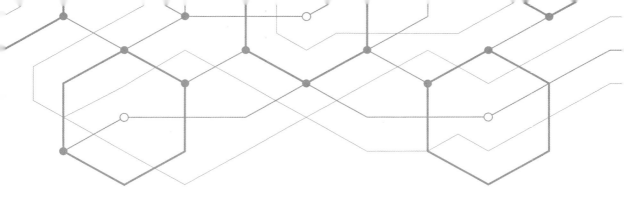

新媒体行为决策

郑昱 编著

New Media and Behavioral
Decision Making

·广州·

版权所有 翻印必究

图书在版编目（CIP）数据

新媒体与行为决策/郑昱编著. —广州：中山大学出版社，2022.12
ISBN 978－7－306－07671－7

Ⅰ.①新… Ⅱ.①郑… Ⅲ.①媒体—研究 Ⅳ.①G206.2

中国版本图书馆CIP数据核字（2022）第253304号

XINMEITI YU XINGWEI JUECE

| 出 版 人：王天琪
| 策划编辑：徐诗荣　王　睿
| 责任编辑：林梅清
| 封面设计：曾　斌
| 责任校对：潘惠虹
| 责任技编：靳晓虹
| 出版发行：中山大学出版社
| 电　　话：编辑部 020－84110283，84113349，84111997，84110779，84110776
| 发行部 020－84111998，84111981，84111160
| 地　　址：广州市新港西路135号
| 邮　　编：510275　　传　真：020－84036565
| 网　　址：http://www.zsup.com.cn　E-mail：zdcbs@mail.sysu.edu.cn
| 印 刷 者：广州市友盛彩印有限公司
| 规　　格：787mm×1092mm　1/16　18.5 印张　285 千字
| 版次印次：2022 年 12 月第 1 版　2022 年 12 月第 1 次印刷
| 定　　价：45.00 元

如发现本书因印装质量影响阅读，请与出版社发行部联系调换

前　　言

随着信息技术的高速发展，新媒体更加广泛地渗入人类社会生活。新媒体深刻影响着人类的行为选择，表现为新媒体的出现不仅改变了人类的生活方式、行为习惯，也改变了人类的思维方式和心理感知。《新媒体与行为决策》基于行为科学的研究视角，系统梳理国内外新媒体与行为决策在基础研究和应用领域的成果，重点介绍新媒体与个体领域、决策领域、人际领域的经典研究和最新研究，试图构建一个新媒体环境中个体行为决策特征与变化趋势的基本框架。本书可分为四个部分。

第一部分"导言"，共分为两章，是本书的开篇部分。第一章"研究历程"首先界定了新媒体概念，随后简要地介绍了新媒体研究的发展演变过程，梳理了该领域关于互联网媒介平台和互动性媒介形态的研究，并对行为科学视角下的新媒体研究的经典理论进行阐述。第二章"研究方法"介绍了传统定性、定量研究方法在线应用的发展现状，并重点介绍了基于社交媒体所开展的研究面临的挑战及未来发展方向。

第二部分"个体领域"，共分为三章。第三章"新媒体与人格"介绍了人格结构理论在国内外的研究进展，并总结了新媒体对人格发展的影响。第四章"新媒体与认知"基于互联网拥有海量信息的背景，以多学科交叉的视角阐述了新媒体环境对人类认知能力、行为倾向的影响。第五章"新媒体与情绪"承接第四章的内容，以认知、情绪双路径的研究思路，探讨纷繁复杂的互联网信息、认知能力的有限性如何使情绪传播愈演愈烈，并通过阐释情绪相关的概念来详细介绍新媒体与正性情绪、负性情绪以及决策情绪的作用机制。

第三部分"决策领域"，共分为三章。第六章"新媒体与跨期决策"紧密结合国内外研究的前沿理论，探讨在新媒体环境中个体跨期决策的变化，以及其中可能存在的影响因素。第七章"新媒体与风险决策"在厘清风险决策概念的基础上，探究个体在不同风险领域的行为以及新媒体对个体风险决策的影响。第八章"新媒体与消费决策"基于新媒体环境中消费模式的重要改变，重点阐述消费者的各类消费决策模型，并结合国内外的研究，从新媒体的角度探讨广告、品牌推广视频、线上评论等各类因素如何影响个体的消费决策。

第四部分"人际领域"，共分为两章。第九章"新媒体与人际吸引"通过介绍人际吸引的三种研究视角，阐述个体对人际吸引的需求动力，并在此基础上介绍新媒体对人际吸引产生的影响，以及新媒体中的印象管理与关系构建。第十章"新媒体与心理健康"通过梳理使用新媒体产生的心理压力，来探讨社交媒体成瘾行为、网络欺凌行为的成因及心理机制，并为新媒体使用过程中出现的心理健康问题提供应对及干预策略。

我国的行为决策研究始于诺贝尔奖得主司马贺（Herbert Simon）先生在1983年与中国科学院心理研究所的科研合作工作，随后便进入了蓬勃发展阶段，目前已经涌现出了大量高水平研究成果，在经济学、政治学等诸多社会科学领域都产生了重要且深远的影响。本教材是行为决策研究在新闻传播学领域的一次初步尝试，作为一门交叉学科教材，可用于新闻传播专业的本科生、研究生的专业选修课。同时，希望广大师生、学者不吝赐教，以便本教材更加符合新闻传播学领域的教学发展理念。

郑昱

2022年10月12日于中山大学康乐园

目 录

第一篇　导言

第一章　研究历程 ……………………………………………… 3
　第一节　新媒体研究的发展演变 ………………………………… 3
　第二节　行为科学视角下新媒体研究的理论构建 ……………… 8
第二章　研究方法 ……………………………………………… 17
　第一节　传统研究方法的在线应用 ……………………………… 17
　第二节　新媒体研究方法面临的挑战 …………………………… 21

第二篇　个体领域

第三章　新媒体与人格 ………………………………………… 29
　第一节　人格结构与新媒体 ……………………………………… 29
　第二节　新媒体对人格的影响 …………………………………… 39
第四章　新媒体与认知 ………………………………………… 53
　第一节　新媒体使用中的认知因素 ……………………………… 53
　第二节　新媒体与认知神经科学 ………………………………… 60
　第三节　新媒体与心理学视角下的信息加工 …………………… 68
　第四节　新媒体与具身认知 ……………………………………… 80
　第五节　新媒体与选择性接触 …………………………………… 88

第五章　新媒体与情绪 ………………………………………… 97
第一节　决策与情绪 ………………………………………… 97
第二节　新媒体与情绪维度 ………………………………… 102

第三篇　决策领域

第六章　新媒体与跨期决策 …………………………………… 115
第一节　新媒体中认知因素与跨期决策 …………………… 115
第二节　新媒体中情绪因素与跨期决策 …………………… 118
第七章　新媒体与风险决策 …………………………………… 122
第一节　风险决策简介 ……………………………………… 122
第二节　风险决策中的领域特异性 ………………………… 127
第三节　新媒体对风险决策的影响 ………………………… 139
第四节　发展方向 …………………………………………… 146
第八章　新媒体与消费决策 …………………………………… 148
第一节　消费决策简介 ……………………………………… 148
第二节　新媒体对消费者购买决策的影响 ………………… 153
第三节　新媒体环境下消费决策的发展方向 ……………… 174

第四篇　人际领域

第九章　新媒体与人际吸引 …………………………………… 179
第一节　人际吸引的三种研究视角 ………………………… 179
第二节　新媒体对人际吸引的影响 ………………………… 185
第三节　新媒体使用中的印象管理与关系构建 …………… 195

第十章　新媒体与心理健康 202
　　第一节　新媒体与心理压力 202
　　第二节　网络偏差行为及应对 210

参考文献 218
后记 286

第一篇 导言

第一章　研究历程

本章通过对新媒体概念及新媒体研究发展演变过程的溯源，梳理了该领域中关于互联网媒介平台和互动性媒介形态的研究，并对该领域中行为科学视角下的新媒体研究理论进行介绍。

第一节　新媒体研究的发展演变

作为已被广泛使用的概念——"新媒体"（new media），其概念及界定范围与其研究历程相依相存，都离不开新媒体相对稳定的核心特征。

一、新媒体的源起

"new media"一词由美国哥伦比亚广播电视网技术研究所所长戈尔德马克（P. Goldmark）在1967年提出，他在所发表的电子录像商品开发计划书中首次使用了"new media"的表述，新媒体这个概念由此诞生。随着美国传播政策总统特别委员会主席罗斯托（E. Rostow）在总统报告书中多次使用该概念，新媒体一词开始在美国广泛流传。此时，新媒体概念的指向侧重于电子媒体中的创新性应用。

随着计算机与通信技术的快速发展，新媒体一词曾一度与"信息高速公路""网络媒体""手机媒体"等相提并论，从WEB 1.0、WEB 2.0到3G技术的应用，"新媒体"的概念内涵也在发展演变中逐渐趋于明晰。目前学术界的共识是：新媒体是伴随着互联网发展，以数字技术、计算机网络技术、移动通信技术为主要支撑的媒介形态和平台。互联网既是新媒体的重要表现形态，也是新媒体发展的深刻动力。早期联合国教科文组织曾将新媒体的概念界定为：新媒体等同于网络媒体，是互联网空间中所有人对所有人的传播。具体而言，依据硬件设备终端的不同，新媒体可被划分为三大类别：①以计算机为终端的门户网站；②以移动设备为终端的手机媒体、电子书；③以数字电视为硬件设备终端的媒体。依据应用功能的划分，新媒体主要以社交媒体为呈现方式，具有聚焦网络虚拟社区以及点对点的社交传播功能。

通过梳理新媒体概念的演变，有研究者指出，新媒体的概念应涵盖具有互动性、融合性的各类媒介形态及平台，主要包括网络媒体、手机媒体及两者融合形成的移动互联网、具有互动性的数字媒体形式以及新闻与其他信息服务的媒介机构（彭兰，2016）。目前，学术界对新媒体的研究基本可以划分为两类：基于互联网媒介平台的研究和基于互动性媒介形态的研究。

二、基于互联网媒介平台的研究

（一）媒介平台研究的学科属性

互联网概念的关键在于，其不是为某一种特定的需求而设计的，而是一种可以接受任何新的需求的、总的基础结构（Hargittai, 2000; Leiner et al., 1998）。媒介平台研究的特点在于：虽然各学科在媒介平台研究的方向和侧重点上有所不同，但各学科相互交叉、重叠甚至整合。因此，媒介平台研究需要重视多学科的介入与融合，并且无法规避其影响。

（二）互联网的社会特性

1. 互联网形成的网络空间

互联网形成的网络空间被视为可以展开实时或延时社会行为的场域，它为那些身处不同地理空间的人们提供了一个便利交流的平台。互联网形成的网络空间不仅是一个信息交流媒介，也是一个社会互动媒介——在网络空间，人们可以持续地展开一对一、一对多以及多对多的社会互动（Harasim，1993；Smith，1998）。互联网作为一种媒介使这种社会互动得以发生，因此，互联网不是脱离人类社会的外在媒介，而是使人类社会各种行为得以发生的媒介，这种"吸纳"属性被认为是网络空间最重要的社会意义。作为一个全新的社会行为场域，网络空间是由共识或共同兴趣形塑的、想象的社会互动场域：在网络空间，"距离""身体"等概念被赋予了全新的含义。例如，网络空间削弱了现实社会行为中物理场所的重要性，使得物理地方与社会地方脱离，物理地方不再是构成社会地方的前提，并因此而导致了各种全新社会行为的产生（Benedit，1994）。

2. 互联网对社会时空的影响

理解互联网对日常社会生活影响的关键，是分析互联网对社会"时间—空间"延伸和分离的影响。对此，有研究者提出了"时—空延伸"和"时—空压缩"两种观点。

"时—空延伸"观点认为，互联网模糊了全球性与地方性之间的界限，为社会沟通和互动提供了新的途径，从而导致空间与地理场所相分离，在场事务的作用正越来越被在"时—空"意义上缺场的事务所取代。即时间与空间的无限延伸导致社会生活被不断重组，这使得人们越来越多的日常活动和工作可以在网络上完成，网络中的多任务处理方式可以使人们在有限的时间内完成更多工作——时间在延伸——这使得整个人类社会的运作发生巨大改变（Giddens，2003）。

"时—空压缩"观点认为，互联网存在既隔离又联结的媒介特性，这种媒介特质对公私领域的划分有着复杂的影响：网络在公私领域交错重组的过程中，恢复和重构了部分私密空间，网络空间存在真实空间与虚拟空间、全球空间与地方空间、个人空间与公共空间等一系列二元交织的空间特性。此外，新媒体环境中的技术使得虚拟群体的构建越来越便捷，在高速变化的环境中，人们的时间体验在加速，"时—空压缩"这一术语概括了目前正在进行的人类状况参数的多层级改变（Bauman，2001；Harvey，1990）。

3. 互联网中的人类社会性

人们使用社交媒体的动机类似于现实世界中社交互动的本能，即社交媒体吸引人们通过在线的方式进行信息交换与互动，同时在此获得社会支持和友谊。有研究发现，实际社交网络规模（如 Facebook 的朋友数量）与杏仁核（与社会认知和社交网络规模相关的关键脑部组织）显著相关。这种由同一个脑部组织控制线上和线下人类社交活动的研究证据意味着，人类对于线上社交事件的神经认知反应与线下生活具有相通性。例如，认知神经研究发现人们在现实世界中被拒绝时所激活的脑区，在线上社交互动中被拒绝时也会被激活。人们对线上社交感觉焦虑的同时，在线下也会感到被社交孤立。同样，在线上获得赞赏、粉丝数增加与在线下体验喜悦、成功时的感受类似（Firth et al., 2019）。

尽管在互联网世界中存在线上线下的"相通性"，但线上特征具有自身的独特性，例如视觉匿名性（visual anonymity）。视觉匿名性表现为：与线下相比，在新媒体的互动中，人们可以控制何时及在多大程度上透露自己的信息。视觉匿名性带来了"感觉消减"：即使音频、视频技术发展，身体、触觉、嗅觉等方面的互动仍然十分有限。视觉匿名性带来了"知觉转变"：长时间的线上互动会使意识状态出现转变，形成一种超现实的知觉，即自己的心智与他人混合的体验。感觉消减和知觉转变的过程中存在"去抑制效应"：人们把线下的负性情绪转到线上表露，人们愿意更坦诚地在互联网中表露自己一些在线下无法或不愿交流的信息。这些变化特征正在形塑互联网世界中的人类社会性。

三、基于互动性媒介形态的研究

互动性属于新媒体的本质传播特征，较之传统媒体的单向线性传播，新媒体凸显了受众的自主选择与反馈，发展为双向、多向交流传播，因而传播方和受众的角色不断在切换。互动性也带来了信息控制力的变化，互联网时代不再有信息传播的控制者，只有信息传播的参与者。近年来，对互动性媒介形态的研究主要聚焦于对社交媒体的研究。

对于社交媒体，学术界目前尚没有一个能让大众普遍接受的定义，部分原因在于社交媒体快速发展变化的性质，同时，其表现出大众媒体和人际传播的特性，这让对其进行整合后的静态描述变得复杂（Vorderer et al.，2018）。本书采用在学术界较为广泛使用的定义，即"社交媒体是基于互联网的、独立的和持久的大众个人沟通渠道，有助于感知用户之间的互动，主要从用户生成的内容中获得价值"（Carr and Hayes，2015）。该定义体现了社交媒体的互联网特性和社交互动的本质。Bayer 等人（2020）概括了目前社交媒体研究所包含的四个元素：用户资料（profile）、社交网络（network）、信息流（stream）、消息（message）。

社交媒体中的用户资料元素与用户的选择性自我呈现有密切关系。而现有研究所面临的巨大挑战是来自用户资料元素的真实性问题，这主要受到用户个体自身的动机以及所在平台规范的影响；社交网络通过用户在社交媒体的信息交换对累积个人社会资源发挥重要作用，使人们能够通过情感支持或新信息交换来实现人际沟通和关系维护。但值得注意的问题是，在人们可以更便捷地通过社交媒体构建自己的社交网络时，这种线上构建的社交关系在多大程度上加强了线下的关系或者反映了线下关系的真实性？对此，目前研究者的观点并不一致。社交媒体所呈现的信息流通常与用户的被动使用相联系（Verduyn et al.，2015），目前，较多研究者评估了社交媒体信息流所带来的社会比较效应：社交媒体通过平台可以汇聚性地展示他人信息，并提供评估他人信息的各种方式（例如"赞""评论""转发"等），这无疑进一步强化了用户进行社会比较的倾向。社交媒体的互动与消息传递密不可分，消息的传递与隐私性、便携性和异步性（Fox and McEwan，2017）相关联，基于互联网技术的高速发展，消息传递充分凸显了其在社交媒体互动行为领域的中心地位。与消息传递相关的研究通常采用"永久在线、永久连接"等术语来描述持续的连接性和相关的心理影响（Vorderer et al.，2018），但这种随时得到满足的社会需求，也带来了需要快速响应的社会压力。如何在保持可接受的"社会联结"的同时,平衡这种"保持响应"的压力是目前社交媒体互动研究的一大挑战。

第二节 行为科学视角下新媒体研究的理论构建

新媒体的出现使人类快速进入信息社会:人们越来越依赖于通过新媒体进行工作、生活和娱乐;无处不在的新媒体也潜移默化地对人们的认知、情感、观念、态度和行为产生影响。目前,行为科学视角下的新媒体研究理论大致可以分为媒体效果视角和背景类型视角两大类。

一、媒体效果视角

媒体效果研究源于大众传播研究领域,随着互联网的出现,媒体的使用具有越来越多的鲜明个性化特征,这被称为大众自我传播(mass self-communication)(Castells, 2007)。比较而言,大众传播研究只关注媒体信息接收过程,而大众自我传播研究关注媒体信息接收以及生成的全过程(Castells, 2007)。媒体效果研究始于20世纪二三十年代,随着20世纪50年代末电视影响的凸显,媒体效果研究也开始成为研究热点。早期的媒体效果理论主要关注媒体使用与某些结果之间的单向线性关系,如涵化理论(cultivation theory)(Gerbner et al., 1980),后续其他理论(Bandura, 2009; Slater, 2007)开始关注媒体因素(例如媒体使用、媒体处理)和非媒体因素(例如性格、社会背景)之间的相互作用,当今媒体效果理论主要聚焦于媒体因素和非媒体因素之间的关系以及媒体效果的边界条件。

(一)基于选择性范式的理论

研究者发现,并不是所有媒体的信息都会被关注,人们只关注那些能够吸引他们注意力的信息，并且会选择性地关注其中较为有限的信息，而且只有他们关注的信息才有可能影响到他们（Knobloch-Westerwick，2015；Rubin，2009）。这意味着媒体改变公众态度或行为的效果是有限的（Klapper，1960；Lazarsfeld et al.，1948）。选择性范式理论主要包括两个理论：使用与满足理论（Katz et al.，1973；Rosengren，1974；Rubin，2009）和选择性暴露理论（Knobloch-Westerwick，2015；Zillmann and Bryant，1985）。使用与满足理论和选择性暴露理论均假设个体基于自身需求来选择媒体，这种选择受到各种心理和社会因素的影响。二者在用户的动机区分上存在差异：使用与满足理论将媒体用户的选择视为理性的、有意识的行为；选择性暴露理论则认为媒体用户对其选择动机知之甚少，甚至自身并没有意识到自身的选择动机。

  选择性范式理论早期主要关注"人们对媒体做了什么""媒体对人们做了什么"，而对媒体信息加工过程中的影响因素的研究一直较为匮乏。进入21世纪后，选择性范式理论作为媒体效果领域的重要组成部分，强调了媒体用户在媒体效果作用过程中的影响作用，即用户个体通过选择性地使用媒体（有意识或无意识地）实现了部分媒体效果。影响个体选择使用媒体的因素有较稳定的因素（如人格、性别等），也有存在变化的因素（如认知、情绪等）。在个体差异方面，研究表明，个体通常更倾向于关注与其年龄理解范畴相关的媒体内容（Valkenburg and Cantor，2001），如果遇到差异太大的媒体内容，人们会减少对它的关注或规避该类媒体内容。不过该类研究主要聚焦于儿童、青少年群体。对中老年群体的研究发现，尽管媒体偏好的个体差异在青少年时期表现得最为明显，但也延伸至成年期。例如，中老年个体更倾向于关注那些虽然不令人兴奋但却有意义和令人精神为之一振的媒体内容，而年轻人则更倾向于关注那些令人兴奋但却有暴力和令人恐惧的媒体内容（Mares and Sun，2010）。

  选择性范式理论对于媒体内容选择作用机制的解释主要受到认知失调理论（Festinger，1957）的影响，该理论认为人们规避某类媒体信息的原因通常是该信息与他们已有的认知倾向不匹配，这种不匹配会引起令人不适的认知失调，为了避免或消除这种不和谐（失调）状态，人们可能会主动寻找能够强化他们认知倾向的内容，规避那些可能会加剧这种不和谐状态的内容。需要注意的是，选择性范式理论对媒体内容选择作用机制的解释是比较复杂的，会受到媒体内容不同领域的差异因素影响（Knobloch-Westerwick，2015），也会受到媒体内容可靠程度的影响，例如，当受众认为媒体内容有较大影响力时，人们甚至更关注那些与其已有认知明显不匹配的内容（Hart et al.，2009）。

（二）基于媒体效果增强的理论

已有研究发现不同类型的媒体属性可能会影响媒体效果，例如模态属性（文本、视觉、听觉等）、内容属性（暴力、恐惧、性格等）。

模态属性研究始于大众传播研究的早期，马歇尔·麦克卢汉（Marshall McLuhan）以其关于模态差异影响的理论而闻名，其名言就是"媒体就是信息"（McLuhan，1964）。他认为媒体对个人和社会的影响不是通过传递的内容实现的，而是通过媒体模态实现的。在该理论观点的影响下，学术界开始涌现大量基于模态属性的媒体效果研究，例如探究听觉、文本等形式与视觉等其他形式传播信息的效果差异（Beentjes and van der Voort，1988）。进入 21 世纪后，这类针对媒体效果研究的热潮正在退去，原因可能是有研究发现信息传播中的内容属性、结构属性对于传播效果的重要性超过了模态属性的影响（Clark，2012），另外，可能也有信息传播技术高速发展的原因，例如人机交互对于媒体效果的重要影响等（Sundar et al.，2015）。

无论是在理论层面还是在实践层面，内容属性对媒体效果的影响作用研究都相对匮乏。已有的研究一般是根据被试者的心理反应来评估其接受媒体内容的有效性（O'Keefe，2003；Slater et al.，2015），这种把媒体效果作为结果变量的研究范式对解读媒体内容的作用是有限的，特别是媒体内容属性对个体产生作用的机制是比较复杂的，例如人格、背景因素等的影响。目前已有的几种理论都认为内容属性可以增强媒体效果，例如社会认知理论假设媒体内容中对奖励行为和有吸引力的角色的描述可能会增强相应的媒体效果（Bandura，2009）；启动理论指出媒体内容中的描述有引导受众行为的可能性（Berkowitz and Powers，1979）；精细化可能性模型指出论据强度或来源的吸引力、可信度可以增强说服效果（Petty and Cacioppo，1986）；扩展精细化可能性模型提出，将嵌入描述得引人入胜的媒体信息会导致媒体效果的增强（Slater and Rouner，2002）。需要注意的是，目前学术界仍然缺乏可以整合该领域的理论框架。

二、背景类型视角

新媒体作为现代社会应用广泛的数字平台，不能局限于从技术层面对其予以审视，实际上其更是代表了一种与传统互动交流方式存在重要差异的背景环境，而不同的背景类型存在影响环境内个体认知、情绪、行为的可能性。本领域的研究大致可以分为网络情境的影响、网络情境与个体认知的交互作用、社交媒体的"新"影响。

（一）网络情境的影响

以进化论为视角，对人类网络沟通与线下沟通的异同进行分析，研究者发现其存在三种特征。① 媒体沟通的自然性。面对面沟通是人类长期进化而来的最自然的沟通方式，任何一种媒体若想要达到有效的沟通效果并保障沟通质量，就需要采用与面对面沟通方式相似的模式，以表现其自然性，具有这种"自然性"的媒体可以让人们在沟通时减少认知努力、降低不确定性，增加生理唤醒。媒体的自然性具体体现在五个方面：本地协同性，沟通者之间可以相互看到或听到彼此的信息；同步性，沟通者可以及时接收和反馈信息；面部表情的可传递性；身体语言的可传递性；声音的可传递性。在网络情境中的新媒体若可以满足上述要求，沟通效果则可媲美线下沟通。② 内部图式的相似性。自人类存在以来，人类社会中就存在相同的沟通图式。因此，网络媒体只是改变了沟通的外在特点（跨地域、跨时间），但没有改变沟通的本质特点。③学习图式的差异性。人类的沟通是在与环境的交互作用中习得的，人类的个体差异是学习的结果。媒体使用也遵循这一特征，即不同个体在媒体使用中的感受差异是其"学习"差异的结果。

基于上述特征，媒体补偿理论（media compensation theory）提出，在网络情境中，相较于线下的面对面沟通，各类线上沟通均存在部分信息缺失的可能性，但人们并不会被动接受这种信息损耗，而是会在网络沟通时付出更多的努力来补偿这种沟通的信息损耗（例如做笔记、观看回放等），即媒体的补偿性效应。

线索过滤理论（cues-filtered-out theory）基于网络超时空的特性，提出网络沟通以身体缺场为前提的情况会导致网络沟通与互动缺失很多线索，使个体在互动情境中对互动目标的语气、内容等存在判断失误的可能性。同时，网络媒体有时亦会提供大量无关线索，这会降低人们获取有用信息的效率，因此需要人们付出更多的认知努力，例如视频教学效果不佳的原因是学习者受到大量额外信息的干扰，与单一的电话教学、音频教学相比，人们更难从视频教学中获得信息。网络匿名性和网络社会规范的不完善，导致网络空间中个体对自我和他人的感知产生变化，从而使受约束行为的阈值降低，即出现更多的去个性化行为和去抑制化行为，例如网络偏差行为的产生。需要指出的是，该理论也存在局限性，因其仅从网络空间的特性出发，夸大了媒体的影响作用，忽略了个体网络行为的主体性。

（二）网络情境与个体认知的交互作用

互联网是社会性和认知性的空间，处理信息的过程、认知发生的心理过程均受到社会因素的影响（Riva，2001），社会认知结构模型（socio-cognitive framework）试图分析在网络空间的数字交流过程中个体的心理与社会根源，该模型认为网络空间中存在三类心理社会性发展的心理动力。①网络化现实：从线下沟通时对交流主体之间的相互理解过程转变为对主题概念的理解过程，在该过程中扮演协调作用的是"认知因素"，这种作用发生在网络空间中,并非只停留在交流主体的思想中。②虚拟交谈:从线下沟通的线性模式转变为沟通互动的对话模式。③身份建构:用户从基本被动状态转变为主动参与状态,这种转变会影响用户的个性化过程。

策略性的自我认同理论指出,新媒体中的自我认同过程不同于线下的自我认同过程,新媒体的使用者会根据网络空间中的交互情境,使用策略性的"定位"来表现与建构自我,例如用"化身"的形式表示自己的身份,这种"化身"可以随着用户的目的和情绪状态的改变而改变。网络空间赋予了使用者以不同身份出现的可能性,这种"定位"拓宽了自我角色的概念,即什么样的自我取决于网络互动情境中的策略性位置改变,与是否更有利于使用者进行沟通有关。因此,个体在网络情境中的身份和角色只是在某些特定时刻的社会建构,如在网络团队的互动情境中,用户会策略性地选择使用特定身份特征来表现自己,以达到参与团队行为的目的。

针对网络环境中的人际沟通,有研究者提出网络沟通的人际理论。该理论又可分为纯人际关系理论和超个人交流理论。纯人际关系理论指出人际关系是建立在信任感、自愿承诺和高度的亲密感的基础之上。在网络情境中,纯人际关系体现在其不依赖于社会经济生活,以一种开放的形式在不断地反省的基础上建立而成。超个人交流理论的构建基于新媒体中人际沟通的"超人际交流"特性。在网络情境中,人们更容易把沟通目标理想化,更容易运用印象管理策略给对方留下好印象,从而更容易形成亲密关系(Walther,1996)。这是因为在新媒体中,对于信息接收者而言,其倾向于把信息发送者理想化,表现在利用网络空间中较少的信息线索对信息发送者的行为进行"过度归因",从而忽视信息发送者的不足和错误;对于信息发送者而言,其会运用更多的印象管理手段进行最佳的自我呈现;对于传播渠道而言,新媒体中的沟通存在反应延迟的现象,信息发送者可以有充足时间整理观点、组织语言,从而为"选择性自我呈现"提供前提条件。

网络交往的互动仪式理论是传统互动仪式理论(interaction rituals theory）在网络情境中的扩展（Collins，2004）。传统互动仪式理论认为，社会生活的核心是沟通过程中"情绪能量"的传递、社会成员聚合的促进和社会行为共同性的建立。传统沟通仪式的四种主要成分包括物理共临场、注意的共同焦点、情绪分享和群体外成员的边界。当上述四种成分有效地结合后，情绪能量便可在沟通中产生与传递。情绪能量可以使沟通者体验到效能感、群体认同和情感联结的一致性。一般认为，物理距离越远，沟通的仪式强度越弱。该理论认为，人们在网络空间中获得的"临场感"与线下的物理共临场存在相同的感觉，这使人们在网络空间中获得了一种非媒体错觉，新媒体技术（例如3D技术、虚拟现实、即时视频沟通等）使这种"非媒体错觉"得以实现。"非媒体错觉"使得人们在网络空间中的互动交往体验到一种类社会性临场感，而这又会引发人们对网络空间的情感沉浸，这种体验可以长时间地循环迭代，促使沟通成员之间的情绪发展变化达成一致，并使其产生和保持情绪能量。

（三）社交媒体的"新"影响

社交媒体是促进信息共享、用户创建内容和人际协作的数字平台（Elefant，2011），社交媒体在全世界的快速发展与应用彻底改变了人们联系、交流和发展关系的方式（Beal and Strauss，2008；Derks and Bakker，2013）。从理论上讲，社交媒体提供的交互环境与传统交互以及其他类型的数字媒体完全不同，社交媒体独有的一些特征可能会影响现有理论解释认知、情感和行为的能力，并且可能需要借助新的理论来充分理解社交媒体背景下用户行为的变化。

社交媒体的独特背景具有三层含义：首先，它可能会改变人们在社交媒体环境中赋予现象、结构和过程的意义；其次，离散的环境刺激可能对关系的大小或方向有直接影响；最后，离散的环境刺激之间可能对关系的大小或方向产生交互影响。研究者需要关注每一种直接影响或交互影响是如何改变、增强或限制受众的认知、情感和行为。把社交媒体作为一种研究背景，已有的社会交换理论和社会网络理论可以较好地解释这些影响，并已被研究者用于来探究社交媒体环境的性质正在以何种新的方式挑战或改变这些理论（Bond et al., 2012）。

社会交换理论提出，社会行为是个人权衡与其社会关系相关的潜在风险和收益的结果（Blau，1964；Emerson，1962；Homans，1958）。在这种情况下，风险被认为是发展或维持社会关系的成本（例如时间、金钱），收益是个人从社会关系中所获得的东西（例如友谊、支持）。只要收益大于成本，一段关系就会随着时间的推移而持续下去，而成本和收益可能因人而异（Blau，1964）。由社交媒体的出现而带来的人们之间的互动语境有可能改变社会交换理论中关键概念的含义，使其在线上、线下世界中的理解方式存在差异。首先，社会关系的意义和解释可能会发生改变，例如社交媒体环境中的"数字"关系在不同平台有所不同，社交媒体互动"易得性"的特点也使得"关系"的含义存在更广泛的解释（Boyd and Ellison，2007）。其次，由于延迟和异步性的影响，成本的含义在社交媒体环境中也有所不同。例如，社交媒体使得个体可以很方便地与其他用户构建关系，且并不需要个人在这种关系上投入大量资源（例如时间或金钱）就可以有所收益，即维系社交媒体环境中的社交关系所需的成本比线下的更低。最后，由于可访问性和互依性，社交媒体环境中收益的含义也有所不同，个体可以通过检索和使用有效信息（如专家建议和专业知识）获得收益，并通过社交媒体扩展自身的社会影响力，通过社交媒体互动中的人际反馈和同伴接纳提升个人的社会认可程度（Valenzuela，Park，and Kee，2009）。

社交媒体环境特征也与人的行为产生相互作用，在某些条件下，这些相互作用会增强或促进行为，而在其他情况下，这些相互作用会抑制行为（Johns，2006）。社交网络理论可以用来说明这类相互作用，在社交网络理论中，社会关系是根据节点和联系来实现概念化的（Granovetter，1973，1982）。节点代表网络中的个体，联系是指代个体之间的关系，社交网络是连接节点之间所有关系的网络，社交网络的主要特征是大小（连接数）、质量（连接集的信息值）。虽然看起来网络规模越大越好，因为这能带来更多获取信息的机会。但社交网络规模越大，其对人的时间和精力的需求就越大，太多的联系会导致信息难以被管理以及无法与网络中的其他人保持高质量的关系（Burt，1992）。因此，社交网络规模通常与关系质量呈现负相关。那么，在社交媒体环境中，是否亦是如此？目前的研究发现答案并不唯一。例如当个体进入具有开放访问、非同期发布、永久信息等特征的社交网络时，将面对比传统社交关系中更高质量的信息，该情境下的社交网络规模和关系质量之间可能存在正相关关系。开放式的网络访问可能意味着专家和新手之间的差异减小（Howe，2009），但是，面对海量信息，新手对社交网络中的不确定性信息可能更难做出"专业评估"，例如社交媒体中联系人越多，对于任何特定人的了解都可能越趋向表面化，社交网络规模与关系质量仍然可能呈现负相关关系。

  社交媒体的"新"影响如此之复杂，未来该领域的研究不应局限于将现有理论应用于社交媒体研究，而是应该发展和调整现有理论以纳入、匹配社交媒体环境的独特特征，通过深入探究线上、线下环境的差异影响，发展社交媒体环境下的"新"理论。

第二章 研究方法

第一节 传统研究方法的在线应用

吉仁泽（Gerd Gigerenzer）曾说过："没有理论的数据就如同没有父母的孤儿，其预期寿命也非常短暂。"（Gigerenzer，1998）这提示我们，研究想法只有在理论的指导下才可能形成有价值的研究思路，研究方法不能代替研究思路，有了研究思路后便可以因地制宜地寻找相匹配的研究方法。在研究方法的选择上，需要对具体研究问题进行具体分析，只有合适的研究方法才能落实有价值的研究思路。新媒体与行为决策研究基于行为科学的视角，通过新媒体研究的相关理论，探究在新媒体环境下个体的行为选择特点、过程及规律，这种跨学科视野下的研究方法既有传统研究方法的在线应用，也面临着伴随新技术而来的新挑战。

一、传统定性研究方法的在线应用

（一）在线观察法

在线观察法是研究者根据研究目的、研究提纲或观察表，用自己的感官或研究辅助工具去直接观察研究对象的线上行为，较为典型的是观察线上用户的信息搜索行为。例如，观察者观察研究对象如何完成信息查寻任务，将其每个步骤记录下来并进行分析；另外，研究者也可进入某个网络社区环境观察人们的线上行为，通过分析这些行为来判断用户的心理特点及行为过程。在线观察法的优点有四个：有助于了解线上用户的在线行为模式；可以直接获取第一手资料；研究过程不易被观察对象干扰；研究结果效度较高。在线观察法的缺点有五个：受技术手段的限制，目前的在线观察法以线上用户在交流中使用的语言符号、字符串及表情为主；只限于观察直观外显的网络行为；观察对象的范围较为有限；难以获得观察对象的其他资料；难以结合相关变量进行统计分析。

（二）在线访谈法

在线访谈法指的是研究者通过与网络用户直接交流来分析线上行为发生的深层次原因，进而详细了解用户线上行为的动机、体验及对新媒体的影响等重要问题。目前，在线访谈法较多应用于网络偏差行为领域，例如对于网络成瘾者的访谈研究。在线访谈法的优点有四个：能够节约成本（时间和经费），可以快速获取访谈资料；可以跨越地域限制，访谈空间距离较远的受访者、不愿或无法面对面接受访谈的特殊群体；线上的非面对面形式可以最大限度地减少研究者对受访者的影响；受访者可以自由掌握回答问题的时间，可以对访谈问题进行较深入的思考。在线访谈法的缺点有四个：缺少充分的视觉线索，难以评估受访者是否理解问题并合理作答；在线访谈一般是一次性完成的，而研究者较难在短时间内获得受访者的信任，也难以获取受访者的长期参与承诺，因而较难实施追踪研究；无法有效控制访谈情境，受访者在接受访谈的过程中可能存在使其分心的因素从而影响访谈质量，甚至中断访谈导致访谈失败；可能会失去不接受该类形式或缺乏相应能力、条件的受访群体，例如受访者需要一定的计算机操作技能或使用手机来完成整个在线访谈。

（三）网络民族志

民族志是20世纪初由文化人类学家创立的一种研究方法，研究者主要通过田野调查深入到某些特殊群体的文化中，从其内部入手研究相关意义和进行行为的整体描述与分析。网络民族志是采用民族志方法研究虚拟社区及其文化的一种在线研究方法（Hine，2000）。网络民族志方法是一种定性的、解释性的研究方法，以在线现场研究为主，在方法上基本沿用和改编传统民族志方法的特定研究过程和标准——在获准进入某个网络社区后，搜集资料然后分析资料，在研究过程中还需要注重伦理问题。一般采用"潜水"的非参与式观察，即与该社区成员进行长期接触，对网络社区生活做深度描述。传统民族志研究方法注重研究对象的社会行为及其与整个社会文化之间的关系，长期的、持续的时间投入是田野调查的基本要求，民族志研究者通常要在社区工作和生活半年至一年或更长的时间（费特曼，2007）。在调查的总体时间长度有所保证的前提下，传统民族志沉浸（immersion）的方式可以让研究者更好地融入所研究的社区，并在此基础上完成民族志。网络民族志在实施过程中所面临的挑战是沉浸的真实性问题，即在网络田野工作中，研究者如何确保自己融入了所研究的虚拟社区及其文化？对此，有研究者提出网络田野工作中"沉浸"的新内涵及规范性要求，并根据所研究的社区的类型，在参与的技术操作方面将参与类型区分为"对话式参与"和"体验式参与"（卜玉梅，2020）。

二、传统定量研究方法的在线应用

（一）在线问卷调查法

大量研究在对比传统纸笔调查法与在线问卷调查的结果之后，发现二者之间的结果并不存在显著差异，并且在线问卷调查法所获样本不会受到无效作答和重复作答的影响，具体而言，在线问卷调查法的优势有四点：①实施成本更低，施测更灵活，结果统计便捷；②线上作答时的匿名性和去抑制性等特点减少了作答者的社会期许反应；③作答者愿意回答一些相对敏感话题；④在线样本在人口统计学特征上可以更多元。因此，有研究者指出，如果能够保证抽样控制和信度测量，在线问卷调查可以是传统纸笔调查的一个有效替代品（Riva et al.，2003）。

但是，在线问卷调查法仍然面临不少的挑战，其局限在于：①不是所有个体都可以线上作答，问卷应答率有限；②较难满足一些特定要求的问卷作答。具体而言，在线问卷调查一般会出现下列误差问题：①抽样误差，在线问卷调查只是调查了总群体中具有在线作答条件和能力的一部分成员，研究样本的代表性较差；②测量误差，在线问卷在设计、呈现、实施模式方面存在影响作答者应答行为的因素；③无回应误差，在线问卷调查存在在线问卷应答率偏低的现象。其中，应答率偏低是在线问卷调查法实施过程中普遍会遇到的问题。对此，有研究者指出网络调查的非面对面实施需要作答者付出更多努力才能完成问卷，对于网络个人信息展示的焦虑或作答分心都是导致作答者作答率偏低的可能性因素（Jin，2011）。对此，未来应在在线问卷设计方面、呈现方式方面、样本来源方面（通过多种方式获取作答群体、增加调查主题与目标群体的关联性、通过多种媒体获取数据等）、线上线下调查方式结合方面、调查奖励反馈方面做出改进（Selm and Jankowski，2006；Fan and Yan，2010），以更好地实施在线问卷调查法。

（二）在线实验法

在线实验通常也称之为网基实验（web-based experiment）。和传统实验室实验相比，在线实验法具有重要优势：①实现自动操作和实验控制，具有较高的实验效率；②较高的外部效度；③更高的被试参与动机（自愿参与，更少受社会期许性影响）；④消除实验者效应；⑤可以实现对新媒体环境下所发生各类社会行为的考查；⑥可以招募到线下很少参与实验的特殊类型的被试群体。而在线实验法的局限在于：①对实验的控制不足，无法控制实验条件，例如在无人监督的情况下，无法确定被试的相关特征（如生理、心理的不适）以及其是否认真参与实验，较难确定被试是否重复参加实验；②存在样本偏差，被试都是自愿参加，因而有可能会带来一定的样本偏差，他们可能在性格、经历、教育程度等方面具有较高相似性；③被试中途退出实验可能会对实验结果产生系统性误差。尽管人们在新媒体环境下表现出与线下环境较为趋同的行为倾向，但不可否认的是，线上线下环境的差异仍然可能对研究方法的实施造成影响。因此，较之传统研究方法，在线实验法需要在方法学方面进行更深入的考虑。

第二节 新媒体研究方法面临的挑战

随着移动互联技术的发展以及相关应用的普及，社交媒体已经融入人们的日常工作与生活之中，这使得信息传播更加快捷便利。同时，人们在社交媒体上所表达的信息也使线下较难开展的一些研究有了新的研究空间。例如，研究者可以通过追踪人们的社交媒体情绪词来分析、探究情绪的传播机制。近十年来，移动互联网的高速发展为社交媒体研究进入新的领域提供了条件，但这也对研究者提出了新的挑战。

一、实施社交媒体研究的方法挑战

（一）样本招募

行为科学研究中一直存在对"大二学生"现象的质疑，即大多数被试是研究者从在读大学生，特别是大二学生群体中招募而来的。社交媒体的出现使得招募样本来源更多元，也有助于收集原本有更高成本的或线下收集存在困难的纵向追踪数据（Göritz，2004）。同时，社交媒体上的用户互动使得通过社交媒体用户的口耳相传来招募被试成为可能，作为非正式渠道的重要来源，使用社交媒体有助于研究者招募到更多自愿参与的被试。对于采用一些传统方法较难联系到的群体，通过社交媒体中的多种类平台（如兴趣小组、朋友圈等）可以实现目标样本的高效招募。研究者可以使用社交媒体来定位某类目标人群（如推特用户、博主等）。例如，可以通过社交媒体标签来定位、联系对某类主题感兴趣的用户，或者通过地理位置标签定位某类来自特定位置的用户。另一类定位目标人群的方法是研究者可以联系对社交媒体某类主题呈现偏好的群体，同时，通过社交媒体投放招募广告也是高效招募样本的方式之一。

（二）样本多元化

目前，社交媒体施测与传统研究方法的比较结果表明，与传统样本相比，社交媒体样本在人口统计学变量方面更多样化。如同前述在线问卷调查和在线实验法提及的样本代表性问题，目前关于社交媒体研究样本多元化的关注与讨论主要源于数字鸿沟问题，即基于社会经济阶层和其他人口变量的社交媒体使用差异，如社交媒体样本中年轻被试的比例过高，样本的性别、教育程度构成可能因抽样方法而异（Gosling et al., 2004）。总体而言，社交媒体样本在多元化方面并非完美无缺，但较之传统研究方法在多元化方面已有较大提升。因此，社交媒体研究中需要研究者如实详尽地报告社交媒体样本所具有的基本特征，以确保更合理地评估样本代表性。

（三）数据质量

通过社交媒体所收集的数据与传统方式收集的数据相比，通常具有相同甚至更高的质量（Dodou and de Winter, 2014）。目前，对于社交媒体数据收集质量的质疑主要来自研究者无法准确判断被试的真实性以及作答情况，例如研究者无法监控被试的作答过程是否存在分心状况（Johnson, 2005）。目前，已经可以在技术层面部分解决这类问题，例如在作答程序中设置操作检查题项来检测被试对作答材料的正确理解程度和遵循程度。对被试的错误作答进行及时反馈，可以提醒被试正确作答或者中止本次作答以提高最后的数据收集质量。在具体实施中，可以结合更多方法，如招募被试时增加身份确认难度以提升作答的"责任感"（如社交媒体账号的提交认证等），对异常应答时间进行标记并纳入程序，等等。

(四) 研究伦理

社交媒体研究的方法论挑战也包括了研究者必须考虑的研究伦理问题（Buchanan and Williams, 2010）。例如，被试对于继续参与研究的选择权问题、被试对于自己真实身份的隐藏问题（如虚报年龄、性别等情况）等等。具体而言，研究实施过程应保障参加研究的被试如果因各种原因希望中断、中止参与研究，其在选择方式方面的难度应小于主试在场的情况；如果被试希望匿名参加研究，社交媒体研究应提供某种便利的方式让被试匿名参加；在以小组形式开展的研究中，若小组成员不希望将某些行为纳入研究，则需要通过平台和技术支持来实现。随着移动互联网的高速发展，社交媒体研究正在面临新的伦理问题，研究者需要回应研究方法实施过程中的质疑，并应针对这方面的问题制订相应的研究实施规范和指南。目前，已提出的应遵循的伦理指南包括：保护被试免受伤害；获得被试的知情同意；维护被试隐私权利（通信平台和研究记录的保密性）；告知被试研究结果；当研究涉及未成年人时，需对其采用特殊的保护措施；应发挥研究伦理委员会的作用，成立由具备社交媒体研究经验、在线研究经验的专家组成的研究伦理委员会以指导社交媒体研究的设计和实施等。

二、社交媒体研究方法的发展方向

随着信息技术的高速发展，社交媒体研究涌现出日新月异的新技术和新应用，一些新兴的研究方向和研究方法正在被越来越多的研究者关注。

（一）大数据研究

随着社交媒体的普及，研究者可以获得巨大的数据集（即大数据）从而开展研究。近年来，大数据已成为众多学科的关注热点，给学界、业界带来巨大的挑战和机遇。基于社交媒体大数据的需求，社交媒体研究大致可分为感知现在（针对特定主题的历史数据与当前数据的融合，对潜在线索与模式、发展演变状态进行挖掘与感知)、预测未来(对大数据进行关联分析以研判事件发展规律与趋势)、面向服务(基于新媒体提供多层次、个性化服务)。社交媒体作为一种全新的人类活动空间,其无地域性、个性化等特征放大了原本存在于线下空间的行为现象,社交媒体产生的海量数据为研究提供了新的内容和主题。例如,有一些研究可以通过社交媒体获得更大样本的数据,也有一些研究所使用的大数据并不是基于问卷或实验设计获取的,而是通过社交媒体大数据进行文本分析。需要注意的是,社交媒体大数据可能存在传统数据集通常不存在的问题,如对某类目标词的编码进行检索并分析时,可能搜索到社交媒体上存在其他含义的错误标识,这提醒研究者在建立社交媒体大数据集时需要在程序设计、编码设定中予以更仔细的监控。

目前,基于社交媒体的大数据研究可以大致分为对社交媒体使用行为的研究,以及社交媒体与线下生活的关系研究两大类。社交媒体使用行为研究领域主要运用大数据研究方法对网络舆情、网络群体事件展开研究;社交媒体与线下生活的关系研究领域则运用大数据研究方法对自我呈现、人格特质等展开研究,主要通过使用大数据文本分析方法对社交媒体情绪词表达及变化方式进行识别与判断,从而做出预测分析。社交媒体的大数据研究为深入、系统地探究新媒体环境下行为演变特征及变化规律提供了前所未有的技术和方法支撑,也拓宽了本领域的研究主题和研究内容,引领了新的研究方向。但需要指出的是,目前对于大数据研究自身的方法学探究仍然面临较大挑战,大数据研究如何与传统方法展开"对话",这需要从相关研究层面到因果机制层面做出更大努力。

(二)手机经验取样法

随着移动互联网的高速发展,智能手机正在成为行为科学领域重要的研究工具。智能手机可以检测用户所处的环境特征(如噪音、光线、他人的存在情况等),记录用户在线和离线行为(如身体活动、睡眠、对话、信息互动等),并可以根据需要提供相应的自动化干预,这对行为数据的收集方式产生了重大影响（Miller，2012）。具体而言，智能手机用户的行为数据即时上传和处理成为可能，这也使其为用户提供实时反馈和干预成为可能。例如，使用智能手机中的传感器来跟踪用户参与活动的时间量，如坐、站、走、跑步和聊天的时长（Miluzzo et al.，2007）。值得注意的是，我们可以运用智能手机开展动态评估（Mehl and Conner，2012）。传统的横断面取样法缺乏对实际行为的动态性研究。经验取样（experience sampling methodology）是对行为动态变化展开追踪研究的方法，是指多次收集人们在较短时间内对生活中经历事件的瞬时评估，并对其进行记录的一种方法。较之传统方法，该方法为研究者提供了更接近"事实"的动态数据。常见的经验取样法有日记法（daily diary）（Bolger，Davis，and Rafaeli，2003）、日重现法（day reconstruction method，DRM）（Kahneman et al.，2004）等。随着移动互联网技术的高速发展，手机经验取样法开始得到越来越多的应用，通过根据研究主题设计手机 App 可以更高效且便捷地收集手机用户的行为数据，如无需用户佩戴额外设备，只需通过手机 App 即可自动收集用户每天在不同时段的行为数据，连续追踪获取动态数据。

随着互联网技术的飞速发展，新媒体在全球范围内得到大量应用，已经融入全球越来越多人的日常工作和生活之中。因此，新媒体正在成为行为科学研究的重要组成部分。本章讨论了传统定性研究方法、定量研究方法的在线应用，也讨论了新媒体研究的重要方向和新方法论问题。未来该领域的研究发展有新的机会，也有新的挑战。尽管传统研究方法仍是解决某类问题的必经之路，但新媒体的蓬勃发展给研究者带来的新机遇值得重点关注。

第二篇

个体领域

第三章　新媒体与人格

人格，作为新媒体用户非常重要的特征之一，能够对用户的新媒体使用态度、使用习惯产生关键性影响；与此同时，新媒体的使用也能够在一定程度上改变新媒体用户的个人人格特质，进而影响用户在现实生活中对其他事物所采取的态度和行为。因此，围绕人格和新媒体之间的密切关系的探索早已进入了众多学科的研究视野。在这一章中，笔者梳理了中西方对人格结构的探索路径，并简要介绍以往研究中有关人格如何影响新媒体使用以及新媒体的使用又会给人格带来怎样的变化的部分研究结论，以期帮助读者了解该研究领域的基本方向。

第一节　人格结构与新媒体

在了解新媒体研究领域有关人格特质的研究内容之前，首先需要了解传统心理学方面有关人格特质的研究背景。本节主要论述西方人格结构的主要理论，根据特质理论流派的内容，界定人格结构的基本内涵；梳理从人格特质理论到人格五因素模型［five-factor personality model，FFM；或称"大五人格模型"（Big Five personality model）］，再到人格结构HEXACO模型等西方人格结构理论的发展；同时，也简要论述中国人格结构本土构建的三条路径。基于大五人格模型，本节对人格因素在新媒体领域的研究做了部分介绍，以期了解人格因素在该领域的应用现状。

人格结构是人格心理学的研究领域之一，其发源于人格心理学研究中的特质理论（trait theory）流派。该理论流派的研究目标是将人格结构进行分类，而分类的标准"特质"即当下人格结构中的因子或维度（Hogan and Sherman，2020）。

一、西方人格结构理论概述

西方学者对人格结构的探索有着较长的历史，从最初对人格特质进行分层研究到后期的人格五因素模型、六因素模型，西方学者们经历了百年的探索和总结。

人格特质理论于20世纪20年代被提出，学者弗劳德·亨利·奥尔波特（Floyd Henry Allport）代表作《人格：一种心理学的解释》（*Personality: A Psychological Interpretation*）的问世，标志着现代人格心理学特质学派的诞生（Long，1952）。他将人格特质分为了首要特质（cardinal traits）、核心特质（central traits）和次级特质（secondary traits）。首要特质是指能够通过一两个该类特质就可以决定一个人行为的因子；核心特质则是可以概括个体人格某方面的多个特质；次级特质则是仅仅在特定情况下才表现出来的不太重要的特质，比如对于某个东西的喜恶等（Allport，1961）。该理论为未来行为研究中人格因素的探究提供了分层研究的思路，例如，有学者将大五人格模型作为首要特质、将价值观念作为核心特质，以此来研究人格对消费者行为的影响。这种分层使得研究人员可以根据不同层级的特质建立分析消费者行为的总框架，例如，可以假设用户是否会坚持实用价值观，从而为了产品质量在价格上妥协（Harris and Mowen，2001）。

在人格特质理论的影响下，雷蒙德·卡特尔（Raymond Cattell）应用因素分析法将数万个描述人格特质的词汇归纳为十六个维度，发明了十六种人格因素问卷（Sixteen Personality Factor Questionnaire，16PF）（Revelle，2009），并且将其应用于不同人群的人格比较中（Cattell and Drevdahl，1955）。在新媒体研究中，研究者也常用16PF问卷来调查社交网络中青少年的表现和人格之间的相关性。1975年，Eysenck正式出版艾森克人格问卷（Eysenck Personality Questionnaire，EPQ），并提出人格基础结构可能由三个维度构成：内外向（extraversion/introversion，E）、神经质（neuroticism/stability，N）、精神病（psychoticism/socialisation，P）。其中，神经质维度表示精神状况的稳定性，精神病维度表示是否脱离现实、以自我为中心（Rocklin and Revelle，1981）。

在对人格结构的探索中，大五人格模型逐渐进入研究者的视野。大五人格模型并非某位学者单独提出的概念，而是许多研究者通过不同的研究方法发现存在的、最基本的五种人格特质。对于这些人格因素，不同的学者可能会采用不同的名称，但是其内涵是相同的（John，Angleitner，and Ostendorf，1988；McCrae and Costa，1987）。大五人格模型的五个基础人格因素分别是神经质（neuroticism）、开放性（openness to experience）、外向性（extraversion）、宜人性（agreeableness）和尽责性（conscientiousness）（Roccas et al.，2002）（见表3－1）。神经质因素表示情绪稳定的倾向，情绪变动大、消极情绪占据主导的个体在该因素的得分会比较高（Lahey，2009）；开放性因素表示想象力的丰富程度和对新观念的接受度，因此，艺术家通常在该因素上的得分会很高（Rubinstein and Strul，2007）；外向性因素用来评价人际互动的频率以及从社交中获得愉悦感的能力，外向者通常喜欢人际交往且精力充沛（Depue and Collins，1999）；宜人性因素表示对他人观点的支持程度，因此，和他人保持积极关系、尽量避免冲突的个体在这一因素得分较高（Campbell and Graziano，2001）；尽责性则表示自控和自律的倾向，在此因素得分较高者更有决心和计划性，甚至有研究发现尽责性和寿命长短呈现显著的正相关（Kern and Friedman，2008）。探究人格结构现通常采用"修订后大五人格问卷"（Revised NEO Personality Inventory，NEOPI-R）或NEOPI-3（McCrae，Costa，and Martin，2005）。

表 3-1 人格五因素模型

因　素	特　征
神经质	烦闷／平静 不安全感／安全感 自我同情／自我满足
外向性	善于交际／交际逃避 爱开玩笑／冷静严肃 亲热／矜持
开放性	富于想象／务实 喜爱变化／循规守矩 独立／驯顺
宜人性	心慈／无情 信任／怀疑 乐于助人／拒绝合作
尽责性	有序／无序 细心／粗心 自律／意志薄弱

资料来源：McCrae and Costa, 1986。

1987 年，Tellegen 和 Waller 从词典中抽取了 400 个人格描述词汇，并从中抽离出来了超越人格五因素模型的两个因素，分别是正效价（positive valence，PV）和负效价（negative valence，NV），前者代表正面的自我描述（如重要、聪明等），后者代表负面的自我描述（如不道德、令人作呕等）。虽然这两个因素在人格病理学解释方面存在一些增量优势，但是它们并不能反映人格的独立维度，因此并不与人格五因素模型构成竞争关系（Simms，2007）。2017 年，有学者提出了关于人格五因素模型的新发展问卷（the Big Five Inventory-2，BFI-2），共计 60 项，将人格五因素模型中的神经质和开放性两个因素替换为消极情绪（negative emotionality）和开放心态（open-mindedness），前者是衡量包括焦虑、沮丧等一系列消极情绪的尺度，后者是衡量创造性、好奇心等因素的尺度（Christopher and Oliver，2017）。后又有研究者在此基础上研制出了包含 30 项问题的简表（BFI-2-S）和仅包含 15 项的超简量表（BFI-2-XS），且都证实了它们的信效度（Christopher and Oliver，2017）。

近些年的研究发现，新的人格结构 HEXACO 模型能够在一定程度上替代人格五因素模型。该模型于 2000 年被提出，共包括六个维度：谦卑（honesty-humility，H）、情感（emotionality，E）、外向性（extraversion，X）、宜人与愤怒（agreeableness versus anger，A）、尽责性（conscientiousness，C）、开放性（openness to experience，O）。其中，有部分因素和人格五因素模型中的因素是重合的，补充的 H 因素能够解释人格五因素模型没有办法解释的"黑暗三联征"［构成黑暗人格三合一的人格特质是马基雅维利主义（Machiavellianism）、亚临床自恋（subclinical narcissism）和亚临床精神病（subclinical psychopathy）（Paulhus and Williams，2002）］的人格因素（Lee and Ashton，2014），弥补了人格五因素模型的部分缺陷，且该模型经过多次修订已具备较好的解释力（Ashton and Lee，2009）。该模型采用"HEXACO 人格量表修订版"（HEXACO Personality Inventory-Revised，HEXACO-PI-R）进行检测，共有包含 200 个题项、100 个题项和 60 个题项的三个版本（Lee and Ashton，2018）。HEXACO 模型已经被应用于新媒体研究中，为个体的特殊行为提供人格因素上的解释。例如，有的研究发现，开放性高的个体更偏好于满足好奇心的游戏而非纯竞争性的网络游戏，这为游戏推荐算法提供了人格维度的数据（Hill and Monica，2015）。当然，西方关于人格结构的探索远不止以上表述的这样简单，在此只是选取部分主流人格结构理论进行介绍。

二、中国人格结构理论本土化研究的三条路径

在中国的人格结构研究中，我们还需要注意人格结构理论的本土化过程，虽然人格具有普适性，但是基于西方文化体系的传统人格结构维度并不完全适用于东方国家，在跨文化环境下，核心人格因素会有些细微的区

别（McCrae and Costa，1997）。我国关于人格结构的研究可以分为两类：一类是用西方已有的人格结构理论和量表探索中国人格变化发展的趋势；另一类是对西方构建的人格结构进行本土化的调整，并对我国人格结构进行探索和构建（蔡华俭 等，2020）。在此主要对第二类，即对人格结构本土化研究的三条路径进行总结。

第一条路径，是以中国人个性测量表（Chinese Personality Assessment Inventory，CPAI）为研究基础总结、发展而来的人格结构四因素模型和人格结构六因素模型。1992 年，中国科学院心理研究所联合香港中文大学心理系编制了一套专门用于测量中国人人格的量表（CPAI-1），即中国人个性测量表。该量表包括两大部分，第一部分是包含 22 个正常个性的量表，第二部分是包含 11 个病态个性的量表，对这两个部分的量表进一步进行因素分析，可将正常个性量表分为中国人的传统性格、可靠性、领导性和独立性四大人格因素，病态个性量表分为行为问题和情绪问题两大因素（宋维真 等，1993）。2001 年，根据近 10 年的全国常模，研究者对 CPAI-1 进行了修订，在保留 80% 的共同条目情况下完成了 CPAI-2 项目（周明洁、张建新，2007）。2006 年，中国科学院心理研究所对 CPAI 和"修订后大五人格问卷"（NEOPI-R）进行分析比较后发现"人际关系性"（即原量表中的"中国人的传统性格"因素）独立于人格五因素模型中的五个因素且于非亚裔族群中存在，由此提出人格结构六因素模型：第一项为人际关系性（interpersonal ralationships，IR），后五项为人格五因素模型的五因子（张建新、周明洁，2006）。

第二条路径，是以 2002 年中国人人格量表（Qingnian Zhongguo Personality Scale，QZPS）为研究基础的人格结构七因素模型。这个模型是研究者基于 2000 年的字典词汇归纳，通过因素分析得出的七维度结构。原有七个维度，每个维度包含 15 个次级因素，在经过量表测定后修改为七个维度各包含 18 个次级因素（王登峰、崔红，2003）。这七个维度为：处事态度、行事风格、才干、外向性、情绪性、善良和人际关系（王登峰、崔红，2008）。

除了以上两条人格结构本土化的研究路径以外，还有延续大五人格模型、对中国人人格进行探索的第三条研究路径。其主要特点是在人格五因素模型框架内，仅对 NEOPI-R 问卷进行适用性的修订。这一研究路径包括适用于我国中学生的人格五因素问卷编制（周晖、钮丽丽、邹泓，2000），以及适用于我国文化水平在初中以上的公民的大五人格问卷编制（王孟成、戴晓阳、姚树桥，2010a，2010b），等等。同时，其他人格量表也被引入编制。例如，引入艾森克人格问卷简式量表（EPQ-R Short Scale，EPQ-RS）对中国人格结构进行探究的四因素模型——内外向（extraversion，E）、神经质（neuroticism，N）、精神质（psychoticism，P）、掩饰性（lie，L）（钱铭怡 等，2000），以及十四维度模型（祝蓓里、卢寄萍，1990）和十六维度模型（祝蓓里、戴忠恒，1988）的引入，等等。此外，我国学者还尝试对特殊群体进行人格结构的探索，如对特殊教育教师人格七因素量表（申承林、李晨麟、游旭群，2020）和边缘型人格五因素量表进行信效度检验等（洪世瑾 等，2020）。

三、基于大五人格模型的新媒体研究

大五人格模型作为大众最为熟知的人格特质理论，也被心理学及众多社会学科作为研究的重要理论支撑。新媒体领域的研究发现，人格因素在个体使用新媒体的行为中起到了非常关键的作用，通过对新媒体用户的人格因素总结，可以预测这些用户可能产生的新媒体使用习惯。下文就不同的人格特质与新媒体之间的关系进行详细探讨。

（一）神经质与新媒体

神经质在新媒体的研究中主要与成瘾行为相关。以往的研究主要通过自我报告的形式对社交媒体的使用情况进行调查，调查发现神经质水平较高的个体使用社交媒体的频率也更高（Angesti and Oriza，2018）。有学者通过元分析（meta-analyses）的研究方法发现，神经质水平较高的个体可能更容易沉迷于线上游戏、Facebook 和智能手机等（Marciano，Camerini，and Schulz，2020）。但是亦有研究指出，这一结论的得出可能是源于神经质水平较高的个体对社交媒体的使用更容易感到焦虑，因此在自我报告中放大了使用时的主观感受（Bowden-Green，Hinds，and Joinson，2021）。此外，虽然人格特质具有一定的稳定性，但是在人生发展的不同阶段也依然有可能发生改变（Robins et al.，2001）。神经质水平也会受到社交媒体使用的影响，有研究显示，社交媒体的使用也可能会进一步导致神经质特征的增强，二者存在双向影响（Andrews，2020）。

在新媒体的行为研究中，神经质还作为一种调节变量进入学者们的研究视野。有研究者在社交媒体成瘾的研究中发现，社交媒体的成瘾可能性和较低的主观幸福感相关，同时神经质水平和幸福感具有负相关关系，因此，高水平的神经质可能会放大幸福感和社交媒体成瘾之间的负向关联，而且女性可能更容易受到这种影响（Turel，Poppa，and Gil-Or，2018）。

（二）外向性与新媒体

同样有学者通过元分析的研究方法发现，外向者更加偏好频繁地更新社交媒体上的内容，更喜欢上传图片并编辑，而这些图片以带有非中立情绪的面孔、动物和宠物、群体照片为主，并且性别在其中起到了调节作用，外向的男性比外向的女性更喜欢发自拍照（Guo et al.，2018）。除此之外，外向者更有可能参与到一对多的传播行为中，因此会经常在社交媒体进行创作和分享，也更愿意在社交媒体上表露自己的真实情感，从而形成自己的同质化网络社群，也更容易在社交媒体中充当意见领袖的角色（Saef et al.，2018）。外向者对社交媒体的评价偏正面，他们虽然注重隐私但是仍然偏好在社交媒体中透露私人信息（Bowden-Green，Hinds，and Joinson，2020）。

外向性在新媒体研究中同样可以充当调节变量。有学者在研究社交媒体疲劳（social media fatigue）时发现，隐私侵犯可能会成为用户减少使用社交媒体的压力源，由于外向者对隐私的感受度要低于内向者，所以，高外向性可以缓解社交媒体隐私压力下产生的社交媒体疲劳（Xiao and Mou，2019）。除此之外，根据内向者和外向者在社交媒体上的表现差异，算法已经可以根据网页浏览数据和消费记录准确推测个体的内外向水平，并在获取个体的人格维度信息方面取代个性问卷（Ge et al.，2016）。

（三）开放性与新媒体

开放性高的个体更愿意接触新鲜的事物来满足好奇心。有学者通过实证研究发现，对于熟练掌握互联网操作的青少年而言，普通的运营服务已经没有足够的吸引力，因此，互联网公司需要寻求创新服务来吸引开放性高的潜在年轻消费群体（Tan and Yang，2012）。除了线上消费外，开放性特征也会影响个体的线上学习行为。有学者从五个感知价值（功能价值、情感价值、社会价值、认识价值和条件价值）角度对网络学习进行研究后发现，开放性高的个体通常预设新的产品技术在功能上是有创新的。因此，对于开放性偏高的青少年群体，网络学习产品的功能价值比其他设计更重要（Watjatrakul，2016）。

此外，有学者研究发现，开放性高的个体更倾向于满足自己的探索欲和好奇心，因此会经常旅游并在互联网上分享个人故事，进而使得个体更容易在旅游领域的社交媒体成为意见领袖（Song，Cho，and Kim，2017）。而且有研究发现，相较其他人格因素，开放性高的个体更容易被预测为具有较强的幽默生产能力（Sutu，Phetmisy，and Damian，2020）。有学者在对社交媒体营销进行研究后发现，当幽默成为营销主导风格的时候，这种营销在一定程度上会妨碍除推销者之外的人发表言论，且这种营销方式更容易被接受，这种宣传效果在冲动型购买行为中表现得尤为明显（Barry and Graça，2018）。这进一步证明，在社交媒体领域，开放性高的个体具有成为最佳宣传者的潜力。

（四）宜人性与新媒体

有研究者对社交媒体进行研究后发现，在沟通方面，宜人性高的个体更偏向使用 Facebook 等社交媒体来寻求和维持社交关系,而且社交关系质量和在社交媒体上的沟通呈现正相关;在自我表现方面,宜人性高的个体更倾向于在社交媒体上暴露自己的信息和情感(Seidman,2013)。不过,宜人者对他人和自我的隐私却呈现相反的态度。宜人者不愿意和他人发生冲突,因此非常注意保护他人的隐私,不会轻易分享有损他人隐私的个人信息。实证研究也证实了这一点,即宜人者拥有较高的社交平台隐私意识(Osatuyi,2015)。

针对网络欺凌(cyberbullying)的相关研究发现,宜人性高的个体通常表现出利他与温和的特点,因此更有可能在网络欺凌行为中充当阻止者的角色(Balakrishnan et al.,2019)。宜人性高的个体在阻止网络欺凌行为中有非常正面的作用。无论是网络欺凌行为中的犯罪者、受害者还是旁观者,宜人性高的个体都与这些角色呈现高度的负相关;而宜人性低的个体则会在其中充当反社会的角色,不仅会发表类似嘲讽、辱骂等有害话语,而且会通过互联网行为报复他人(Zhou,Zheng,and Gao,2019)。因此,在研究网络欺凌行为的机制中,研究者正在积极探索通过监测高神经质、低宜人性、高外向性的关键个体来提前识别和预测可能出现的网络欺凌行为,帮助教育工作者或学校辅导员提前关注这些个体,以降低出现网络欺凌行为的风险(Balakrishnan,Khan,and Arabnia,2020)。

(五)尽责性与新媒体

尽责性特征主要与工作态度相关。尽责性高的个体具有更加明确的目标,组织规划能力也更强,这类个体在求职过程中具有极强的条理性,与求职成功呈高度正相关(Turban,Stevens,and Lee,2009)。在社交平台上,尽责性高的个体因其保持谨慎原则而不经常在朋友的帖子中发表评论(Lee,Ahn,and Kim,2014)。而且有研究发现,尽责性高的个体会尽量采用面对面的交流模式,他们会控制自己使用社交媒体的冲动(Whaite et al.,2018),所以,尽责性方面的得分和社交媒体的使用频率可能呈现负相关(Ryan and Xenos,2011)。

在数字游戏研究方面，有学者发现，在男性群体中，低尽责性、高神经质、低开放性与数字游戏成瘾呈现正相关，因此，针对中学男生进行责任感教育对解决游戏成瘾行为具有积极作用（Kesici，2020；Wang et al.，2015）。但是亦有研究发现，在线游戏玩家的尽责性得分要高于非玩家群体（Teng，2008），因此，线上游戏行为和尽责性可能并非简单线性相关，该领域还需要进一步的研究探索。除此之外，针对游戏化学习（game-based learning，GBL）的研究发现，尽责性高的个体更容易沉浸在数字游戏的学习中，他们在单人游戏和多人游戏中的学习效能要高于其他个体，这和传统的教育情况类似（Yi et al.，2020）。在基于数字游戏学习领域的发展教育上，同样需要强调对尽责性的培养。

四、小结

人格结构是基于特质理论流派的观点，是对人格特征的一种降维归纳，过去公认的大五人格模型逐渐受到人格结构六因素模型的挑战。同时，我国也在积极探索与建立本土化的人格结构模型，以适应更多本土人格领域的研究。

在新媒体研究领域，本节就人格五因素模型中的各个因素分别进行了文献整理，发现不同的人格因素虽然在新媒体研究领域中各有侧重，但是仍然具有整体性。此外，在对具体领域进行研究的时候，还应将人格结构看作一个整体来调查研究，以期发现更加完整的人格因素变量。

第二节　新媒体对人格的影响

人格具有长时间的稳定性，虽然其会随着人的发展而不断变化，但是对于每一个阶段的个体而言，人格通常不会因为具体、微小的外部刺激而改变。因此，正如上一部分所言，通常将人格因素作为新媒体研究的自变量来预测个体的媒体行为及反应。接下来，本节将从目前尚未完备的新媒体对人格影响机制的研究路径中，选取当前较为成熟的五个理论路径对新媒体如何影响人格进行探究，希望为新的、更加宏观和统一的人格影响机制提供思路。

一、人格的相对稳定性

目前，学界大部分学者均同意人格具有稳定性的观点，即人格可以代表稳定的行为方式和思考过程，具有跨空间、跨时间的预测效果。例如，如果某人今天在北京是个乐观开朗的人，那么可以推断他明天在上海也会保持乐观开朗的性格。但是，这并不表示一个人的情绪和反应是一成不变的，只能说明当情境对个体行为没有直接或间接影响的情况下，个体的行为反应是相对稳定的（Burger，2011）。

人格受到遗传和环境的共同影响。对于遗传因素，学界通过双生子研究观察到了双胞胎之间的人格呈现出明显的关联性（Eysenck，1963；Loehlin and Nichols，2012）。在人格发展的过程中，虽然环境可以改变个体的人格特质（Loehlin，Horn，and Willerman，1981），但其仍然会在较长的发展阶段中保持稳定，但这种稳定性在不同的人格特质之间也存在着统计学意义上的显著差异。例如，有学者在纵向研究中发现，情感特质（affective traits）在长时期保持稳定方面不如大五人格模型中的五种人格因素（Vaidya et al.，2002）。情感特质特指焦虑、抑郁等具有强烈情感倾向的人格特质（Berry et al.，2005）。除此之外，大五人格模型中的五种人格因素的稳定性也存在差异，开放性的稳定性最高，尽责性的稳定性最低；而且在男女之间，这种差异也不尽相同（Rantanen et al.，2007）。同时，年龄因素对个体人格变化也有较强的影响，有研究发现，人格的变化在青年和老年阶段最为明显。在人格发展的初期——儿童的社会化过程中，其人格发展主要受到三个方面的影响：家庭、学校和媒体。其中，媒体会显著影响儿童人格中的社会因素，媒体通过隐性的社会规范来塑造孩子的期望、价值观和信念,从而影响孩子的人格发展(Menhas, Tabbasam, and Jabeen,2014)。有较多研究发现,一些重大的生活事件和主要的生活经历也能够较为准确地预测到人格的变化,这些研究为"人格不仅仅受到心智成熟的影响,而且会因生活环境产生显著改变"的推测提供了实例证据(Specht,Egloff,and Schmukle,2011)。

二、新媒体影响人格发展的理论路径

新媒体作为个体生活中非常重要的环境因素,对个体人格发展的影响存在着多条路径。笔者通过整理文献资料发现,社会学、心理学和传播学领域均有大量研究在积极探索新媒体对个体的影响。因此,这里主要总结五条宏观的理论路径,为新媒体影响人格发展的研究提供参考,而其他微观的理论路径和影响机制则需要根据具体的研究问题进行探索。

(一)培养理论

培养理论(cultivation theory)是社会学研究中常用的理论,它的核心内涵是:当一个人花费越多的时间在电视等媒体上的时候,其对于现实的看法越有可能受到来自媒体世界的影响,从而在其现实行为中表现出来。当前,培养理论主要围绕互联网世界是否会对沉浸其中的用户产生影响展开相关研究(Fortner and Fackler,2014)。该理论认为,用户的网络归属感通过主流化和共振来实现,这种归属感会进一步重塑用户的人格特质。主流化(main streaming)是指大量不同的人群通过对同一媒体的接触,形成同一种世界观的过程;而共振(resonance)则是指人们在媒体上看到与自己的现实经验一致的信息时,所产生的共鸣与认同感,会进一步强化媒体的作用(Gross,Morgan,and Signorielli,1980)。

而新媒体的使用则会降低用户在互联网世界中的归属感和自我监控水平。自我监控(self-monitoring)是指个体通过改变自己的行为,从而让自己更适应社会和情境的过程。高水平自我监控者通常能够有意识地调整自己的行为，而低水平自我监控者通常会随意地行动（Snyder，1987）。一方面，使用新媒体会使人们沉浸在网络虚拟环境中，主动学习符合互联网规范的行为模式，导致这些人在回归现实生活时，发现自己无法依靠虚拟世界中的经验解决现实问题，从而使得其对互联网的归属感降低。另一方面，在虚拟社交网络中，个体更青睐个人主义，社会规范对个体的影响力减弱，从而使得个体的自我监控行为减少。而归属感和自我监控水平与其对应的人格因素呈现较强的正相关，归属感的下降可能导致社交媒体中个体的外向性、开放性以及宜人性受损，而自我监控的缺失则会削弱个体的情绪稳定性和尽责性（Xue，Yang，and Yu，2018）。具体的理论架构如图3-1所示。

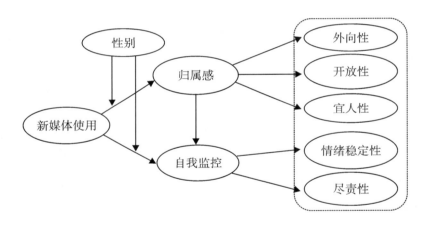

图3-1　新媒体使用影响人格的路径（基于培养理论）

（资料来源：Xue et al.，2018）

（二）TESSERA 模型

在有关成年人人格发展变化的相关理论中，有研究者提出了 TESSERA 模型以说明人格发展变化的过程及其影响机制（Wrzus and Roberts，2017）。TESSERA 模型的核心观点是：人格的变化发展是一个连续的过程，日常生活中经历的所有事件都可以转换成可重复的生活经验，进而改变人们的人格和行为模式。此模型将这些日常事件视为一个个可被称为"TESSERA"的短期序列,一个序列有四个阶段:第一阶段为"触发情境"(triggering situation,T),个体触发或遭遇日常事件(例如上司给自己额外派发工作任务);第二阶段为"预期"(expectancy,E),个体主动将自己和他人的期望纳入行动前的考量(例如觉得这一事件违反了"躺着挣钱"的个人期望);第三阶段为"状态及其表达"(state and state expression,SSE),个体选择某种状态(例如紧张起来)并表达出来(例如吐槽工作的冗杂);第四阶段为"反应"(reaction,RA),个体被自己或他人的反应所强化(例如这种吐槽得到了其他员工的一致认可)。一方面,这一过程在个体长期的生活中不断重复,并且能够通过反省不断地改善由短期序列带来的感觉体验,进而使得个体有意识地改变自己的人格特质;另一方面,这种重复短期序列会使得个体行为在不断重复的"刺激—反应"模式中得到隐性强化,使得个体逐渐形成"下意识"的习惯,从而潜在地改变其人格特质(Wrzus and Roberts,2017)。

需要说明的是,在一个序列影响人格的作用机制中,存在着许多其他的调节变量,包括正效价(positive valence)和负效价(negative valence)、内部轨迹(internal locus)和外部轨迹(external locus)、主动化(deliberate)程度和自动化(automatic)程度。

正效价和负效价代表着触发事件本身的正面属性和负面属性,TESSERA模型认为负面事件的触发会带来更强烈的刺激和反应,由此产生的人格变化更容易被保留下来。这点从进化学的角度能够很好地得到解释,即对恶劣事件适应性更强的生物更容易在突发危机中幸存下来,因此,个体会更注重负面事件带来的经验增量(Baumeister et al.,2001)。在新媒体领域亦是如此,人们会更加关注负面新闻的报道,无论这则负面新闻是否与其自身有关,都会给看到新闻的个体带来明显的社会压力。如果这则新闻与个体自身有关,那么这种社会压力将会更加明显,进而使得人们的情绪状态变坏和幸福感下降,增加抑郁和焦虑的风险(De Hoog and Verboon,2020)。

内部轨迹表示，个体从事件中得到的认识仅是通过自身不断延伸思考所获得的，并非对具体事件的总结；而外部轨迹则表示，认识增量是直接通过总结社交互动事件获得的。基于外部轨迹理论的研究认为，因外界因素直接刺激而产生的反应会导致更大的变化（Finn, Mitte, and Neyer, 2015）。而新媒体则会直接把他人从事件中总结的经验给予个体，因此需要注意新媒体在青少年人格发展中的社会化（socialization）影响。另外，社交媒体在消费观念（Chellasamy and Nair, 2020）、政治观念（Anderson, 2020）、家庭关系（Nelissen, 2020）等方面都会对青少年的人格及认知发展产生非常大的影响。

主动化程度和自动化程度用以衡量个体在短期序列中的人格变化是否引起了个体的注意，也就是个体是否有意识地采取这样的短期序列以改变自己的人格特质。有学者通过研究发现，人们对于人格的强烈改变意愿可以超越当前人格因素的影响（Denissen and Penke, 2008），从而导致个体获得理想的人格及行为方式。例如，若个体害怕成为无聊的人，则可能通过更高频次地参与酒会来改变自己的人格特质，从而成为一个更有趣、更受欢迎的人（Quinlan, Jaccard, and Blanton, 2006）。新媒体领域的实证研究发现，当人们在网络中设定改变人格特质的目标后，会努力完成该目标并且能够最终实现人格特质的转变，而且在某一特质维度初始值高的个体更乐于接受进一步提升该特质，如外向性高的个体更愿意去接受更高外向性的改变挑战从而加深自己的高外向性的人格特质（Hudson et al., 2019）。但是值得一提的是，个体是否认同"人格特质能够通过主动的方式改变"这一观点本身对人格改变的结果并没有显著的影响（Hudson et al., 2020）。

影响 TESSERA 事件序列的外部因素既包含环境因素，也包含个人因素。其中，环境因素包含近因背景（proximate context）和文化背景（cultural context），近因背景代表暂时变换的情境环境，文化背景则表示个体长期处于其中的稳定文化环境。近因背景可以成为人格成长的关键节点，例如，短期内的轻微创伤可以促使个体在创伤后得到成长，使其在逆境或者具有挑战性的生活环境中能够产生积极的人格变化（Jayawickreme et al., 2020）。然而针对新媒体领域的网络欺凌行为的研究发现，只有复原力高的个体才能在网络欺凌之后逐渐恢复健康的人格状态甚至发展出更为坚强的人格特质，而复原力低的个体仍会产生抑郁等心理疾病。

文化背景对人格发展产生的影响更为重要。有学者通过研究发现，在肯尼亚农村出生的孩子与在美国或欧洲出生的孩子相比，其依从性更强（Foti and Sidiropoulou, 2020）。虽然互联网能够在一定程度上打破文化隔阂，但这种"破壁"的程度是有限的，还有更多的文化和环境壁垒难以被破除掉（Zakaria and Yusof, 2020），互联网的"破壁"作用并不能完全消除文化背景造成的差异。此外，围绕社交媒体成瘾的相关研究发现，在不同的语言文化背景中，容易产生网瘾的人格特质是不同的。例如，在使用波兰语的人群样本中，较低的开放性和较低的情绪稳定性者更容易使用社交媒体成瘾；而在使用土耳其语的人群样本中，社交媒体成瘾仅和较低的尽责性相关（Błachnio et al., 2017）。

具体的 TESSERA 模型如图 3-2 所示。

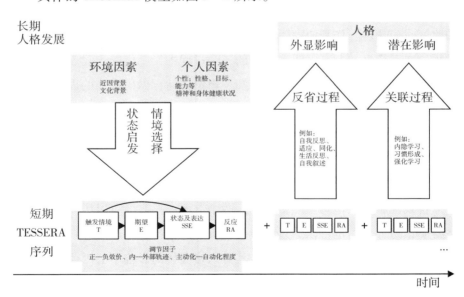

图 3-2　TESSERA 模型对人格发展的影响机制

（资料来源：Wrzus and Roberts, 2017）

在 TESSERA 模型产生之前，已有研究者提出 PERSOC 模型（framework of personality and social relationships）来解释人格变化机制；在 TESSERA 模型被提出之后，学界还发展出了综合状态过程模型（state process model）。PERSOC 模型强调人格特质和社会关系的相互影响（Back et al., 2011）；综合状态过程模型则糅合了 TESSERA 模型和 PERSOC 模型，将人格特质的变化过程分为了目标战略、行为经验和评估反思三个阶段，前一阶段均指导后一阶段，最终影响人格发展（Geukes, vanZalk, and Back, 2018）。

（三）自我效应

除了培养理论和 TESSERA 模型之外，社交媒体中的自我效应（self-effect）也会影响个体的人格发展。社交媒体中的自我效应是指媒体信息对其创建者、发送者自身的影响，这种效应根据个体的社交状态又可以分为在线自我效应（online self-effects）和离线自我效应（offline self-effects）。其中，在线自我效应的效果要高于离线自我效应。总体来说，自我效应对人格的影响机制由四个方面构成，分别是自我说服、自我概念的改变、表达性写作和协商。其中，协商（deliberation）表示一个决策的过程，在对信息预期、编码、输出的三个过程中，个体的自我表达都受到他人影响，个体需要经过理性权衡和逻辑梳理后再做出适当的表达。而自我说服、自我概念的改变、表达性写作三个部分对人格的影响更为直接，三者在新媒体对人格的影响机制中扮演了重要的角色（Valkenburg, 2017）。

1. 自我说服对人格特质的影响

自我说服对人格特质的影响分为两个方面：一方面可以增强已有的人格特质，另一方面也可以通过说服自己改变人格特质来适应新环境。自我说服的主要驱动力来自自我意识，其对人格变化的影响不会因他人的意见而产生改变，所以，自我说服在改变重要的人格特质上具有很大的影响力（Aronson, 1999）。在人格特质变化的研究领域存在着人格隐性理论（implicit theories of personality）和人格实体理论（entity theory of personality）两种对立的观点，前者认为人格是可以被改变的，后者认为人格无法被改变（Yeager，2017）。而相信人格实体理论的青少年可能会基于自我个性无法改变的说法来进行自我说服，使得他们在面对社会压力的时候认为自身人格特质无法适应环境且无法做出改变，因此会导致其抗压能力减弱，从而使得健康状况变差、学习成绩下降。但是有研究者发现，当相信人格实体理论的青少年在接纳人格隐性理论的观点后，就能够积极地改变自我，从而在接下来的实践中获得良好的健康状况和较好的学业成绩（Yeager et al.，2014）。

2. 自我概念

自我概念代表人格特质的核心部分，在以往的人格研究中，自我概念通常被视为以自尊为核心的一元结构，但实际上，自我概念比核心人格更为宽泛，应被进一步解释为更多维的结构（Marsh et al.，2020）。个体对自我概念的认知变化很可能导致个体人格特质发生改变。一项传统的实验研究发现，当主试要求被试将自己描述为具有较强的外向或内向人格特质的人后，无论被试之前是否具有突出的外向或内向人格特质，最后都会在自我报告中展现出非常明显的外向或内向人格特质（Tice，1992）。有关新媒体的研究发现，用户通过社交平台上的头像收获他人的"点赞"或"喜欢"，没有收获到预期的赞赏则可能被其视为受到负面评价（Martínez-Monteagudo et al.，2020），进而可能导致其形成自卑的人格特质（Sassen，2002）。所以，自尊程度较低的个体为避免自尊受损，一般不会使用个人照片作为社交平台的头像，而是采用与现实生活差异较大的、更多元的头像（Grieve，March，and Watkinson，2020）。

3. 表达性写作与社会比较

表达性写作是指个体将从负面事件或者问题中得到的想法和感受通过文字方式表达出来。从短期结果来看，这种行为可能会增加消极情绪，但从长期结果来看，适当的表达性写作对个体的健康发展是有益的（Maslej et al.，2020）。有学者研究发现，寄宿式的学校教育通常会给学生带来环境和学习的双重压力，而在博客上的表达性写作可以帮助学生缓解这种压力，从而帮助个体降低因为压力而形成抑郁和焦虑人格特质的风险（Mukhlis et al., 2020）。

除了社交媒体中的自我效应可能会影响用户的人格变化和发展外，社会比较也与个体的人格特质有较强的相关性。一方面，人格特质本身会影响社会比较的偏好，神经质水平较高的个体容易表现出上行比较，外向者则容易表现出下行比较（VanderZee, Buunk, and Sanderman, 1996）；另一方面，在社交媒体中进行偏激的社会比较容易导致个体的自尊水平受损，进而加强焦虑和抑郁人格特质。不过，社会比较和社交媒体使用频率之间并无太大的关联，个体进行社会比较的策略主要取决于其对使用社交媒体的态度，例如，个体是主动还是被动地使用社交媒体、个体使用社交媒体的动机等（Keles, McCrae, and Grealish, 2020）。

（四）网络自我

"自我"并不是一种独立静止的心理结构，是随着环境变化而发生改变的心理结构（Evans, 2012）。网络自我是指个体"自我"心理结构中依托于网络环境的部分，具体可分为：①虚拟自我（virtual self），在新媒体的人际沟通环境中，人与人之间或人与新媒体之间在交流过程中表现出的人格、体验或个体身份；②虚拟自我认同（virtual identity），个体对自己在虚拟世界中身份的一种确认，包括向虚拟角色表达与自我有关的心理感受等，也包括对虚拟世界中的社会身份确认（由对某个虚拟社区、虚拟团体的归属感所构建）；③网络/在线自我表达，自我表达是个体真情实感地将自身信息告知他人的一种行为，网络自我表达是人们通过各种网络社交媒体向他人表达自己的观点和信息，相对于面对面的自我表达，网络自我表达更加强调视觉匿名性。

研究发现，个体会在网络上进行更大程度的自我表达。对此，目前有以下理论可以予以解释：①线索减少理论，该理论认为线索是进行信息加工的重要前提（Brunet and Schmidt, 2008; Walther and Burgoon, 1992），网络的视觉匿名性导致个体在网络交流中必须依靠沟通对象的信息表露才能了解对方意图，同时其自身也需要积极地在网络上发言，通过表露信息来维持网络沟通；②去个性化社会认同理论，该理论认为网络空间的匿名性导致了个体自我意识在网络上的减少、对网络环境的认同增加，进而引起更多形式和更大程度的自我表露；③网络空间上的自我表露遵从网络空间或特定沟通群体的既定规范，由于人们在网络空间面对的群体范围比现实空间的更大，因此在群体一致的情况下，自我表露的程度也更大（Reicher，Spears，and Postmes，1995）。

综上，透露更详细的信息可以让目标对象更容易理解自身的表达意图，从而使相互间的沟通得以维持延续。在网络环境中，人们的交往不像现实中那么强调个体的责任，即容易出现责任扩散。在网络群体的大规模和匿名性等因素影响下，个体会减少自己的个性特征与自我感觉，因此行为也就会缺乏自我控制。

1. 网络自我的特点

网络自我的特点主要包括：用户匿名性（形成虚拟自我的前提条件之一）；形象创造性（在网络中选择并创造自己需要且满意的自我形象）；角色多元性（不同虚拟情境扮演多个不同角色）；客体掩蔽性（自我意识分为主体我、客体我。客体我包括身体自我、心理自我和社会自我，虚拟情境中的特殊匿名性弱化了人们的客体我，使得在线下很难实现的理想化自我形象塑造需求在线上得以实现）；等等。

2. 网络自我表达的工具

（1）昵称（nickname/用户名）。昵称是网络自我表达的重要工具，是网络印象形成的最初线索之一，能够激活相应的人群类别或刻板印象（Wallace，1999）。积极的昵称有助于用户更好地融入群体，消极的昵称会损害个体的自我形象和最初印象（Bechar-Israeli，1995）。在新媒体环境中，多元化平台中的自我表达形式呈现多样化趋势，昵称不再是了解彼此身份的最主要信息来源（Subrahmanyam et al.，2011）。

（2）网络化身。网络化身是指个体在不同网络平台所选用的形象。

化身可以反映自我的不同方面（真实的或是个体幻想的、希望成为的人），是高度可控的信息传递器（策略性的自我呈现），甚至可以影响自我的塑造。

有研究者在研究网络化身中发现了海神效应（Proteus effect），即当个体被赋予不同的角色时，自身的行为会表现得与角色特点相一致的现象（Yee and Bailenson，2007）。那么，是否可以推测若个体在新媒体环境中选择与自身差异较大的化身会影响、干预其行为呢？对此，研究者发现，这其中存在一定影响，但影响作用比较有限。另外，个体对化身的选择也有一定"规律"：网络化身常常会映射出个体的理想信念——研究者评估被试与其在《魔兽世界》中创造的形象之间的差异发现：角色形象一般比创建他们的被试有更积极的特质，这一点在幸福感偏低的被试身上表现得更明显。但一般而言，个体倾向于在线上创建稍微不同于真实自我的积极的化身形象。那么，人们为什么不创建一个完美的化身呢？研究者分析其中的原因发现，这是为了追求沉浸感，即线上的沉浸感必须有一定阈值水平的线上/线下自我之间的相似性才能产生。个体受制于两种力量——追求理想化自我形象的力量和保持真实感的理性自我形象的力量，最终呈现的网络化身形象是这两种力量妥协的结果。即个体追求完美的线上自我形象，但不愿意这个形象完美到与自身毫无关联而让自己完全没有沉浸感，即"最优中间相似性原则"。该原则是基于进化论提出的，即个体会选择与自己相似的个体成为伴侣，但不会选择与自己过于相似的个体。因此，研究者推测在新媒体环境下，该原则可以使在网络空间中的个体将沉浸感与认同感完美融合在一起，如果缺乏这种融合，线上线下的巨大差异会阻碍个体的归属感。此外，如果线上的自我与线下的自我过分相似，那么上网对于用户的"意思"和"意义"可能也就比较有限了。

（五）新媒体与性别

1. 网络活动偏好

男性比女性更早接触网络，网龄更长，每天上网时间更长，拥有更高的网络使用自我效能——目前研究者对此观点的意见并不一致。在对网络活动进行分类研究时发现，女性更偏好网络社交活动，男性更偏好网络游戏；在青少年中，女性将网络用于学业用途的倾向要高于男性（Waasdorp et al.，2015）。因此，网络活动对男性和女性产生的影响存在显著差异：在网络成瘾者中，男性的比例更高，而且这一结论在不同国家中具有一致性。

为什么男性网络成瘾比例要高于女性？研究者发现其中原因可能有：社会规范的差异（对待男性上网行为的态度更"宽容"），网络活动偏好的差异（男性更偏好与强网络成瘾性相关的大部分活动），大脑功能的差异（男性对于奖赏的期待更高、动机水平更高），意志控制能力的差异（女性的意志控制能力更高），情绪应对方式的差异（男性更倾向于用网络宣泄负性情绪，女性更倾向于通过社会支持缓解负性情绪）。

2. 网络性别转换

网络游戏中男性和女性用户都普遍存在性别转换现象，但男性选择异性身份的比例远高于女性（Martey et al.，2014），研究者认为其中的原因可能在于：网络性别转换为用户带来了线下较难获取的新奇感受；对男性用户来说，更换性别更容易吸引他人关注，更容易获得支使其他男性带来的"控制感"或优待；男性用户想要体验女性的态度、视角，以此来获得与女性来往的经验，从而促进现实空间中的社会交往。

三、小结

人格特质在新媒体的相关研究中通常充当自变量，其稳定性保证了在一段时间内研究的结果都将具有同样的预测效果，适合用来做横截面的实验或数据研究。除了通过传统的人格量表测度人格特质，当下的新媒体研究已经能够根据社交媒体中的公开信息推测出用户的人格特质，而这些特质将有助于特定信息的定点推送，从而通过互联网有效地帮助具有抑郁特质的个体（Sheldon，Antony，and Sykes，2020；Wang and Chen，2020）。

不过，新媒体对人格的影响研究同样囿于人格的稳定性，即无法通过实验室的实验很快得出实验条件的影响效果并探究其中的因果机制，而只能通过长期的纵向研究才能得到人格特质的变化结果。因此，新媒体对人格的影响机制还未能形成完备的理论体系，本节所介绍的五种研究路径也只是从众多研究中撷取的较为系统、完备的部分，而新媒体对人格的影响机制还有待更多的探索。

第四章 新媒体与认知

随着信息大爆炸时代的来临，新媒体逐渐成为人们认知这个世界的主要门户，因此，研究新媒体和人的认知之间的关系具有非常重要的现实意义。在本章中，第一节概要介绍新媒体使用中的认知因素；第二节基于当前新媒体研究和认知神经科学的跨学科融合趋势，简要介绍认知神经科学技术的原理及其在新媒体领域的运用，并用研究实例对认知神经科学和新媒体研究的融合领域所关注的研究命题及部分研究成果加以说明；第三节就认知过程中非常重要且备受媒体研究关注的信息处理和加工方式进行探讨，了解相关理论模型的发展变化历史，简要介绍信息如何进入记忆、如何被加工及如何被存储和提取；第四节引入近年来研究领域颇受关注的具身认知，从具身的视域探讨新媒体技术如何影响身体及其在各认知行为中起到的作用；第五节对认知中的"注意"部分进行说明，提出注意的选择性特征，并简要介绍选择性接触为新媒体带来的变化以及新媒体通过哪些途径来影响用户的选择性接触。

第一节 新媒体使用中的认知因素

一、新媒体与时空知觉

(一) 社会空间的融合性与流动性

新媒体以"既隔离又联结"的方式塑造了新的人际关系（黄厚铭、

曹家荣，2015），新媒体"模糊了物理和数字空间之间的传统边界"，正在重塑公共和私人生活，为公众参与创造了新的时间与空间"（Sheller and Urry，2003；Silva，2006；Sheller，2004）。在此背景下，中介化理论（mediation theory）指出：应强调传播媒介中介化的过程，及其对世界在日常生活中的呈现方式产生的重大影响，"这种中介化的呈现方式反过来为我们定义和经营与他人的关系提供了框架，尤其是对那些身处远方或者只出现在媒体中的人"；应强调传播技术与人类社会互相形塑的双重逻辑；应强调传播过程与社会环境互为中介、相互并构，"不仅要理解传播过程如何改变支撑它们的社会文化环境，而且要将社会视为中介物，制度和技术以及由它们传递的意义，都由接受和消费它的社会过程所中介"；应强调人的能动性，在不同的地域和文化背景下，媒介技术介入社会生活的程度是不均衡的，人们对媒介技术的创造性使用，一方面带来了社会关系和社会形态的转变，另一方面也呈现出了中介过程的异质性和多样性（Silverstone，2002）。

因此，中介化视野下的传播技术诞生于社会土壤、成形于日常生活，当不同文化背景下的人们以不同的方式使用这种中介与外部世界进行交往和连接时，他们的人际关系、社会形态，都将随着这种被赋予了不同意义的新中介的形塑而发生不同的变化。

（二）社会空间的改变

当今，新媒体已成为人们连接世界的重要中介，那么在其影响下，人们的社会生活空间会发生什么改变呢？

1. 远程在场（缺席在场）

新媒体环境使人们获得一种对远程环境中介化的感知，即这个远程环境可能是另一个遥远时空的真实环境，也可能是一个由计算机合成的虚拟世界或交往空间。根据空间体验的不同，"远程在场"又包含两种中介化状态："空间在场"——基于技术中介达成视觉"可见"而带来的身体在场的空间体验（如视频聊天、VR 技术）；"社交在场"——在场感并非仅存在于视觉可见的层面，根据声音和文字开展的社交互动，同样能构建出一种"社交在场"的交往空间认知感觉，与其他在线参与者连接在一起的沉浸式的"真实感"让手机中介的社交空间感知成为可能。这意味着，在使用手机进行交往时，人们从心理上脱离物理空间进入网络空间中，呈现出"远程在场"的状态，心理与身体的分离使得人们与物理空间的关系出现变化，打破了传统意义上物理空间中身心合一的在场感，呈现出一种身体在现场但感知却在远方的"缺席在场"（absent presence）状态。在新媒体环境中，社会空间感知中的物理接近已不再是在场的必要条件。如今，人们普遍可以通过手机在多重在场状态中随意跨越。在空间实践中，空间在场感的多元化和多重空间的实时切换意味着在场感不再仅存在于物理空间之内，人们可以在同一时间穿梭于多个重叠的空间中，例如在场于多个空间的同时也可能缺席于所在的物理空间。随着空间在场感知的中介化，多重空间叠置交融，空间之间无缝连接和切换，人们的体验和对空间边界的感知也会变得不同——空间边界可能被取代、被重构乃至消失。

2. 感知社会空间的边界

在新媒体社会空间实践中，边界的内涵得到了扩展，因为心理界限具有无形、随意、流动的特点，这意味着人们对空间边界的建立和撤销将会更加随心所欲，对实体空间的抵抗也将更加得心应手。例如，出于对开会或上课的抵触，人们会随时切换到"网络空间"；过年回家仍在网上聊天（物理场所有变换但仍可停留在某一"空间"）；通过拉黑或屏蔽实现对某"空间"的更换。同时，物理边界的感知发生了改变。生活的物理空间被划分为有网络的空间和没有网络的空间，没有网络的空间容易让人没有归属感或者安全感。公共空间和私人空间的边界互相渗透，如与客户谈判的同时回复朋友微信，以及下班后微信群里的工作安排与同事间的互动。新媒体除了给空间感知带来巨大改变外，也给身处这个社会环境中的个体的信息知觉带来改变，例如，人们通过信息检索行为、信息规避行为、信息传播行为等不断改变自身所处社会空间边界的建立和撤销状态。

二、新媒体与记忆能力

认知科学发现，记忆不是过去的经历在发生时被复制粘贴到人类记忆库的信息，而是在人类提取时被重建的信息，这种"被重建"表现为相关信息在提取时填补了细节的逻辑推断，还加入了与原始记忆混合的关联记忆（Loftus, 1980; Myers, 1990）。这意味着记忆是通过学习形成的，而这种学习可以形成"虚假记忆"。

新媒体会对人类的记忆能力产生什么影响？有研究者指出，新媒体环境中人类的记忆能力正在发生变化，新媒体正在成为记忆的一部分：新媒体所带来的海量信息会影响个体的认知负荷（用来衡量从短时记忆传输到长期记忆的过程中，个体所能得到的信息数量），即海量信息会导致个体将信息传输至长期记忆的能力不足（类似隧道堵车），明显阻碍了记忆的形成，造成记忆和学习能力的下降。通过对比发现，网络空间影响了人们应对各种情况的认知过程：网络信息的获取无法激活大脑长期存储信息的脑区。在线访问信息的能力使人们更容易记住这些信息的检索途径而不是信息本身，即记忆力的"谷歌效应"：人们倾向于在网上搜索信息，当人们认为自己以后可以在网上再找回这些信息时，他们便很难回想起信息本身而只记得获取这些信息的途径。同时，这也产生了新媒体环境下的"交互记忆"现象，即人们将某些方面的记忆"卸载"到外部环境的各种元素中，与存在交互记忆的脑力资源自适应，如人们不会尝试记住团队同事已经掌握的信息。

三、新媒体与认知能力

新媒体提供了一个新的学习平台，人们几乎可以无限地学习与线上、线下相关的新信息。这意味着新的外在环境因素会引起大脑结构和功能的改变，从而导致认知能力的变化。基于神经可塑性原理（由适应环境等经验引起的大脑的结构改变,特别是在学习新事物方面),有研究发现,与年龄相关的认知能力下降是由大脑萎缩引起的,而脱离现实世界偏向虚拟环境会引发同样的神经认知变化。例如,被试参与在线角色扮演游戏6周后,其眶额皮层内的灰质显著减少,而眶额皮层是影响冲动控制和决策的大脑区域。同时,这还会影响个体的奖赏脑区。核磁共振研究发现,频繁玩游戏的个体其纹状体呈增大状态,这是多巴胺释放信号的结果,而网络成瘾个体的纹状体的多巴胺转运蛋白呈降低状态,这与其多巴胺调节的减弱有关(Loh and Kanai,2015)。值得注意的是,这不是网络游戏对于人类的全部影响,也有研究发现设计优良的网络游戏有助于提升老年人的认知能力(Anguera et al.,2013)。

认知思维一般分为线性思维和非线性思维两大类。线性思维是指偏好关注外部的数据与事实,通过意识逻辑与理性思维加工信息,形成知识、理解力或最终引导行为的决策;非线性思维是指根据内在情感、印象、知觉与感觉进行信息界定,并由此引导决策。随着新媒体的使用,沟通形式从"纸上世界"正在转变为"屏幕生活",思维方式呈现出向非线性转变的趋势,突出主观性、去中心化、非阶层背景,形成了新媒体时代的观点多元化趋势,而这也会使人们的观点表达呈现"表面形式化"的趋势。同时,需要指出的是,有研究发现新媒体环境会引发认知思维的两种变化趋势:其一是"分析性推理扩散"趋势,新媒体推进了个体分析推理的过程,即目睹他人的理性决策会使个体减少自身的直觉决策,促使其反思直觉,并转向更复杂的分析性推理;其二是新媒体引发的"分析性输出扩散"趋势,即目睹他人的理性决策并不会引发其自身的分析性推理,但会促使个体意识到自身的直觉决策存在的不正确之处,这种高质量信息与观点的获取并不会使其产生独立思考能力,但有助于其接受有益的观点。

认知需求存在个体差异。认知需求的个体差异表现为一种在进行与享受思考活动和认知性挑战任务时的个体差异。具体而言,具有高认知需求的个体更倾向于深入全面地思考问题,甚至当外部动机不明显时也愿意这么做,因为他们喜欢通过思考实现目标,享受解决问题的过程,更倾向于评价观点信息的论证质量；低认知需求的个体更倾向于根据表面因素草率地得出结论，不会享受解决问题的思考过程，而是认为问题难以解决。高认知需求的个体更喜欢信息定向的媒介，偏爱语言信息，即对语言质量感兴趣而不是对图形或声效有关的信息感兴趣；低认知需求的个体更喜欢网页的符号线索，他们回避复杂的认知过程，运行特征为图形或声效更凸显的新媒体对他们更具吸引力。

四、新媒体与多任务处理

（一）注意力理论与工作记忆理论

注意力属于信息处理系统且是解决相关问题的重要因素；注意力可以被视为一种筛选方式：可以确保个体忽略任何不想要的、不相关的信息，同时确保个体得到想要的信息。但环境因素会干扰或转移个体对当前任务的注意力。注意力理论指出，人们会囿于注意力资源的有限性而无法同时处理多个任务流的信息。工作记忆理论认为工作记忆是指人储存、处理以及使用信息的认知能力，就像计算机的缓存，如果多个任务同时占据了同一个工作记忆区，那人们就无法很好地执行和处理任务。例如，相比纸质材料，人们对数字内容的专注度更低，容易跳读、一心多用，使专注周期变短，阅读纸质材料比数字内容更容易记忆细节。Ophir 等人的研究发现，从事"重度"（频繁和广泛）媒体多任务处理的个体相比其同行的任务切换测试（一项进行多任务工作的能力的测试）成绩更差。其原因在于任务的多重分配会使个体更容易受到无关环境刺激的干扰，从而导致工作效率的降低。经常参与媒体多任务处理的个体，在分配与当前任务相关的注意力上更容易分心，效率更低，因此可以推测媒体多任务处理会导致注意力控制能力的下降（Ophir et al., 2009）。

随着移动互联网的高速发展，智能手机的存在让多任务处理成为常态，但任务之间的转换非常耗费精力。任务之间的转换过程会大量消耗大脑中的氧化葡萄糖以及用于集中精力完成单项工作的能量储备，而这个过程将会削弱工作时间和创造价值之间的正向关系，个体的动力因此会减弱。随着工作负担的加大，个体也会越来越焦虑（表现为整天处于疲惫之中）、越来越有压力，而压力会削弱个体生成记忆的能力，从而影响个体做出决策的能力（Liu, Zhao, and Liu, 2018）。Adrian Ward 在 2017 年的研究发现，"手机存在"本身就会显著影响注意力。研究人员将被试分为三组：第一组被试将手机正面朝下；第二组被试将手机调静音后放在自己的口袋里；第三组被试将手机调静音后交给主试代为保管（Ward et al., 2017）。之后，全体被试进行"专注任务"的测试。结果发现，在专注任务中表现最好的是第三组，其次是第二组，最差的是第一组。这意味着把手机放在触手可及的地方会影响个体的注意力，手机的存在本身会在潜意识中影响个体的专注能力，即虽然表面上人们没有在使用它，但由于在日常生活中已经习惯于随时随地拿着手机，人们在工作时也会情不自禁地看手机，而意识到正在工作/上课的人则需要刻意压抑看手机的冲动，这种压抑的努力会占据注意力资源，从而降低完成任务的专注能力。

（二）个体差异

注意力切换可以分为自愿完成和非自愿完成，例如，如果个体在背完单词后想要看一集最新的电视剧，那就是自愿完成了注意力切换；但是如果个体在背单词的同时突然收到了一封来自老板的紧急邮件，那么就是非自愿地被邮件干扰，因而不得不进行注意力切换。电子产品的主要特点之一就是其接受消息的时间并不确定，这会导致大量非自愿的注意力切换。研究发现，与自愿的注意力切换相比，人们通常需要调动更多的精力来完成非自愿的注意力切换，导致完成任务的效率降低。例如，在听课的同时回复微信消息与课间统一回复微信消息相比，前者的听课效果通常会更差。

那么，上述现象是否存在个体差异呢？研究者模拟了一个典型的工作环境，设置了来自电子产品的突然干扰，并招募了一群年轻人来完成这一项测试，由此来探究受到电子产品干扰的年轻人在注意力切换之后是否会影响任务表现。结果发现，在受到电子产品干扰的条件下，注意力切换并不会损害他们的工作任务表现。可见，至少对于"千禧一代"（net generation，1982—2000）来说，电子产品的干扰所产生的负面影响较小。"千禧一代"具备的对电子产品的"抵抗力"从何而来呢？原因可能在于他们的成长环境，即电子产品已经"充斥"在他们的日常生活之中，他们已经习惯了使用即时通信设备，因此实验中弹出的一些干扰并不会对任务完成产生显著的影响，反而会让他们觉得就像日常生活一样，能够更轻松地融入实验的场景之中，由此不会对工作表现产生影响。但是在对老一辈人群的研究中发现了代际差异：当被电子产品打断后，被试大约需要25分钟才能够专注到原来的任务中，且有41%的被试甚至会因为被打断而完全停止任务。研究者认为，这种在"千禧一代"和老一辈身上出现不同结果的原因可能是一种认知差异："千禧一代"以即时通信程序作为主要沟通工具，而使用它们会让交谈的时间更短、速度更快，进而带来较少的干扰，反而成为提高工作效率的手段；同时，微信这类通信工具在作为聊天工具的同时，也是不可或缺的生产力工具。

第二节　新媒体与认知神经科学

随着时代的发展，学科融合已经成为避无可避的趋势，基于此，本节将介绍认知神经科学如何被应用在新媒体研究中。首先，通过举例阐释应用于新媒体领域的认知神经科学探测技术，再从三个方面介绍新媒体如何对青少年的神经发育产生影响，以期让读者了解新媒体研究中常用的认知神经科学技术和部分研究方向。

一、认知神经科学技术简介

将认知神经科学（cognitive neuroscience）应用于新媒体研究领域，

旨在为新媒体研究提供生理基础的解释。认知神经科学以生理表征作为辅证，证实了自我报告等一般研究方法发现不了的新媒体效果。在早期的新媒体研究中，皮肤电传导（skin conductance）、心率监测（heart rate detection）和面部肌电图（facial electromyography）是较为常见的研究工具，因为它们能够有效监测人的注意力唤醒、情绪反应等内在心理过程。随着认知神经科学探测技术的不断发展，脑电图（electroencephalogram, EEG）和功能性磁共振成像（functional magnetic resonance imaging, fMRI）两种脑成像技术都已成为目前新媒体应用性研究中常用的手段（Bolls, Lang, and Potter, 2019）。

（一）脑电图

脑电图（简称 EEG）用于描绘大脑的生物电波。人类的思考过程伴随着不同脑部区域的放电活动，因此将会呈现出不同的电波模式，脑电图通过记录电波模式的变化来了解思考过程中个体在思想、情绪和行为上的变化（郑旭东、马云飞，2020）。在新媒体领域，EEG 常被用于监测情绪波动并预测行为。在传统媒体研究中，需要个体通过口头报告的形式来表达他们对电视节目的看法，但是这一形式存在明显的缺陷——个体可能会对真实想法进行隐瞒或者因其表述能力而让人产生误会，然而 EEG 可以弥补这一缺陷。例如，在观看收视率高的节目的片段时，EEG 监测到个体会产生前后不一致的 α 波形，而 α 波形通常与较强的主观情感波动相关，这表示收视率高的电视节目通常能够引发观众的高度共情，进而可以预测在社交平台上观众与该电视节目内容的互动频率（Shestyuk et al., 2019）。图 4-1 呈现的是常规行为所产生的脑电波图例，其中快速反应 EEG 曲线是该文献所采用的便携式 EEG 记录器所生成的，另外两条曲线是传统 EEG 记录器所生成的（由三台设备同时记录）。

（二）功能性磁共振成像

与富氧血液相比，脱氧血红蛋白的磁性更强，因此功能性磁共振成像

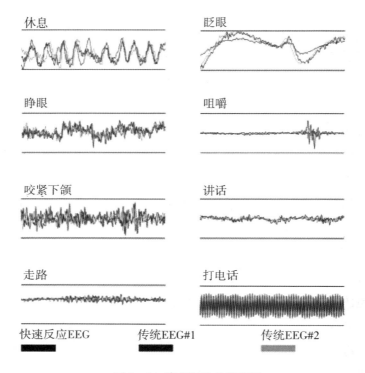

图 4-1　常规行为的脑电图

（资料来源：Kamousi et al., 2019）

技术可以通过检测脑血动力过程中的磁性变化来了解事件过程中被激活的脑区神经（Logothetis et al., 2001）。由于这一技术具有很强的空间敏感性，能够对激活脑区实现精确定位，同时还具备较好的可视化效果，因此其成为认知神经科学在新媒体领域的热门应用技术。

下面介绍一项将认知神经科学技术应用于新媒体领域的研究成果。研究者发现，论坛用户对同类信息的接受程度存在差异。为了检测出哪些属性可以使信息更容易被接受，研究者设计实验，让具有编程背景的被试对帖子中的代码进行评分，低分数表示不愿意采用，高分数表示非常愿意采用。在这个过程中，被试将会看到该帖的不同属性，包括专家对该帖的评价分数、由其他论坛用户所形成的社区对该帖的评价分数、代码内容。被试首先将基于他人评价、对模糊内容的帖子进行评估，然后再对展示出所有内容的帖子进行评估。

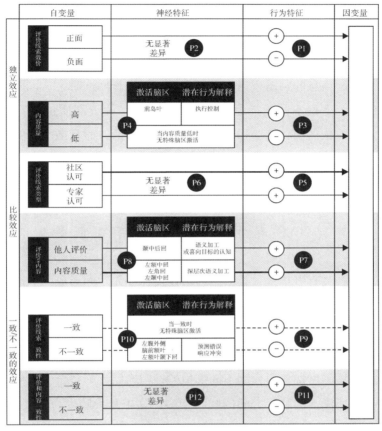

P1—论坛上的信息采纳率会受到评价线索效价的影响，被积极评价的信息更容易被采纳；P2—论坛信息过滤过程中，正、负评价不会使脑区产生激活差异；P3—帖子内容对是否采纳论坛信息的决策有显著影响；P4—判断帖子的内容质量，涉及注意力和工作记忆等脑部功能的执行；P5—来自社区的评价线索对是否采纳论坛信息的决策的影响要大于来自专家的评价线索；P6—在一般性的信息采纳决策任务中，对专家评价和社区评价的脑区激活模式与判断社会影响力的脑区相关；P7—当信息搜集者自身拥有较强的知识动机和能力时，内容本身对采纳决策的影响更大；P8—对内容质量的评估会激活负责深层次语义加工的脑区，对他人评价的反应会激活负责选择性信息检索和自动语义加工的脑区；P9—当对帖子的评价偏向极端的时候，他人评价的离散程度对信息过滤决策的影响较大；P10—当他人对帖子的评价不一致时，对帖子的评估行为会激活负责处理冲突和错误的脑区；P11—内容质量和他人评价是否一致会影响论坛用户对帖子的评估；P12—当帖子的内容质量和他人评价不一致时，经验丰富的论坛用户会更倾向于根据内容质量做判断。

图4-2　理论模型和研究特征
（资料来源：Meservy et al.，2019）

研究结果发现，被试更容易采纳帖子内容质量高、专家和社区评价得分均较高的论坛信息，研究模型以及不同因素之间的关系如图4-2所示。

该研究在实验中加入了功能性磁共振成像技术，以探究论坛信息过滤行为所涉及的脑区。通过对比发现：论坛中帖子的内容和上下文都影响了被试对所阅读信息的判断，当在论坛中的帖子进行阅读时，被试面对不同的信息线索会出现不同的神经激活模式。例如，阅读高质量内容的帖子时，被试的前脑岛和背侧前扣带回皮质被明显激活，而且激活程度随着信息的增多而持续加剧；而阅读低质量内容的帖子时，这种激活不明显，认知过程也显著缩短。

二、新媒体对青少年的神经发育有重要影响

因为大脑具有可塑性，学习行为可以使神经元之间形成突触连接，而持续的练习可以增强这一连接。大脑的这种可塑性不仅是生理性的，还存在经验依赖可塑性，人类可以通过学习等后天行为影响大脑结构，且有研究证实这一可塑性可以持续终身（周加仙、董奇，2008）。而在青少年时期，大脑白质的增加使得大脑不同部位的神经通路逐渐整合，也使得不同的认知任务所激活的脑区之间的联结增多，这正是大脑发育的关键阶段，该阶段容易受到外界环境的影响。因此，在互联网时代必须重视线上教育、线上娱乐和新媒体对青少年大脑发育产生的影响（Giedd，2012）。

（一）线上教育对青少年神经发育的影响

随着技术发展，教育不再桎梏于传统的纸质书本和面对面的教学课堂，线上教育逐渐进入大众视野。类似MOOC（慕课）等的虚拟学习环境（virtual learning environment，VLE）已经逐渐向更加智能、更加个性化的方向发展，成为广大青少年重要的学习资源（Temdee，2020）。一方面，因为学习环境的改变，线上教育可能会使学生在进行学习活动的同时进行其他活动；而另一方面，因为媒体技术的发展，线上和线下教育都逐

渐依赖多种方式（视频、文字、图像等）来传达信息，这两方面都使学生处于多任务处理（multitasking）的学习环境之下（Mutlu-Bayraktar et al.，2019）。认知神经科学的元分析研究发现，双侧顶叶内沟（bilateral intraparietal sulcus，IPS）、左背外侧运动前皮层（left dorsal premotor cortex，dPMC）和右前脑是处理多任务时的核心脑区（Worringer et al.，2019）。因此，多任务处理的学习环境可能会使青少年这部分脑区的发育优先于其他脑区。

除了多任务处理的学习环境外，线上教育模式还可以从其他方面帮助提升青少年的认知能力。例如，数字线估计（number line estimation，NLE）的方式能够有效提高青少年的数字敏感度。数字线估计是一种通过判断数字在物理线条上的空间位置来训练数字敏感能力的方式，分为有边界（例如从 0 到 100）和无边界（例如只给定一个单位距离）的数字线估计（Jung et al.，2020）。虚拟学习环境通过上述两种训练模式对数字线估计能力进行训练（两种训练的效果经过事后检验并没有统计意义上的区别），从而有效改善青少年被试的数字敏感度。数字线在游戏版本和非游戏版本中的训练过程如图 4–3 所示。

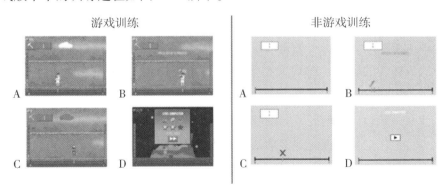

图 4–3　数字线估计训练的两种模式

（资料来源：Wortha et al.，2020）

有研究通过 fMRI 检验显示，多个脑区激活的程度在训练前后存在明显的差异，这表明仅仅通过五天的虚拟训练，数字估计训练就能对神经激活模式产生显著影响。在对被试进行多个分数的数字线估计训练后，被试的双侧顶叶内沟被显著激活，而这部分脑区不仅与多任务处理相关，还与抽象的数字感知相关（Wortha et al., 2020）。因此，有意识地利用大脑可塑性的特征，采用多样化的新媒体技术进行线上教育能够有效培养青少年的认知能力。

（二）线上娱乐对青少年神经发育的影响

有研究预估，2020年世界范围内共有2.5亿个游戏玩家，到2021年这一数值可能会进一步上升，电子游戏逐渐成为青少年娱乐消遣的主要方式（Granic, Morita, and Scholten, 2020）。有研究者发现，并非所有游戏都会对玩家产生神经系统上的影响，仅有部分特殊游戏类型能够对玩家的认知神经系统产生影响（Dale et al., 2020）。基于事件相关电位（event-related potentials, ERP）的注意力研究发现，动作类电子游戏玩家（action video game players, AVGP）的脑电波在具体游戏事件发生时刻的振幅要高于没有动作类游戏经验的被试，这与其在游戏经验中养成的灵活分配注意焦点的能力相关，这表明长期的动作类电子游戏经验能够对玩家的大脑发育产生特异性的影响（Föcker et al., 2019）。除此之外，不同的游戏类型所激活的脑区也不尽相同，通过fMRI扫描正在观看特定游戏类型的游戏成瘾者的脑区，发现大型多人在线角色扮演类游戏（massive multi-player online role-playing game, MMORPG）比其他常规类型的游戏更能激活涉及一般行为的脑区，如颞叶、额叶和顶叶等重要部位，这些部位和注意力、工作记忆、视觉等多项认知行为能力有关（Nasser, 2019）。如今，网络游戏方式和游戏类型对青少年的影响已经进入研究者们的视野，同时部分关于网络游戏障碍（internet gaming disorder, IGD）的研究已经证实，采用网络游戏来缓解压力和调节负面情绪的行为可能导致游戏成瘾，而成瘾者存在特殊的神经回路失调症状（Zhang et al., 2020）。因此，既需要对网络游戏持有开放式的心态，同时也需要警惕网络游戏成瘾所带来的生理损伤。

(三) 社交媒体对青少年神经发育的影响

在新媒体时代，社交媒体已经成为青少年生活的重要组成部分。而针对在线社交行为的认知神经科学研究发现，青少年在在线社交中发生的被接受或被拒绝的各种事件都有可能导致青少年对线上社区的接纳或排斥，同时这些行为伴随着较为明显的神经反应。因此，新媒体的使用可能会导致青少年大脑出现特异性的发育。除此之外，线上交友行为和线上视频、游戏等带来的极端情绪同样会影响个体神经系统的发育（Crone and Konijn，2018）。例如，针对青少年发布在社交媒体上的照片的相关研究发现，虽然高中生和大学生对具有高风险元素的照片（如包含抽烟、暴力元素）都报告了一定的偏好性，但是大学生大脑的中央执行网络（central executive network，CEN）中的背侧前额叶（dorsomedial prefrontal cortex，dmPFC）等区域激活程度并没有减少，而这些脑区通常与遵循社会规范有关，这表明大学生对于风险行为的抑制反应较强。但是高中生被试在该脑区的激活却出现了变弱的情况，这是因为高中生额叶发育不成熟从而导致对危险刺激的抑制不足；而如果该照片受到了朋辈的"点赞"，则会进一步加强青少年对这些照片中高风险元素的偏好，进而有损青少年的健康发展（Sherman et al.，2017）。

三、小结

将媒体心理学和认知神经科学作为媒介效果和新媒体的研究框架的研究方法兴起于20世纪80年代，该研究方法依赖于生理探测技术的发展，也正是因为研究方法的不断发展才能够探索出更多传统研究方法无法探究出来的媒介效果（Bolls et al.，2019）。这些研究结论告诉我们，新媒体在给我们的生活带来便捷性的同时，也可能潜移默化地改造了我们的脑部神经构造。为了更加有效地检测这一变化效果，已有部分学者提出或许可以将新媒体研究拓展至融合了神经科学、计算机科学、心理学的"心理信息学"(psychoinformatics)的新领域(Yarkoni,2012)。在未来的新媒体研究中,认知神经科学展现出了光明的发展前景。

第三节　新媒体与心理学视角下的信息加工

认知活动涉及知识、记忆、思维等方方面面,其中,信息在人脑中的加工和存储过程一直是研究的重点。在知识、记忆等具体的认知领域,研究者作出了杰出的贡献,这些具体的研究内容可以整合成为更加宏大系统的内容,也就是认知模型。而信息加工就是认知模型中非常重要的一部分,模型通过对信息加工的过程进行实证研究来形成独立的系统,为具体认知领域指明研究方向,为更精确的研究提供宏观的前提认识。而有关信息加工的理论则随着研究者关注领域的不同而不断变化,自乔治·米勒(Geoge Miller)于1956年提出"信息加工理论"开始,学界就产生了大量与信息加工相关的理论模型,但随着认知科学的不断发展,很多信息加工的模型逐渐被淘汰。本节将简要回顾信息加工模型的发展过程和在信息加工模型之后的新模型的发展变化,以及信息加工的研究逐渐重视人类的社会属性的特点。同时,结合新媒体领域的应用性研究对不同的理论模型进行评价,以期为新媒体研究带来研究方向和研究方法论上的借鉴和启发。

在研究者对记忆、注意力等认知内容进行非常基础的研究之后,米勒第一次将通信系统和心理学研究联系起来,提出了"信息加工理论",认为人对外界认知的输出与信息的输入相关(Miller,1956)。信息加工理论的基本假设是认知呈阶段性,每个阶段都将对信息进行一次特殊的加工,每次加工的信息都来自前一阶段的输出。

一、信息加工理论定义

信息加工理论（information processing theory，IPT），又被称为信息处理理论，是认知科学发展中非常重要的理论模型。该理论的基本假设认为人的大脑类似于一台计算机，外界的信息被设定按照"输入（input）—处理（process）—输出（output）"的顺序被人脑进行处理。具体来说，信息加工关注的领域主要包括三个方面：信息的存储、信息认知的过程、执行认知的方式（Çeliköz et al.，2019）。信息的存储和认知领域中的"记忆"领域有非常密切的关系，认知科学认为记忆包含信息被进行编码再被存入大脑的存储器中的整个过程。最简单的记忆分类方法将记忆分为短期记忆和长时记忆，在记忆领域的发展过程中记忆分类又逐渐被细化，如长时记忆分为"情节记忆""语义记忆"等（Tversky，2003）。而认知过程的研究则强调信息编码和检索的过程，如记忆研究中的"组块（chunking）记忆"认为，人们会将简单的字词合并成信息单元块进行编码记忆（Chen and Cowan，2005）。执行认知的相关研究则关注如何进行认知，其中最典型的研究主题即对"元认知"（对于自我认知的控制和评价的认知）（Metcalfe，2009）概念的研究。

二、信息加工理论模型的发展

信息加工概念被提出后，前期的奠基性成果是阶段理论模型，该理论由阿特金森（Atkinson）和谢夫林（Shiffrin）于1968年提出，该理论认为信息处理是呈现阶段式的，这也是最基础的信息加工模型。信息从外界输入并进入感觉寄存器，经过简单加工后进入短时记忆存储器，经过选择后再进行加工并进入长时记忆存储器（亦可能有信息从感觉寄存器直接进入长时记忆储存器），位于感觉寄存器和两个记忆存储器阶段的信息都可以直接进入反应生成器输出信息，而信息的加工过程均可由人脑控制

(Atkinson and Shiffrin, 1968)。人类的记忆系统对信息进行分区处理，如图4-4所示。

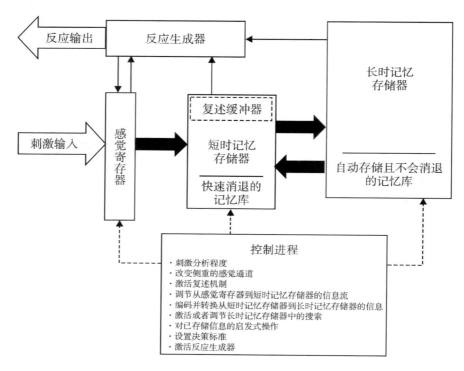

实线表示信息传递的路径；虚线表示表示控制信号的传递、激活信息的转换、复述机制的激活等的潜在路径。

图4-4 记忆系统的一个流程图

（资料来源：Shiffrin and Atkinson, 1969）

但由于信息加工理论并没有提出信息加工的原则，仅仅指明信息加工呈现序列性，导致大脑的认知过程仍旧是一个"黑匣子"，因此受到了学界的批判。基于这一点，克雷克（Craik）和洛克哈特（Lockhart）于1972年提出了加工水平模型（levels of processing model，LOP），该理论认为信息在进入系统之前就被划分为具备不同意义的层级，只有刺激够强或者加工时间够长的信息才能进入深层加工阶段。在该理论看来，无意义的复述对改善信息存储的作用有限，只有增强对信息意义的认知才能改善大脑对信息的存储深度（Craik and Lockhart, 1972）。而这一框架为其他领域的研究提供了较为新颖的思路。

在新媒体领域，早在1989年就有研究广告的学者提出，不同媒体对于相同信息的重复可以有效地加强信息的传播效果（Edell and Keller, 1989）。近年来亦有研究发现，相比起网络社交上的"点赞""最爱"等简单标记行为，"回复"行为能产生更多有意义的信息处理记忆，因此可以通过研究回应信息的行为观察判断信息对回复者的影响效果（Levens et al., 2019）。此外，有关线上教育的部分研究结果表明，根据不同意义层级的信息布置相应的网页导航界面能增强用户的学习效果（Torun and Altun, 2014）。诚然，加工水平理论中信息意义层级的分类方式对新媒体研究提供了不少的帮助，但是在传统认知科学中仍然有学者批评加工水平模型，认为其"意义深度"无法被测量，并且提出记忆认知模型的发展应该向更精密的方向挖掘，而非停留在笼统的系统建立阶段（Baddeley, 1978）。

与信息加工的序列理论不同，鲁姆哈特（Rumelhart）和麦克兰德（McClelland）于1986年提出了与生理学联系更密切的信息加工模型——平行式加工模型（parallel distributed processing model, PDP）。该模型认为信息加工并不是以简单的呈序列式进行的，而是一个平行加工的过程。信息经过大脑中不同的处理单元并留下痕迹，这期间存储的并不是信息本身的内容，而是不同单位之间的连接强度，当需要提取存储的信息时，实际上是唤醒连接信息的单位从而使得整个信息系统都被激活（McClelland, Rumelhart, and Group, 1986），图4-5就是一个简单的平行式加工模型。

因此，人们对一般性事物的认知可能会影响对该一般性事物的下位特殊性事物的认知，有研究者通过实验发现下位概念的嵌入程度越高，越容易受到一般性概念的影响（Prislin and Ouellette, 1996）。有研究认为对广告的态度会显著影响对在线广告的态度，但是这一效应会受到其他因素的影响，比如外向的人更不容易混淆对二者的态度（Souiden, Chtourou, and Korai, 2017）。基于平行式加工和态度嵌入度理论，媒体领域的应用

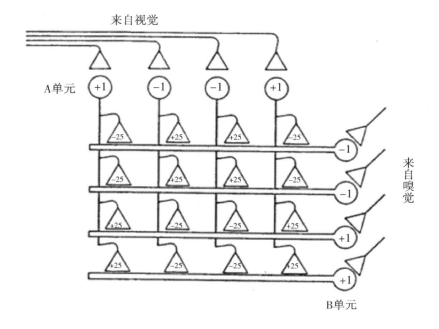

图4-5 平行式加工模型

（图中A单元输入的信息通过不同的路径连接B单元输入的不同信息，这些路径的强度来自信息痕迹）

性研究还发现基于地点推送的、移动端上的优惠券会受到基于地点推送的移动端广告的严重影响（Souiden, Chaouali, and Baccouche, 2019），这一新媒体商业实例研究为新媒体宣传和产品市场调研提供了新的理论方向。

三、信息加工理论的不足

信息加工理论从通信系统发展而来，虽然能够揭开"黑匣子"的认知过程的一部分"面纱"，但是将大脑类比成计算机的理论预设会使该理论产生许多桎梏，因此信息加工理论亦有许多值得反思之处。其理论局限性有四点。①信息加工理论忽视了信息和人的社会属性。人在社会生活中的信息传递存在预设背景，不存在毫无预设背景的信息传递，而信息加工并没有将文化环境等因素纳入信息处理的过程。②信息加工理论忽视了人脑的复杂性。人脑处理信息的模式并非一成不变，每个个体都具有独特性。基于此，有研究者发现人格因素会影响信息的处理（Pratt，1980），还有研究者发现信息处理过程容易受到大脑情绪的干扰（Santos，and Nabi，2019）。③信息加工理论忽视了人对信息的主动搜索。现实生活中，个体会在交互环境中主动搜寻信息，然而个体的信息偏好可能会影响不同信息输入的效果。比如在跨文化研究中，东亚人的注意力更广泛，但美国人对小范围的信息搜索更迅速，因此，在同样的信息环境下二者的信息输入效果是不同的（Boduroglu，Shah，and Nisbett，2009）。④生态效度太低。在信息加工理论领域，几乎所有的理论研究范式都建立在实验室研究之上，对于变量控制得太过于苛刻可能会导致理论对现实问题的解释力度变弱（刘红敏，2009；刘霞、潘晓良，1997）。

四、其他关于信息加工的模型

除了在认知科学领域占据主导地位的信息加工理论之外，从生理学的角度看信息的加工，就能发现另一个同样重要的研究领域，即认知神经科学。近年来，认知神经科学的研究随着科学技术的发展变得越来越丰富，这一部分已经在本章第一节做了简要介绍，下面将介绍除信息加工理论之外的其他有关信息处理的理论。

（一）模糊痕迹理论

与信息加工理论的精细化过程不同，模糊痕迹理论是建立在"直觉认知"的基础之上的，模糊痕迹理论认为人倾向于对信息进行模糊和直觉化的处理。模糊痕迹领域的研究成果主要集中在虚假记忆和暗示、判断和决策、遗忘的发展、记忆恢复的发展四个方面，在具体的假设方面，模糊痕迹理论有四个要点。

第一，信息的编码呈现出两种互相独立的加工方式。一种是逐字逐句地精细加工，另一种是对信息要义的抽取（例如从"Sam 有两只猫和三条狗"中归纳出"猫比狗少"的信息）。一般，前者被称为"逐字表征"，后者被称为"要义表征"。这两种表征方式都是用独立且并行的方式进行编码的，因此可能对相同信息有不同甚至矛盾的表征，从而导致不同推理结果。

第二，决策更有可能是定性推理的结果，而非基于精确数字比较之后做出的定量推理的结果。推理并不存在正确与否的问题，而是存在较深层次的推理和较浅层次的推理。且该理论认为推理更多的是依靠直觉，认知发展方向也不一定要向理性发展。

第三，存在遗忘速率变化的年龄效应，且逐字逐句加工信息的遗忘速率要显著高于要义抽取方式所储存的信息的遗忘速率。

第四，存储信息的提取同样分成逐字逐句加工和要义加工两个阶段。由于两个阶段对干扰的敏感程度不同，所以应遵循逐字逐句的信息加工阶段从难到易，而要义提取阶段的信息加工从易到难的提取过程，并且最好在要义加工提取之前进行信息的精加工，因此整个提取模型呈现为"难—易—难"的过程（Reyna and Brainerd，1995；曾守锤、李其维，2004；张卫、林崇德，2002）。

在传统的媒体研究中，许多媒体都通过采访受众以获得他们的自我报告来总结媒介效果，然后选择最有效的宣传模板。有研究基于模糊理论的"遗忘模式会随着年龄发生变化"的假设，以 70 岁为年龄标准将被试划分为两个群体，发现影响媒介效果的拟合模型在两个群体之间存在差异。70 岁以上的人群在媒体信息曝光后及时接受相关采访，并不会像年轻群体一样加深信息印象（Southwell and Langteau，2008）。因此，传统媒体研究需要反思将年龄认定为人口学变量而忽视其内生性的影响的问题。

虽然模糊痕迹理论没有像信息加工理论那样提出程序化、精细化的模型，但正因如此，它才能够对认知研究的多个领域作出更为灵活的解释，能够解答传统信息加工模型不能解释的特殊情况。但也正因为这一理论的解释过于依赖具体问题（例如年龄效应、信息编码方式等），所以在使用模糊痕迹理论的时候需要结合具体的研究问题谨慎使用（Figner et al., 2009）。

（二）社会信息处理理论

社会信息处理理论由怀尔（Wyer）和苏尔（Surll）于 1986 年提出，该理论模型和信息加工模型相似，基础假设仍然是人脑类似于计算机，但是与信息加工模型中简单的"接收—加工"模式相比，该理论在信息处理过程中加入了"理解器"部分：当信息经过感觉寄存器后会经过理解器，理解器将从长时记忆存储器中提取经验知识和程序性认知对新信息进行理解，并且指导如何存储和加工该信息。不仅如此，理解器还会通过更新已有知识进行迭代。同时，长时记忆存储器中的记忆单元会因为相似的刺激被激活，激活次数越多，记忆单元的激活阈值就越低，而当激活单元达到阈值的时候就会激活一整组信息线索（Wyer and Srull, 1986）。

社会信息处理理论虽然在信息加工方面比传统信息加工理论使用更多的理解器模块，但是并没有完全解决信息的社会属性问题。在行为研究领域，基于对儿童攻击行为的研究，考虑到信息的社会交互属性，学者道奇（Dodge）和克里克（Crick）进一步总结出了社会信息加工模型（social information processing model, SIP[1]），该理论认为信息加工包含线索编码、线索解释和表述、澄清目标、反应形成、决定反应、执行反应六个阶段（Crick and Dodge, 1994）。在每个阶段中，个体都会依据自身的社会知识和社会模式进行反馈，同时其大脑对信息的加工也受到多种心理因素的影响。与高度机械化的社会信息处理理论相比，社会信息加工模型更看重社会交互和心理因素在编码过程中带来的影响，并借此弥补了传统信息加工模型的部分不足。由于社会信息加工模型（SIP[1]）本身建立在儿童攻击性行为的研究基础之上，因此近年来许多研究媒介接触对儿童攻击性行为的影响多采用这一模型，研究发现了暴力歌词信息（Anderson, Carnagey, and Eubanks, 2003）、暴力视频游戏（Prot et al., 2014）、同伴规范

（Fikkers et al.，2016）等因素对攻击性行为发展具有深远影响。

在社会心理学领域，萨兰斯克（Salancik）和普费弗（Pfeffer）融合了管理学的相关研究，于1978年提出了社会信息加工理论（social information processing theory，SIP^2），虽然和道奇提出的模型名称相似，但是其研究内容已经跳出将人脑类比于计算机结构的假设，不再仅仅关注个人认知，而是对组织行为认知进行研究。该理论认为人具有自适应性，能够对外部环境、过往经历做出判别并且做出行为和态度上的改变（Salancik and Pfeffer，1978）。因此该理论更加专注于研究环境对信息处理的影响。

五、新媒体与信息知觉

随着新媒体的高速发展，网络信息行为的研究方向正逐渐从以系统为中心转向以用户认知为中心（Hsieh-Yee，2001）。转向后的网络信息行为研究多关注用户的认知活动、情感状态在新媒体信息行为中的作用，认为网络信息行为一般包括三类：信息搜寻行为、信息偶遇行为、信息规避行为（姜婷、杨佳琪、李倩，2019）。近年来，对于新媒体环境中的信息转发、分享等传播行为也引起了越来越多研究者的兴趣。

（一）信息搜寻行为

当人们意识到自己当前的知识水平不足以解决所面临的问题时就会产生信息需求，信息搜寻是以满足信息需求为目的的主动行为。人们开展信息搜寻行为的策略主要包括浏览（browsing）和搜索（searching）。二者的主要区别在于：浏览时人们基于自身感知判断能力从所处的信息环境中探寻所需信息；搜索时人们基于自身认知资源通过对记忆储存信息中进行识别后表达所需信息。信息搜寻研究从20世纪四五十年代逐渐萌芽，WEB 2.0的兴起将社交媒体融入网络用户的日常生活中。社交媒体为人们获取信息创造了一个开放、灵活的环境，对于社交媒体用户的信息搜寻行为研究，主要聚焦于用户的导航行为引导方面，例如通过社会化推荐、社交网络、标签云等社交媒体特有功能探究用户信息搜寻行为的发生机制。

（二）信息偶遇行为

在现实中，通过搜寻获得的信息非常有限，Bates（2002）曾估计人们搜寻获得的信息中有80%以上是在日常活动中遇到过的，当信息出现在身边时人们会将其捕获。信息偶遇行为是指计划之外或意料之外的信息获取，其特征主要表现为用户在信息查找过程中的低参与或无参与以及对所获得信息的低预期或无预期。

用户、环境、信息是信息偶遇行为的三个基本要素。研究人员普遍认为，用户维度这个因素对信息偶遇的发生具有重要影响。Heinstrm（2006）发现用户活跃的性格、强烈的学习动机、积极的情绪都会增加信息偶遇的可能性。Jiang等人（2015）识别了七个用户维度的因素并发现其和信息偶遇的关系，即用户的信息敏感度越高、情感积极程度越高、信息获取态度越积极、好奇程度越高、用户线上信息行为方式的多样性越高，其越有可能发生信息偶遇行为，同时，用户的信息检索技能水平越低、信息检索意向越低则信息偶遇的可能性越低。在环境维度上，McCay-Peet等人（2014）发现信息偶遇适用于数字化环境的特征包括触发点丰富、帮助用户建立关联、提供意料之外的交互机会等，其中以社交媒体为代表的信息环境所提供的丰富在线信息，有利于信息的导航和探索，能够有效地支持信息偶遇。在信息维度上，信息偶遇行为的影响因素包括信息类型、质量、来源等，在新媒体环境中，新闻类的信息偶遇现象经常会出现，在从事与新闻阅读无关的在线活动时人们会偶遇新闻，也会在主动阅读新闻时偶遇到其他新奇有趣的新闻。

（三）信息规避行为

信息搜寻和信息偶遇的结果都是获取信息，但与之相反的是，信息规避反映了对信息不进行获取的特殊现象。目前已有的研究对信息规避的定义相对一致，都是指人们避免或推迟可以得到却又不想要的信息。具体表现为主动远离可能揭露信息的人或事（即信息源），或者通过分散注意力避免了解信息内容。

在信息行为研究领域，Wilson 的信息行为模型在"需求—搜寻—满足"环路中引入了"压力/应对理论"（Stress/coping theory）：有的信息需求可能因为会给人带来压力而没有触发信息搜寻行为（Wilson，1999）。然而在大多数时候，信息规避并不是拒绝搜寻信息，而是拒绝使用信息，因为即使人们不主动搜寻，也无法避免偶遇不想要的信息，但是他们可以选择不进一步处理或采纳这些信息。信息规避在人们的日常生活中时有发生，以规避健康医疗信息的情况最为常见，这会导致人们无法正确对疾病风险做出判断，进而不采取相应的预防或治疗措施以降低风险。

随着移动互联技术的高速发展，新闻的偶遇和规避都越来越普遍，习惯偶遇新闻的用户在筛选新闻事件相关信息时经常会采用信息规避行为，表现为主动选择规避与其态度相悖的信息。为了防止用户的信息规避，媒体很可能会特意为目标用户提供符合其观点的片面报道，从而导致媒体偏见。有研究者将规避行为与搜寻行为进行对比探究发现，信息搜寻的目的是降低不确定性，但信息环境中人们面对可获取信息有时会故意保持甚至增加不确定性，人们采用这种以信息规避为表现的行为目的是避免获取信息后造成的心理失调，例如规避与癌症相关的信息获取等（Case，2012）。Narayan 等人的研究指出，人们存在两种规避行为：一种是短期内对某些具体信息的主动规避，主要涉及个人健康、财务、人际关系等问题；一种是对抽象信息的长期被动规避，主要涉及世界观、宗教信仰和政治观点等方面。从目前的研究成果来看，对信息规避的研究仍处于起步阶段（Narayan et al.，2011）。

（四）信息传播行为

有一句古话描述过一类信息传播现象："好事不出门，恶事传千里。"那么，为什么人们更愿意在社交媒体转发负面信息而不是积极信息呢？

研究发现，人们更愿意发表关于自己的正面信息，同时更愿意传播关于别人的负面信息，这是因为发布关于自己的正面信息是自我积极形象的延伸，属于自我提升的重要范畴（self-enhancement），而发布他人的积极正面信息往往会对自己的形象产生威胁（出于希望自己比他人更好的心理），而当人们感觉自己的形象受到威胁时，传播别人的负面信息则成为某种意义上的"自保"方式。例如，一些人之所以乐意传播明星的负面信息，是因为明星的社会地位和收入都显著高于社会的平均水平，他们的正面信息很可能会让这些人感知到自我身份的威胁。需要指出的是，如果负面信息的主人公和个体自身的关系很近时，个体便会因为感知到身份威胁而不愿意传播对方的负面信息。

关于负面信息传播行为是否有性别差异的问题，研究者发现，对于女性而言，即使面临形象受损的风险，她们也愿意跟关系密切的人分享负面信息，而男性则不太会受到关系亲疏的影响。自我建构理论对此的解释是，不同文化中人们会表现出两种不同的自我建构：独立型自我建构、依赖型自我建构。独立型自我建构倾向于将自我看作与他人相分离的独立实体（类似个人主义）；依赖型自我建构倾向于将自我看作周围社会关系中的一部分（类似集体主义）。这两种自我建构存在性别差异，即男性倾向于保持独立的自我建构（更关注自我），女性倾向于保持依赖的自我建构（更关注他人）。综合上述研究发现，女性之所以更喜欢分享与传播负面信息是因为女性更看重其与分享者之间的关系。

传播信息行为存在偏好差异，"在接受信息时偏爱数字概率表征，在传递信息时则偏爱文字概率表征"的现象被 Erev 和 Cohen 命名为"沟通模式偏爱悖论"（communication mode preference paradox，CMPP）（Erev and Coher, 1990）。在我国展开的调查研究发现，在接收信息时，说中文的被调查者比说英文的被调查者更偏好数字，而在传递信息时，说中文的被调查者比说英文的被调查者更偏好文字。在该调查研究所采取的绩效预测任务中，对信息转换型员工的"下数字上文字"的传递信息绩效评价显著高于传声筒型员工中的"下文字上文字"的绩效评价（李纾、许洁虹、叶先宝，2011）。

六、小结

信息加工在人的认知过程中起到非常重要的框架作用，信息加工从单纯的类计算机模拟向社会化研究转变，从而使认知科学本身的跨学科性质得到了充分的展现，计算机科学、心理学、传播学、社会学等众多学科都在信息加工的理论建设中充当了非常关键的角色。对于新媒体领域而言，信息加工的框架为其研究具体问题提供了理论基础和研究思路，同时让新媒体研究人员对认知和信息接收过程有了更多维、更全面的认知，从而可以细化研究中的因果机制，减少内生性变量导致的错误判断。

然而，信息加工本身仍然存在着很多不足，虽然每个理论模型都有其可圈可点之处，但是许多模型之间仍有很多重合的部分。除此之外，每个具体理论模型都没有办法深入解释信息加工的心理过程，"黑匣子"仍然很多。这表示当下有关信息加工过程的研究仍有不少挖掘潜力。

第四节 新媒体与具身认知

具身理论从"身心二元论"的哲学思辨中生发出来，突破学科界限逐渐成为当前各学科理论研究的一种新的研究视角。认知科学中的具身理论视角研究被称为具身认知（embodied cognition），与基于信息加工模型的认知科学一样，其提出了大量的理论假设、关注众多变量效果，以期解释更多的认知行为。本节就具身认知的核心观念及其在不同认知领域的研究情况进行简要的综述，旨在为更多实证研究提供新的思路。

一、具身认知的概念

在传统认知科学领域，信息加工作为认知心理学的基础认知模型，是指针对信息进行输入、编码、存储、提取的过程。而为了突出身体在认知行为中起到的重要作用，针对信息加工模型，学界提出了"具身认知"这一研究方向。

我国学者指出，具身认知包含三个核心含义：①身体的物理属性决定了认知行为中的方式和步骤；②身体提供了认知的主要内容；③认知具身化应当扩展到与周围环境的互动中，身体、环境、认知是具有动态特征的统一体（叶浩生，2010）。具身认知并非简单的只由逻辑关系产生，而是根据具体情境不断发展而生成的，身体活动在这一过程中充当了认知生成的生理基础（李恒威、盛晓明，2006）。例如，当游戏设定人们需要通过特定的身体动作实现"关闭抽屉"这一游戏内行为时，被试用"拉"手柄的动作实现"关闭抽屉"的反应时间明显要长于用"推"手柄的动作（Schilhab，2017）。

二、具身认知的特征

汤普森（Thompson）认为具身认知涉及的论题主要包括三个方面：①具身化（embodiment），思维会嵌入到环境和人构成的互动关系中；②涌现机制（emergence），认知过程并非单纯地由"意志"主导，而是大脑、身体、环境等多个因素耦合在一起产生的；③自我—他人共同决定（self-other co-determination），具身认知是在动态社交中生成的。

以认知科学关注的"情绪"（emotion）概念为例，从具身认知的角度看来，"情绪"是耦合多维度系统参与后产生的，包含神经系统、边缘系统、心理评价等多个维度的耦合，而且在这一过程中意识、行动、神经、躯体之间产生相互作用，同时其也受到自身的控制和他人的影响

(Thompson, 2001)。

三、具身视域下的认知领域

具身理论对于人们如何从外界获取知识并且构建概念提出了新的解释角度,而且能够用统一的视角去关注特定学科的具体领域,从而促进这些领域获得新的发展(伍秋萍、冯聪、陈斌斌,2011)。下文将通过整理已有的研究文献,简要介绍具身认知领域中和新媒体研究相关的部分。

(一)深度知觉

传统认知理论认为知觉是对空间、距离的判断,即深度知觉,主要有两种信息加工方式:一是双眼深度线索(binocular depth cues)的加工,二是单眼深度线索(monocular depth cues)的加工(Watt et al., 2004)。前者的主要信息一方面来源于视网膜像素差(retinal disparity),即物体对于双眼来说,其相对空间位置是不同的,因此会产生不同的视觉效果,这种双眼之间的成像差异使得大脑能够判断物体的空间距离和深度(Wallach and Zuckerman, 1963);另一方面来源于双眼的视轴辐合(convergence),即近距离下,双眼球转动的辐合角度也可以帮助大脑判断深度信息(Brenner and VanDamme, 1998)。单眼深度线索则包括更多深度比较的外在线索,包括物体的颜色(Huang, 2007)、纹理(Young, Landy, and Maloney, 1993),等等。

在具身认知视域下,对于深度知觉的研究不再囿于视觉判断,而是拓展至距离感知、运动感知等三维空间知觉的研究领域。有研究人员发现,个体在判断距离时通常以其身体为中心,因此人体比例可能也会影响距离感知,可达性(reach ability)是距离判断重要的心理指标(Longo and Lourenco, 2007)。

在新媒体技术发展的今天,体验式游戏已经成为现实,VR 技术让用户拥有虚拟人体,这是用户身体感觉的部分延展(Spanlang et al.,

2014)。实证研究证明,通过身体运动控制器进行游戏可以产生更好的游戏体验,而积极的情感反馈则会促使玩家进一步参与到游戏中,这也证实了直接身体参与和非直接身体参与(例如手柄)游戏之间存在差异,控制器越贴合真实动作,用户在游戏参与过程中就会产生越多的社会互动行为(Bianchi-Berthouze,2013)。除此之外,虚拟现实中的距离感知也成为提高用户体验非常重要的一部分。研究发现,在虚拟现实中,距离的感知不仅与视觉效果有关,而且还和身体的交互运动有关,在对虚拟空间中的物体尺寸和距离判断上,直接用身体丈量比纯粹用视觉判断更准确(Kelly et al.,2018)。这些都证实了新兴媒介下深度知觉研究中具身认知视域的重要性。

(二)情绪

传统的情绪认知评价理论认为,情绪包括两个部分:一部分是一定程度上的生理唤醒,如果没有生理唤醒就不会产生情感;另一部分是如何引发生理唤醒,该理论认为对刺激事件产生评价便会触发生理唤醒。因此,情绪可以通过两种方式产生:一种是直接通过生理唤醒产生;另一种则是先由外在事件的评价引起生理唤醒,然后再产生情绪(Reisenzein,1983)。然而这种对刺激的评价通常是无意识的,并且会受到个体所处环境和过往经验的影响(Lazarus,1984)。

具身认知理论下的情绪产生途径不仅仅局限于传统认知评价理论提出的两条路径,大量的实证研究发现,全年龄段的人群都会对他人带有情绪的面部表情进行下意识的模仿(Elfenbein,2014)。这种模仿可能会影响到个体对情绪的体验和评价。在感知他人情绪的研究中可以发现,当人们的面部表情模仿行为被抑制的时候(例如嘴中含着一支笔),个体对于他人情绪变化的判断的准确度会下降(Niedenthal et al.,2001)。但也有研究表明,面部的模仿对于情绪识别的影响并没有想象中那么显著,里夫斯·博加特(Rives Bogart)等人在2010年对患有莫比乌斯综合征(Moebius syndrome)的患者(双边面部麻痹)进行研究发现,面部的瘫痪并不会导致他们无法识别面部表情中的情绪，当然这也可能是身体为了习惯病症而发展出了补偿机制（Bogart and Matsumoto，2010）。

  基于面部肌肉模仿对情绪理解有促进作用的假设，教育界对孩童使用新媒体的行为表示担忧，认为青少年正处于神经元发育的关键时期，如果长期使用新媒体产品（如电脑、手机），可能会因为缺乏对面部"镜像神经元"的锻炼而对他们的同理心造成不可逆的损伤（Norton，2018）。一般情况下，个体在互动过程中所产生的面部表情是情绪受到感染后的"反馈"，面部的肌肉反应会持续性地影响个体对情绪的感知，从而影响个体对他人情绪的评价（Helt and Fein，2016）。虽然这一过程中的面部肌肉运动可能不明显，但是肌电图（electromyography，EMG）证明这一过程确实存在（Dimberg，1990），而且对于情绪感染机制起到促进作用（Lewis，2012）。缺乏情感同理心的个体可能会更倾向于选择避免亲社会行为（Balconi and Canavesio，2013）。由此可见，与他人面对面的互动具有积极的生理作用和社会作用。从这个角度来说，需要警惕因长期使用新媒体而减少表情互动所带来的负面影响。

  除此之外，社交媒体的广泛使用还会导致道德观念上的两极分化。通过对特定话题的文字内容进行文本分析发现，帖子中道德和情感用语的使用率和帖子的转发量呈现明显的正相关，人们在表达情感的时候实际上是在通过寻求同样的道德意见来形成同质化的网络群体，同时个体对持有其他态度的群体可能会缺乏同理心（Brady et al.，2017）。有研究者发现，在社交媒体上单方面发泄情感并寻求帮助的行为并不能有效改善自己的情绪状态，而且互联网减少了社交互动中身体接触的机会，因此就减少了通过社交行为调节情绪的可能性。从这一角度来说，长期使用社交媒体进行宣泄式表达的行为，可能会导致个体的同理心下降并导致更加消极的情绪状态（Doré et al.，2017）。

  但需要注意的是，互联网也可以在一定程度上缓和矛盾、释放善意。大众传播的经典研究表明，人际沟通中的非言语线索例如语气、语调会影响信息接收者的信息感知和判断（Mehrabian，1972），而互联网交流可以减少直接接触这类线索的频率,因此当双方意见不一致的时候,这种过滤会使得双方的冲突变得更为缓和,在这一层面上来说,社交媒体在意见不一致的情况下能够让双方更加理智地思考,从而提高产生同理心的可能性(Schroeder, Kardas, and Epley, 2017)。

(三) 知识

传统的"知识"理论将知识分为程序性知识(procedural knowledge)和陈述性知识(declarative knowledge)。前者是关于工具的使用、了解如何使用的过程的知识,是一种偏向于技术性的、基于经验性质的机械性知识,后者则是关于知识结构、定义概念的知识,是一种偏向于事实陈述的、基于逻辑演绎的意义性知识(Haapasalo, 2003)。

有学者认为,具身认知下的"知识"定义相较陈述性知识更接近程序性知识,这种知识能够通过身体行为传达出来而不囿于语言表达(Tanaka, 2011)。有关"概念"(conceptual knowledge)的研究观点认为,"概念"这一符号化的内容不属于神经系统,因此"概念"不是具身的,而仅是一种抽象的符号表征。但是有神经科学的证据证实,人类对具体概念进行联想时和在对此概念进行可操作化的认知过程中所激活的脑区是一致的,这表明"概念"表征仍然具有一定的神经基础,而不是抽象虚无的符号运算(Gallese and Lakoff, 2005)。具身认知领域的实证研究发现,不同的感觉通道在输入信息时会相互影响,例如针对不同的感觉对象,使用多个感觉通道做出反馈所需的时间要长于单一感觉通道。这表明知识获取的过程和实体感受具有非常重要的联结(Spence, Nicholls, and Driver, 2001),认知是一个身体与环境有机交互的过程。

多任务处理也是具身认知领域非常重要的研究内容之一。任务是指为了完成特定目标而展开的独特行为活动,多任务处理的相关研究既关注个体如何同时处理多个任务,也关注个体从一个任务列表中快速切换任务的能力(Spink, Cole, and Waller, 2008)。典型的多任务处理环境是在上学的路上与同行同学聊天的同时通过手机检查自己的邮件(Salvucci and

Taatgen，2010）。多任务处理的过程或多或少会接触到不同的信息，因此与专注于一项任务相比，多任务处理的情况下会因不同信息的同时输入而产生更多的认知负荷（Lee，Lin，and Robertson，2012）。除了感觉通道信息之间直接的相互影响，在不同的感觉通道之间来回切换也会产生更多的认知负荷。有学者提出，多任务处理中出现知识获取率低下的原因还可能是使用工具的不熟练，新兴工具还没有成为"身体"延伸的一部分，因此，在传统的学习过程中，写作仅作为一种无意识的转录，不会影响到听觉通道所获取的信息（Aagaard，2015）。而除了将笔记本作为学习的工具，电子产品如电子书作为知识获取渠道本身也受到具身认知的影响。有研究者发现，人们认为购买了电子书之后却没有拥有电子书的感觉，这是因为人和电子书之间缺乏身体接触，消费者感受不到数字财产的所属权，而这种身体接触的缺乏也会直接影响到电子消费行为中对对象价值的感知（Helm et al.，2018）。

（四）学习

传统的认知科学认为，"学习"是一种对外界刺激进行抽象从而在脑海中形成概念的过程，学习中非常重要的部分是"观察学习"（observational learning）的能力，与直接接受环境刺激所获得的学习经验不同，观察学习是基于观察其他个体进行学习的方式（Gerrig et al.，2010）。有研究者认为观察学习的背后可能存在动作模仿的学习机制，经过实证研究发现，对个体身体的限制确实会影响其观察学习的效果（宋晓蕾 等，2018）。

除此之外，具身认知的理论研究还发现幼儿的学习可能会受到肢体动作的影响。研究者发现在教授儿童解决数学问题的时候，采用手势辅助理解的儿童比不用手势的儿童更容易解决问题，并更能找到创新的解决方法。这可能是因为儿童通过使用手势使他们的隐性知识得到了表达（Broaders et al.，2007）。手势不仅仅在幼儿学习过程中起到非常重要的作用，而且有实证研究发现，手势也会帮助全年龄段的说话者在表达过程中梳理逻辑（Goldin-Meadow and Beilock，2010）。

新媒体环境下的学生可以通过更丰富的渠道进行学习，其中最为普遍就是通过"网课"的方式进行学习，但对儿童的学习效果的研究发现，老师的在场能够使学生的注意力更加集中、学生可以通过更多的非言语的信息来获取知识（如手势、环境气氛等），而视频教学则减少了线下环境中的学习线索（Kostyrka-Allchorne et al.，2019）。这一点和线索过滤理论（cues filtered out theory）相似。线索过滤理论的基本观点是：线上文字沟通过程缺乏具身带来的其他信息线索，这会导致不规范的行为发生，甚至会导致用户更加具有攻击性（Kim，2000）。然而值得关注的是，随着网络技术的发展，"表情"和更多的线上功能迭代能够让用户增强具身感，进而提高对网课的满意度和改善学习体验（Andeletal，2020）。

有研究发现，如果幼儿教育必须要使用线上学习方式，那么使用触摸屏的效果要显著好于没有使用触摸屏的，但是现有研究并没有指出触摸屏的使用是否有负面影响（例如可能导致幼儿延迟满足能力的下降等），因此，目前并不建议将触摸屏广泛应用到教学实验中（Xie et al.，2018）。

四、小结

具身认知理论在多学科领域都提出了不同的理论假设和实证研究话题，但是具身认知理论在不同的学科领域中又有不同的侧重点。在新媒体研究领域，一方面，具身认知理论使得新媒体领域的研究得到了更多理论性的支撑和实证研究的证据；另一方面，新媒体研究范畴内的传播学研究和新闻学研究也逐渐重视具身认知理论对其学科理论所作的贡献，并认为当今媒介已经逐渐成为个体身体的延伸部分，需要从更加系统且完整的视角看待"媒介融合"和"在场"的问题（孙玮，2018）。

第五节　新媒体与选择性接触

"注意"是认知过程中非常重要的部分，有研究者将注意定义为心理能量在感觉和心理事件上的集中（罗伯特、索尔所、金伯利，2008）。很早就有学者发现了注意的选择性特征并对其进行研究，传播学领域自克莱普（Klapper）于1960年正式提出选择性接触理论之后，该理论的解释机制的相关研究就一直在发展，学界已经提出了四种用以解释该理论的模型，每种模型都在具体的情境下具备一定的解释效力，基于该理论提出的研究主题也随着时代关注重点的变化而不断发展。本节旨在通过对该理论的研究历史进行回顾，梳理选择性接触的解释模型，并简要介绍选择性接触在新媒体领域的应用，以期给这一理论的应用性研究提供更加开放的视野和一定的借鉴。

一、注意与选择性接触

注意的选择性问题很早就进入了学者们的研究视野。1953年，彻利（Cherry）进行了分听实验，第一次提出了"鸡尾酒会效应"（cocktail party effect），认为人类的注意具有选择性特征（Cherry，1953）。自此，心理学领域发展出了许多关于注意力选择机制的理论模型。布劳德本特（Broadbent）于1954年提出了过滤器模型（filter model）（Broadbent，1954）。该模型以认知资源有限作为前提，认为在信息加工的过程中有一种过滤器机制，可以帮助输入的信息在短期记忆和长期记忆之间进行过滤，从而减少信息处理的负荷。特丽斯曼（Treisman）提出了衰变模型（attenuation model），该模型基于过滤器模型提出了新的假设，认为信息并非完全被过滤筛查，而是在处理过程中逐渐被减弱，在此过程中，如果信息激活超过神经激活阈限则会被注意到，由此可以解释部分信息虽没有处在注意范围内却同样能够被被试报道的情况（Treisman，1969）。这一系列理论都通过实证研究证明了听觉注意确实具有选择性的特征。而夏皮罗（Shapiro）等人则通过实验发现，被试在对两个视觉刺激进行反应时会对非目标刺激进行"过滤"，从而只关注到需要注意的视觉刺激，但是在把被试的名字作为非目标刺激的时候其名字却依然可以被识别到（Shapiro, Caldwell, and Sorensen，1997），这证明了视觉注意也具有选择性。以上认知科学的研究结果表明，注意确实具有选择性的特征，其能够对环境输入的信息进行选择性地加工。正是由于人们在信息处理过程中表现出的这种选择性，传播学领域的学者才发现并建立了选择性接触理论。

选择性接触理论又称为选择性注意理论，是克莱普于 1960 年提出的"受众对媒体信息具有选择性"中的一部分。他认为媒体对受众的影响是有限的，并将受众对媒体的信息选择性分成了选择性接触（selective exposure）、选择性感知（selective perception）、选择性存储（selective retention）三个部分。选择性注意的内涵是人们会远离与自己观点相反的信息，亲近与自己的态度情绪等相近的信息，从而实现对信息的筛选（Klapper，1960）。选择性注意这一概念出现的时候正是传播学界处于倡导有限效果论的阶段，有限效果论强调许多中介变量会对传播效果带来重大影响，受众对媒介信息有主动选择性，媒介并非全能强大，而且即使受众接收到了媒体信息也并非表示他们的态度行为会因此受影响（麦奎尔，2019）。然而在哈特（Hart）等人在研究中发现，选择性接触不仅仅是一种维护自己原有态度的防御机制，还具有保证信息准确性的动机（Hart et al.，2009）。因此，选择性注意存在多种影响因素且有大量的前人对这一机制进行研究。

二、选择性接触的解释机制

(一) 认知失调理论

费斯廷格(Festinger)于1957年提出认知失调理论,该理论认为如果人们的认知态度和当前的行为之间产生的矛盾会引发精神上的不适,为了减少由这种不协调带来的不适感,人们会忽视或者拒绝和已有的态度相冲突的部分(Festinger, 1957)。在实践过程中,人们面对认知失调会采取四种不同的行为去解决不协调的状况,包括改变行为或者认知本身(Proulx, Inzlicht, and Harmon-Jones, 2012)、通过添加新的行为来合理化矛盾、通过添加新的解释来合理化矛盾(杨沈龙 等,2018)、忽略或拒绝产生矛盾的信息(Tsang, 2019)。认知失调理论是解释选择性接触的基础理论,又因为认知失调理论阐释的选择性接触更加关注如何避免接触矛盾信息,所以被称作选择性接触的防御机制(Stroud, 2011)。

(二) 准确性动机

有研究发现在进行小组决策的时候,个体通常会选择和已有认知态度相一致的信息,而这可能会导致决策失误。这一点无法用简单的认知失调理论解释,而且有研究实验发现:异质性高的团体不容易产生选择性注意,但是当小组成员同质性高的情况下,由于选择性注意可以通过大多数人的意见来降低决策失误的风险,因此容易产生选择性注意。这种为了更准确的决策而产生的选择性接触的机制被称为准确性动机(Kerschreiter et al., 2008)。

然而也有研究指出,在信息处理的不同阶段中,认知失调理论和准确性动机的解释力各占优势:当有初步想法,需要对信息进行检索的时候,认知失调理论更能解释主动搜索过程中的选择性接触;而在制定了初步决策之后,准确性动机则更能够解释为何人们倾向于选择注意那些与自己态度认知相符合的信息（Fischer et al., 2011）。

（三）整合模型

基于对信息搜索和决策过程的进一步探讨，费舍尔（Fischer）和格里特迈耶（Greitemeyer）于2010年提出了选择性接触的整合模型：自身的防御机制会使得个体增加对符合自己预期的信息的接触，但准确性动机在决策和搜索阶段对选择性接触的影响效果是完全相反的。在决策初期，由于个体的目标是寻求更加稳健的决策模式，因此个体会在谨慎地观察尽可能多的信息之后再进行信息输入，所以选择性接触较少；而在信息搜索阶段，由于一致的信息占比更大，决策失误的风险性更低，而不一致的信息会被认为风险性更高，因此准确性动机导致选择性接触变得更严重，图4-6展示了这一过程。如图4-6所示，在一般情况下，防御性动机会增加选择性接触。而提高准确性动机的水平既可以增加也可以减少选择性接触，如在初始决策环境中提供准确性线索则选择性接触会减少，在信息搜索过程中提供准确性提示则选择性接触会增加。

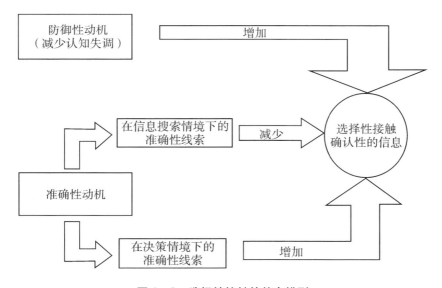

图4-6 选择性接触的整合模型

（资料来源：Fischer and Greitemeyer, 2010）

(四) 认知的经济性模型

费舍尔（Fischer）对选择性接触提出了新的解释框架——认知经济模型。该模型有三个假设前提，当个体考虑判断决策的准确性时，在认为当前决策进度处于准确性高而精细化程度低的情况下，选择性接触就会增加；在认为当前决策进度处于准确性低而精细化程度高的情况下，选择性接触就会减少。具体模型如图4-7所示。

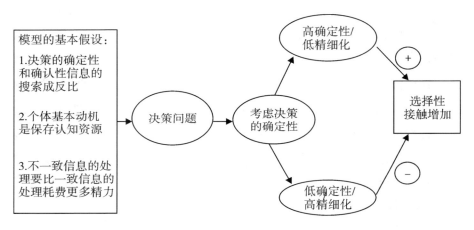

图4-7 认知的经济性模型

（资料来源：Fischer，2011）

该理论认为，当人们认为自己的注意偏好是正确的时候，他们会尽量避免接触与自己态度不一致的信息以减少认知资源的消耗，同时通过获得更多的信息来进一步完善自己的想法，但是当人们对自己的立场不是很确定的时候则会通过接触更多来自不同立场的信息来形成自己的立场（Fischer，2011）。

三、选择性接触的研究主题

（一）选择性接触与自我认知

新媒体社交中有许多关于身体认知的信息，这些信息可能会对个体的行为观念产生潜移默化的影响（Cramer，Song，and Drent，2016）。得益于选择性接触，新媒体环境中的青少年能够出于自身的防御机制对外界信息进行选择，从而通过远离理想化的媒体形象来保护自己（Rousseau and Eggermont，2018），如部分对身材感到自卑的女性甚至会直接过滤掉线上对理想身材的宣传报道（Aubrey，2006）。但是在新媒体环境下，如果个体已经能够充分正视自己身体的特征，那么个体会在后续的观察中倾向于选择性接触那些与自身特征有关的信息，从而根据需要改善自身身材（Karsay and Matthes，2020）。

（二）选择性接触与决策

在个体决策层面，当信息相对充分而选择的时间压力和认知压力更大的时候，决策者会倾向于选择性接触与自己决策一致的信息，但是当信息不完善且选择的时间压力和认知压力不是很迫切时，决策者则更倾向于选择性接触和自己认知不一致的信息来完善决策，以此来降低风险（Fischer，Schulz-Hardt，and Frey，2008）。

在组织决策层面，研究者发现组织决策会受到个体选择性接触的严重影响，完全同质化的团体在讨论前的强烈个体偏好会使得组织倾向于补充初始决策而不是质疑初始决策，从而出现根本性的失误（Greitemeyer and Schulz-Hardt，2003）。此外，组织的选择性接触也使得组织会忽视个体反对的声音，从而导致组织对初始决策的判断失误（Greitemeyer et al.，2006）。

（三）选择性接触与新媒体效果

选择性接触对新媒体传播效果和机制的研究也作出了巨大贡献，学者们据此提出了不少经典理论，其中最典型的是回声室效应（echo chambers）。杰米森（Jamieson）和开普勒（Cappella）于2008年定义了回声室效应，认为在一个舆论空间中只有某些声音得以被留存，其他的认识将会被隔离在其之外并被诋毁（Jamieson and Cappella，2008），即人们只关注自己想看到、想知道的东西（Sunstein，2001）。但是，近年来的研究认为回声室效应被严重夸大了，个体实际上拥有非常多的手段可以逃离回声室，同时认为以往研究者关注的舆论环境太狭隘，应考虑到个体所处的媒体环境有非常多的选择（Dubois and Blank，2018）。除此之外，算法本身带来的"被迫选择"也不应当盲目归责于个体的选择性接触。

四、影响选择性接触的因素

（一）受众特质

研究发现，敏捷且执着的人会表现出更大的选择性接触（Knobloch-Westerwick，Mothes，and Polavin，2020）。在有关世界政治态度话题的研究中，实验结果显示，具有更高的政治参与意愿的人因其政治态度执着性更高，更容易在政治新闻消息中出现选择性接触（Lowin，1967）。但也有研究认为当怀疑态度占据上风时，个体也会倾向于选择性接触和自己态度一致的信息以寻求确认（Sawicki et al.，2011）。这时候个体的目的不再是更加准确地处理信息，而是尽量有选择地处理信息，从而尽快得出结论（Kunda，1990）。除此之外，不自信的个体更偏向于寻求支持自我的观点进行接触，这样能够减少因自我调节带来的心理资源上的消耗（Fischer，Greitemeyer，and Frey，2008）。

在个体情绪方面，有研究者对处于不同情绪压力下的人群进行调查发现，情绪压力小的个体更偏向于选择性接触令人兴奋的视觉材料，而情绪压力大的个体则不注重视觉材料本身的内容，没有表现出明显的选择性接触（Zillmann，1988）。也有研究认为情绪管理有非常明确的选择性接触偏好，即选择性接触有足够吸引力的信息、正向情绪的信息、内容和与自身现实经验相吻合的信息（Reinecke et al.，2012）。如果个体处于消极的情绪状态，这种偏好会更加明显，而处于积极情绪状态下的个体所进行的信息搜索会更加平衡与全面（Jonas，Graupmann，and Frey，2006）。

个体的人格也会影响他们在媒体环境中的选择性接触的对象，例如攻击性强的个体更有可能选择暴力媒体进行观看，而这种偏好会进一步增强他们的暴力倾向从而使其陷入恶性循环（Greene and Krcmar，2005）。性格内向的个体在社交媒体上交流时会更少地选择性接触同质性的观点，而更频繁地与拥有异质性观点的对象交谈，外向的个体则更容易产生自我认同式的选择性接触（Kim，Hsu，and De Zúñiga，2013）。

（二）消息与平台特质

有研究发现，人们在进行选择性接触时会逐渐忽视自己的偏见，原有态度会得到持续强化并认为自己接触的信息是正确且全面的，当偶然注意到与自己态度相反的消息时，会更坚定地反对该信息（Westerwick，Johnson，and Knobloch-Westerwick，2017）。而早期批判选择性接触的研究者认为，环境中信息的易得性可能是导致选择性接触的原因，而并非矛盾的态度与行为所产生的认知失调（Seras and Freedman，1967）。同时亦有实证研究发现，新媒体环境中的信息量限制也会增大信息的选择性接触，在信息量过少的环境中，个体更偏好搜寻支持自身立场的信息，因此产生偏见（Fischer et al.，2010）。

信息的内容和信源也影响了选择性接触机制。人们普遍认为态度符合自身预期或中立的信息可信度更高，在认知失调水平较低时人们会选择相信更公正的消息，这一观点驳斥了选择性接触完全由认知失调理论解释的机制（Metzger，Hartsell，and Flanagin，2020）。相较于事实和态度中立的消息发布框架，态度明显甚至极端的新闻框架更容易引发读者的选择性接触，因此许多文章会采用聚焦立场的方式，虽然这在一定程度上拒绝了那些和观点立场对立的人群，但是对立场一致的用户而言，这种文章更有吸引力（Zillmann et al.，2004）。信息所处的平台同样会影响选择性接触，有证据表明，与一般的互联网平台相比，博客的选择性接触现象更严重，而通过统计相关数据发现，在超过半数的博客用户中，其所访问的网站中与其观点相悖离的网站占比还不到 22.2%（Johnson，Bichard，and Zhang，2009）。

五、小结

选择性接触是传播学领域的重要命题，选择性接触在新媒体时代仍然具有非常强的理论解释力度，选择性接触的解释机制也在不断地更新延展。在研究历史上，选择性接触理论虽然经历过理论低谷、被质疑效果的真实性，但是也经历过被用于阐释各种传播现象的鼎盛时期，直到今天，这一理论仍然活跃在学界（Smith，Fabrigar，and Norris，2008）。

随着新媒体的发展，有学者认为现在正是选择性接触理论的第三次发展时期，一方面新媒体促成了信息的多样化，另一方面新媒体也使得个体在选择性接触前能够获得充分的信息，让人们的选择变得更加便捷（Barnidge and Peacock，2019）。选择性接触的研究技术也在逐渐发展，既有在传统实验室基础上发展出的更加客观直接的眼动追踪性研究（Marquart，Matthes，and Rapp，2016）、模拟真实网络环境的研究（Wojcieszak，2019），也有依赖大数据技术进行的内容分析研究（Peterson，Goel，and Iyengar，2019）。选择性接触理论也在发展中逐渐产生新的变体，如回声室效应等。由此可见，传播学研究不应该完全摒弃旧有的理论，而是应该针对当下的媒介环境为还有解释潜力的旧理论提供新的研究方向，并在旧理论的基础之上发展新的理论范式。

第五章 新媒体与情绪

互联网为人们提供了信息发布和意见表达的平台,同时,它也带来了"海量信息"。移动互联技术正在高速发展,信息传播呈现急速扩散的态势,当人们面对纷繁复杂的网络信息时,认知能力的有限性使情绪传播愈演愈烈。本章将通过概述情绪概念来详细介绍新媒体与负性情绪、正性情绪以及决策情绪的作用机制。

第一节 决策与情绪

一、情绪概述

(一)情绪的概念

假设你现在被选派去确定一个外星生物是否有情绪,你会怎么做呢?需要注意的是,这个外星生物有视觉、听觉、嗅觉,可以吃、喝、繁殖。

一般情况下,人们会考虑将外星生物置入一个被认为是"情绪性"的情境中,然后观察其行为。情绪,一般指的是内部感受和可观测的行为,并且能够运用感受来解释行为。个体通常根据情境和对方的反应来判断情绪。对于情绪的定义目前学术界有较大分歧,有研究者指出,情绪只是许多有共同成分的体验的一个方便标签,如同艺术和音乐包含很多不同成分,情绪与非情绪之间也没有严格的界限(Russell,2003)。也有研究者界定,情绪是对特定刺激的反应,取决于对外部事件的评价和对其意义的判断（Lazarus，2001），而对该定义持反对意见的研究者则指出，人们可以在不对情境进行有意识评价的时候就感受到情绪（Berkowitz et al.，2004；Parkinson，2007）。目前，大多数研究者都认同情绪状态包括认知、感受、生理变化、行为四个方面。但这并不意味着如果个体只表现了其中的三个方面，就认为其没有情绪（Russell，2003）。有研究者指出，可以借鉴原型法定义情绪，即有些条目可以被精确定义，而有些条目却很难被精确定义，例如等边三角形和古典音乐。对于很难归类的音乐类型，人们通常会用几个经典例子来判断其是否属于古典音乐，而有些音乐具有边缘性，不能严格判定其是否属于古典音乐。用"原型"理解情绪，即不需要严格界定情绪的概念，而是用与某类情绪相通的心理状态表示某类情绪（Fehr et al.，1984；Shaver et al.，1987）。本书对情绪的界定参考以下观点——我们不需要对情绪有一个终极定义，但需要在讨论中说明引用的是哪一种定义（Shiota et al.，2012）。

（二）典型情绪简介

1. 恐惧和焦虑

恐惧与焦虑属于典型的情绪，通常是理解情绪的最佳例子。这是因为恐惧和焦虑包含了认知、感受、生理变化和行为四个方面。例如，恐惧是感知到危险时的反应（仅针对自己或亲人的危险），当危险消失时会迅速平息，恐惧的作用在于将注意力转移到可能发生的危险上，这可以帮助个体规避危险（Susskind et al.，2008）。恐惧的情绪有助于决策者克服选择困难，当人们感到恐惧时，会快速做出选择，而不是犹豫不决，原因在于恐惧会让人更加将注意力集中在当下的事情上，从而会立刻做出决策。焦虑则是一种更为广泛的预期，是对潜在危险作出的反应，尤其当这种危险针对自己或亲人，且不能确定这一危险能否消失时，焦虑便会产生压力。目前，有关焦虑情绪与新媒体使用行为的关联研究较多。

2. 愤怒和厌恶

与恐惧的情绪相比，关于愤怒的研究复杂得多，这是因为愤怒很难在实验室内被诱发，同时有关愤怒的动物实验也不够详尽。一般认为愤怒是一种与受伤或攻击有关的情绪状态，是对侵犯自主权（个人权利）的反应，如拿走一个人的东西或阻止他做自己原本有权利做的事时会诱发其产生愤怒情绪。厌恶则是对人的纯洁感或神圣感的侵犯。例如，有的人在接触蟑螂时所引发的肮脏感等。有研究发现，接触某些道德上不纯洁的人可能会威胁到个体的纯洁感从而诱发个体的厌恶情绪。几乎所有令人厌恶的东西其本质上都是动物性的（Rozin et al.，1987，1999），这意味着如果一个事物可以令人想起人的动物本性，它就容易引起人的厌恶情绪。

3. 自我意识情绪

尴尬是一种典型的自我意识情绪，它使人感觉很糟糕，使人想要以某种方式进行隐藏或逃避。通过 fMRI 研究发现，被试阅读尴尬句子和内疚句子时所激活的脑区几乎是完全一致的（Takahashi et al，2004）。例如，糟糕的表现、身体笨拙（如洒了某些东西或者被绊倒了）、认知错误（如叫错别人的名字）、不恰当的穿着（如正式的场合却穿得很随便）、对隐私的无意侵犯（如看见舍友和他的恋人吵架）、惹人注目（如看见别人炫耀恋情）等均会诱发尴尬情绪。值得注意的是，尴尬的产生不一定意味着个体做了违反道德规范的事情，其发生通常源自一个可被理解的错误、意外，甚至可以是一件积极的事（成为焦点），尴尬是对非预期事件的反应，持续时间短且很快会消退，同时个体并不会产生愤怒情绪。尴尬的"奇妙"作用有：共情（Shearn et al.，1999）、化解矛盾（Semin et al.，1982）、赢取喜爱（Dijk et al.，2009）。相较于冷漠的人，人们可能更喜欢那些笨手笨脚、面露尴尬的人，也更容易原谅破坏贵重物品后面露尴尬的人，甚至更愿意帮助那些面露尴尬的人，但前提条件是人们相信其所犯的错确实是意外。

二、情绪的相关模型

情绪是如何影响判断的？这取决于个体如何评价情绪（Briñol et al.，

2018)。近 20 年来，有不少学者提出了多种阐述决策中情绪作用机制的模型，其中有影响力的模型介绍如下。

(一) 情感渗透模型

情感渗透模型强调人际情境中的情绪作用。其中，情感渗透是指带有情绪负荷的信息被决策者纳入判断过程，甚至最终直接影响决策结果 (Forgas, 1995)。人们经常将其当前的情绪状态作为信息来对目标进行决策，即使这些目标本身并未唤起情绪 (Forgas, 1995)。例如，在一个阳光灿烂的日子询问个体最近生活怎么样，而在另一个阴云密布的日子也询问个体同一个问题，虽然天气应该是与生活满意度无关的因素，但其却对个体的回答产生了影响，也就是说人们主要依靠当前的心情来回答有关满意度、幸福感的问题。如何消除这种"阴天效应"呢？研究发现，当提醒被试天气状况可能会影响人的判断时，阴天效应就会消失。与之类似的，刚写完一段伤心经历的被试比刚写完一段快乐经历的被试报告了更低的生活满意度。而告知前者其作答的房间是个经常让人感觉不适的房间后，阴天效应便会消失。该模型被大量应用于消费决策中，如商店里播放的音乐是为了唤醒顾客愉快的心情，电视广告引导消费者把产品和高兴的场景联系起来从而影响其消费决策。在情绪分类方面，情感渗透模型认为积极情绪诱发更多合作策略 (Forgas, 1998)，促使决策者呈现更多的自我信息暴露 (Forgas, 2011)，消极情绪则可以提升记忆能力与动机，减少判断失误，从而可能引发更有效的人际策略 (Forgas, 2013)。

(二) 躯体标记假说

当人们必须做出决策时，大脑会迅速评估可能的选项及可能的结果，并对这些结果产生情绪，从而运用这些情绪来指导决策 (Damasio, 1996)。情绪反应包括在实际的结果情境中感受到的各种生理变化的神经活动表征，这些被称为"躯体标记"。例如，假设个体开车前往约会地点，到达后发现没有停车位，如果临时停路边会收到罚单或车被拖走，但再开出去找停车位就会迟到,这时该做何选择?按照躯体标记假说的推测,如果个体有因约会迟到导致的痛苦回忆,那么个体可能会做出宁愿停车路边也不要迟到的决策。躯体标记假设的核心观点是人类在决策过程中所产生的情绪反应(躯体标记)会影响其在面对不确定和复杂情境时所做出的选择行为(Damasio,Tranel,and Damasio,1991)。这些躯体标记被视为决策信息的价值标志,即通过不同的躯体标记使决策者对不同信息的价值予以判断,从而决定哪些信息可以继续进入工作记忆,哪些信息则需要继续注意。特别是当决策者面临复杂或者不确定情境时,通过躯体标记可以有效减少问题空间,决策者可以只对带有标记信号的选项进行较充分的认知资源加工,从而引导个体更快地做出选择(Dunn et al.,2006)。

(三) 风险决策双系统模型

风险决策双系统模型对于风险感知分为两种基本方式:风险即感受(指个体对危险的快速、本能、直觉反应)、风险即分析(指个体为了控制风险所表现出的逻辑性、理性和科学性)(Slovic et al.,2005)。风险决策策略中的"情感启发式"认为,决策者通常会依据其情感倾向来评价某一特定风险及其带来的收益(Alhakami and Slovic,1994),风险决策双系统模型所指出的"风险即感受"则进一步强调了"情感启发式"在风险决策中的重要影响作用,认为抑制理性系统加工的因素包括概率的去敏感化(一旦事件或行为结果代入强烈的情绪情境之下,概率将变得不再重要)、数字的去敏感化(在面对生命威胁时,数字将不再重要)。有大量的研究结论支持该模型,如情感启发式导致个体对概率不敏感(Slovic et al.,2005)、与危机有关的消极情绪增强了风险感知(Burns et al.,2012)。该模型充分强调了情绪在风险决策中的重要作用,拓宽了风险决策的研究视野。

(四) 情绪即社会信息模型

情绪即社会信息模型(emotion as social information model,EASI)。该

模型采取双系统信息加工模式,强调情绪表达信息的社会性,提出两种情绪表达的信息加工方式——情绪反应和推理加工。情绪反应通过比较不同个体在被相同情绪激发后产生的不同强度情绪状态,以此来探究情绪对于个体决策的影响作用,其作用机制可能与情绪感染、具身情绪理解及镜像神经元有关;推理加工将他人的情绪表达视为信息输入,即信息接收者对他人情绪表达(信息输入)所产生的不同情绪状态,会对其决策产生影响(Van Kleef et al.,2010)。这两种信息加工方式具有平行加工的特质,其中,较高程度的认知水平会引发个体进行更深层的推理加工,信息发送者和信息接收者的合作程度越高则情绪反应越多,从而加强双方的关系(Van Kleef,2009)。此外,该模型全面深入地阐述了情绪的人际效应在决策中的作用,且在各领域有较多的验证与应用。例如,有研究者基于情绪即社会信息模型对网络评论中的愤怒表达展开研究,发现网络评论中的愤怒情绪虽然降低了评论的感知有用性,但却更具说服力(Yin et al.,2020)。该模型基于信息加工过程的视角,通过对情绪影响决策心理机制的深入探究,厘清了不同情绪表达方式在各类社会决策情境中的作用过程,该模型具有较高的生态效度、应用价值和较好的理论意义。

第二节 新媒体与情绪维度

一、新媒体与负性情绪

(一)新媒体中的情绪信息倾向

研究发现,人们在社交媒体上表达的情绪比在日记中记录的更多;朋友圈范围越大,正面情绪表达得越多;朋友圈关系越紧密,则正负情绪都有表达,这是由不同心理需求所致。社交网络规模和情感流露之间的关系，源于人们越来越强烈的印象管理需求（Lin et al., 2014），但是，人们在社交媒体上表达积极的情感，并不意味着其生活满意度高，而过去9～10个月之内的消极情感表达，却和其生活满意度紧密相关（Liu et al., 2015）。对此，有些研究者持不同的观点，他们发现社交媒体上科学家照片的笑容程度与其科学成就之间呈现正相关关系，即社交媒体照片中越是开怀大笑的科学家，其科研工作的影响力越大（Kaczmarek et al., 2018）。

另外，有研究发现道德感强和情绪色彩强烈的信息更容易在社交媒体上传播。例如，美国一项调查发现40%的成年人遭遇过网络暴力，但现实中的陌生人却都很客气，那么，网络上的愤怒人士都是来自哪里呢？Molly Crockett团队研究发现，在人们产生道德义愤时，脑部的奖赏中心会被激活，这会让他们感到愉悦，快感强化了人们的行为，下次再遇到类似事件时他们可能会做出同样的反应。在现实生活中，表达道德义愤会产生一定的风险，所以人们没什么机会享受表达道德义愤的快感。但是在网络中就不一样了，在网络中表达道德义愤一般不会产生风险，因此动动手指、敲敲键盘就可以享受表达道德义愤的快感。正如Molly Crockett团队所说的："惩罚作恶者的行为有助于建立你自己的可靠形象，显示自己有正义，而且人们相信，表达义愤是在传播正能量，进而提升社会道德，促进公平和正义。"（Crockett et al., 2014）因此，这种道德义愤的表达会在网上愈演愈烈。Brady等人在2017年的研究发现，一条推文中每增加一个道德性或情绪性的词语，其被转发的概率就会提升20%（点赞或转发等反馈行为将表达义愤的成就感进一步放大）。

（二）新媒体与负性情绪的关系

在新媒体与负性情绪的关系中，谁是因、谁是果？关于这个问题，目前的研究结论并不一致。

1. 新媒体使用导致负性情绪

梳理此领域的研究可以发现，研究者主要从三个方面展开研究。①社交焦虑——新媒体的使用导致线下人际关系的质量下降，同时增加了社交焦虑。例如，随着玩网络游戏时间的增加，以青少年为主要人群的游戏玩家受到网络游戏的影响，其人际关系的质量下降、社交焦虑增加（Lo et al.，2005）。新媒体使用所引发的社交焦虑存在性别差异吗？研究者发现，线上交流也会增进友谊，但仅限于线下亲密朋友之间而不是陌生人。同时，与男性相比，这种线上交流所带来的社交焦虑对女性的影响更大（Valkenburg and Peter，2007）。在新媒体时代，男性和女性被调查者都表示，使用短信和社交媒体进行交流比面对面交谈感觉更舒服，但在使用线上交流方式的过程中，女性报告了比男性更多的社交焦虑（Pierce，2009）。同时，研究者发现这种焦虑倾向在那些存在线上"伪装行为"的青少年身上更明显，也就是说，在社交媒体上假扮年龄较大个体的青少年的社交焦虑程度更高。值得注意的是，社交媒体的使用频次并不会对这种社交焦虑产生影响（Harman et al.，2005）。对此，有研究者认为社交媒体使用频次对焦虑情绪的影响可能与社交媒体使用时间模式有关。在对比社交媒体花费时间稳定者、花费时间日渐增加者、花费时间巨大变化者（快速增加后回到基线）之后发现，三组人群相比之下，花费时间稳定者的焦虑情绪水平更低（Lin et al.，2016）。②身体形象感知——社交媒体所传递的以瘦弱为理想形象的信息导致负性情绪增加，即随着以瘦弱为理想形象的信息在社交媒体上的广泛传播，超重个体的负性情绪呈现增加倾向，这种负性情绪会促使个体出现更多的不健康节食行为或控制体重行为（Lawrie et al.，2006；Chang et al.，2013）。同时，使用社交媒体后产生的外貌容易引发女性的悲观情绪，导致她们对自身外貌产生更多怀疑（Fardouly et al.，2015）。青少年女性通过在社交媒体上美化自拍和给同伴点赞来寻找自我信念，以此来感知和同伴之间的不同审美观，这可能导致一种自卑和不安全感（Chua and Chang，2016）。这种基于社交媒体的社会比较是否存在个体差异呢？目前的研究发现，这种社会比较对青少年的影响较大。青少年涉及社交互动脑区的发展成熟轨迹表明，青少年对社交媒体中的接受和拒绝行为都很敏感，特别是对可激发情绪的社交媒体

(Crone and Konijn，2018)。值得注意的是，与父母存在安全亲子依恋关系的青少年在社交媒体上进行社会比较或寻求反馈的倾向更低（Venta et al.，2019）。③睡眠的中介作用——夜间使用社交媒体剥夺了睡眠时间，会导致个体因睡眠时间不足而产生焦虑情绪，夜间使用社交媒体时长的增加和睡眠质量的下降呈现高度正相关，夜间使用社交媒体会引发焦虑以及失落感，以及自我控制感下降、低自尊（Van den Bulck，2003；Eggermont and Bulck，2006；Woods and Scott，2016）。夜间使用社交媒体对睡眠的影响一般可以从行为、认知两个层面予以探究。有研究发现，在行为层面上，夜间使用社交媒体会导致个体就寝时间延迟和入睡潜伏期延长，从而导致个体实际睡眠时间缩短；在认知层面上，夜间使用社交媒体通过提升个体在睡前的认知水平进而增加入睡困难程度，另外，对于睡眠后可能出现的信息错失的认知，也会增加个体的焦虑情绪从而引发入睡困难（Scott and Woods，2018）。

2．主动使用与被动使用

有研究认为使用社交媒体与有益影响（例如高自尊）相关，也有研究证实社交媒体可以通过产生压力、孤独或抑郁情绪等对个体产生消极影响。社交媒体的负面作用可能来自被动使用社交媒体（passive social media use，PSMU），如浏览新闻或朋友发布的动态。Aalbers 等人（2018）通过实证研究表明，被动使用社交媒体会降低情绪幸福感、归属感和生活满意度，而横断研究表明被动使用社交媒体与沮丧情绪显著正相关。那么，负性情绪会促使个体更多地使用社交媒体吗？研究者对此提出假设：越是被动使用社交网络就越容易出现抑郁症状，也越容易产生孤独感和压力；同时，那些抑郁症状较多且体验到更多孤独感和压力的人，也会较多地使用社交网络。该研究使用经验采样法探究了社交网络主动使用与被动使用的影响：招募 125 名大学生进行连续 14 天的问卷作答，测量了被调查者的被动社交媒体使用（PSMU）、主动社交媒体使用（active social media use，ASMU）、抑郁情绪、孤独和压力。在这期间，被调查者每天在固定时间点收到 7 次填写问卷的手机提醒，一天内收集数据的时间间隔是

2小时，一共收集14天的数据。研究结果表明，PSMU并不能预测抑郁症状、孤独感和压力，但是先前的疲劳和孤独感可以预测PSMU，这意味着可能是这些症状导致个体浏览社交媒体。相关研究也证实了在同一时期内，PSMU与兴趣丧失、注意力问题、疲劳、孤独共同发生。关于时态相关研究证实了个体花在被动使用社交媒体上的时间越多，越能体验到沮丧情绪、孤独、无助、自卑感；但是计算偏相关时，PSMU只与ASMU相关，与其他变量均不相关，这可能是由于PSMU与抑郁症状确实不存在偏相关关系，或者它们的关系太弱以至于在这一研究中无法证实。负面社会比较感知能力较强的个体在浏览社交媒体之后，其情绪、心理健康受到更大的影响；相反，负面社会比较感知能力较弱的个体在浏览社交媒体之后的情绪、心理健康并不会受到较大影响（Weinstein，2017）。抑郁的个体更倾向于在社交媒体上表达其各种想法，如快乐丧失、人生没有价值、内疚、注意力不集中、烦躁、想自杀的想法（Akkın Gürbüz et al.，2017；Ophir，2017；Vente et al.，2018），对此，目前国内外已有多个实验室正在开展对社交媒体上存在自杀倾向个体的预警研究。

二、新媒体与正性情绪

（一）社会支持与积极体验

有研究发现，青少年在压力事件发生后会通过积极参与社交网络互动来获得更多的社会支持和增进社会交往，这有助于缓解压力，特别是对处于压力状态的个体而言，可以通过社交媒体获得社会支持以减轻压力，从而获得健康方面的收益（Leung，2006；Valkenburg and Peter，2009；Nabi et al.，2013）。可以认为，互联网提供了一个安全的"避风港"，在那里，个体的社交不适感可以得到缓解。在线交流消除了伴随面对面沟通的负面影响和不受欢迎的感觉（Yuen and Lavin，2004），研究者通过对Facebook状态的更新频率来探讨其对个体心理带来的影响。结果显示，频繁更新社交媒体能有效减少孤独感。孤独感的减少是由于个体与朋友的联系更加紧密，而发布状态带来的效果与朋友的反馈（即回应）无关（Deters and Mehl，2013）。在社交媒体的使用中，有研究者发现主动使用社交媒体是化解悲伤情绪的"解药"（Buxton et al.，2018），而且使用语音、视频进行沟通交流会让个体体会到更多的积极情绪（Bickham et al.，2019）。同时，处于积极情绪的个体会积极使用社交媒体，从而从中获益，而处于消极情绪的个体会消极使用社交媒体，也较难从社交媒体的使用中获益（Frison and Eggermont，2016）。在社交媒体的信息唤醒使用者的积极情绪后（如兴奋、温暖等感受），使用者的信息转发行为会显著增多（Tellis et al.，2019）。

（二）幸福感

使用社交媒体对情绪所产生的积极影响表现在个体通过使用社交媒体获得了社会交往、信息寻求和娱乐等多方面的满足感（Apaolaza and Hartmann，2014），从而获得更多的亲密关系，并增进友谊。有研究发现，对于原本处于焦虑状态的个体而言，通过社交媒体获得的友谊更持久（Courtois et al.，2012；Grieve et al.，2013）。但需要指出的是，基于目前已有理论的诠释，学界对于"社交媒体是否让人们更幸福了"的看法并不统一，以下列举几种具有代表性的看法。

第一种，增进假说（increase hypothesis）指出使用新媒体可以增进用户之间的社交联系，扩大其社交规模，增加其与他人的亲密程度，使其维持现有社会联结并与他人更快建立新的关系。新媒体的使用使人们感到其获得了更多的社会支持，也有用户认为线上联系而非线下联系对维持社交关系更有效。具体而言，增进假说可以进一步分为：①富者更富模型（rich get richer），其出处是社会心理学中的社会促进理论，即个体在完成某项活动时，因有他人在场或与他人一起活动而造成行为效率提高的现象。该理论应用于新媒体使用中，则描述了一种网络新节点更倾向于与那些具有较高连接度的"大"节点进行连接的现象（Buchanan，2002），即社会化程度较高、外倾性程度较高、获得更多社会支持的个体在新媒体使用中会获得更多的益处。②穷者更富模型（poor get richer），其出处是社会心理学中的社会补偿理论，即在合作情境中，当其中一方合作伙伴工作不得力时，另一方会加倍努力以弥补整体工作效果的现象。该理论应用于新媒体使用中，描述了现实生活中社交不足的个体拥有更广泛的在线社交网络活动的现象（Valkenburg et al.，2005），即内向程度较高、缺乏社会支持的个体在新媒体使用中会获得更多的益处。这种现象的主要表现有：现实情境中缺乏社会支持的个体具有更强的在线上实现与他人交往、构建人际关系、获得支持性的人际交往及有用信息的动机；内向程度较高的个体对现实情境中与他人的交往感到焦虑，更倾向于在线上与陌生人交流形成在线友谊关系；内向程度较高的个体具有通过在线交流锻炼个人的社交沟通技巧以应对现实情境中的社交焦虑的强烈动机。

第二种，使用与满足理论（use and gratifications）指出，社会性和心理根源上的需求使个体对社交媒体产生期望，这会导致个体实施社交媒体接触、使用等行为，从而带来需求的满足。该理论解释了人们之所以会选择使用某种媒体是因为其满足了个体的某些需要和动机，例如：心理转换效用（媒体的消遣娱乐功能让使用者的情绪得到舒缓及转换）；人际关系效用（对于某些网友产生类似"朋友"的感觉，满足人际关系构建的需要）；自我确认效用（观察他人对事物的关心、矛盾的化解等为自身提供自我评价的参考框架，即获得感）；等等。

第三种，福流理论（flow experience），也被称为最佳体验（optimal experience）、心流理论，是指人们对某一活动或事物表现出浓厚兴趣，并推动个体完全投入某项活动或事物的一种情绪体验。这种体验一般可以从个体当前所从事的活动中直接获得，而回忆、想象不能产生这种体验。已有研究发现，当个体感知到自己已有的技能水平与外在活动的挑战性相匹配是触发最佳体验的关键，即技能和挑战性呈现平衡状态时，个体才能完全融入活动并从中获得最佳体验，特别是在外在活动不断变化发展、个体从事活动的复杂度在不断增加时，个体必须不断发展出新的技巧以应对新的挑战，这会导致个体的身心不断得到发展。因此，新媒体的远程临境感（telepresence）、交互性等特性所导致的个体注意力集中更易使个体产生最佳体验感。需要指出的是，也有取代假说（displacement hypothesis）认为使用社交媒体对人们的幸福感会产生消极影响。该假说建立在时间使用的"零和假设"基础上，即每个人的时间都是有限的，用一定的时间做某事就会导致没有时间去做其他事。因此，新媒体时代意味着人们在现实生活中的行为正在被线上行为所取代，使用新媒体虽然可以增加沟通频次，但无法保障人们沟通的质量；与家人、朋友越来越少的真实社会交往会导致个体感到更孤独、抑郁，也容易造成家庭亲密程度减少、家庭冲突增加的结果。

三、新媒体与决策情绪

（一）过分自信

1. 概念

过分自信是指个体的平均信心评定超过事件发生的实际可能性（Lichtenstein et al., 1982）。在人类决策中，过分自信是一个普遍的问题，大多数人都会对自己的能力以及未来前景表示乐观（Plous, 1993）。过分自信的观点一般建立在如下观念基础上：①高于平均水平效应。对自己的积极技能和特质进行评定时，个体倾向于给自己评定高于平均水平的分数。②不切实际的乐观。与他人比较时，个体倾向于认为自己更可能经历好的事情，更不可能遭遇坏的事情。③自我服务归因。个体倾向于认为自己会因为成功而获得好评，避免因为失败而遭到责罚。④控制错觉。即便是随机事件，个体在评定时也倾向于认为在某种程度上自己具有一定的控制能力。⑤计划偏差。与过去发生的事情相比，个体倾向于认为将来可以更快、更好地完成任务。

2. 校准策略

过分自信在人类社会的各类决策情境中普遍存在，研究者不禁好奇，该如何对过分自信进行科学干预呢？一般称过分自信的各类干预方法为过分自信的"校准"策略。例如，有研究者发现给决策者提供反馈可以消除或减少其过分自信程度（Arkes et al.，1987）。有效的校准策略还包括让决策者思考"自己所做选择是错误的"可能性。研究者发现，过分自信源于人们过分关注正面观点，人们为了证实自己的观点会选择性注意与自己观点一致的证据，而忽视与自己观点矛盾的证据。因此，当要求被试为每个答案先写出反对观点再进行选择，之后估计自己选择的正确性时，被试的过分自信程度显著降低，而如果要求被试写支持观点，其过分自信程度没有变化（Koriat，1980）。也有研究者发现，过分自信源于决策者认为自己并不会真的面临"决策情境"，例如，有研究让被试分别参加真实任务和假想任务，当被试认为自己不会真的参加任务（即假想任务）时，被试会表现出过分自信，而当被试认为自己即将真的参加任务时，被试的过分自信程度就会降低，这种对于"事件真实发生情况"的想象也被视为一种有效的过分自信的校准策略（Armor and Sackett，2006）。

3. 社交媒体中的过分自信

社交媒体中经常出现一些认为自己很厉害的人，其特征是他们会对社会事件发表大量的观点，并且笃定自己的观点是正确的。达克效应（Dunning-Kruger Effect）可以用来部分解释此类社交媒体上的现象，该效应指出，无知比知识更容易产生自信。达克效应最早由康奈尔大学的Justin Kruger 和 David Dunning 提出，二人通过考试后让学生预估自己的排名，之后再与其实际排名进行对比发现，实际成绩越差的学生越容易高估自己的名次，成绩越好的学生越不会高估自己的排名，成绩排名前25%的学生反而会低估自己的排名。这个效应不仅体现在学习能力方面，在幽默能力、社交能力等领域均得到了验证（Ames and Kammrath，2004；Ehrlinger et al.，2008）。Shelley Taylor 和 Jonathon Brown 认为，达克效应产生的原因是个体认为修饰后的自我形象可以增强个体幸福感，也可以帮助自己更好地应对压力。对此，可以采取一些自我干预方法予以矫正：①自我质疑法。提出如"停下来思考一下为什么你的判断可能是错的"的反对观点（Plous et al., 2004），可以更好地校准决策者的信心水平；②增强责任意识法。当个体意识到自己要对自己的决定负责时，或者提醒自己有可能被他人问责（假设有他人在场观察自己做出的决定和假设需要向他人解释自己做出这样决定的原因）时也可以减少过分自信倾向。（3）反馈法。研究发现提供决策结果的反馈（本人成绩/他人成绩）可以很好地校准个体的信心水平。

（二）后悔情绪

后悔理论（Loomes and Sugden, 1982; Bell, 1982）指出，如果决策者意识到自己选择的结果可能不如另外一种选择的结果时就会产生后悔情绪，这是一种基于认知的负性情绪，反之则会产生愉悦情绪。决策者在决策中会力争将后悔程度降到最低，因此这些预期情绪将改变决策的效用函数。后悔理论诠释了后悔的生成过程：比较是后悔产生的前提，后悔的产生是决策后认知失调凸显的结果——后悔与认知平衡相反；做出决定之后，个体会降低对所选选项的积极评价，提高对未选择选项的积极评价，因此产生后悔情绪（Brehm et al., 1970）。自责是后悔的内在动因，后悔的产生不仅源于事实与反事实的比较，还取决于对现实结果的内部归因，并且后悔的强度会随着个体对事件结果的责任感的增加而增强（Gilovich et al., 1998）。改变是后悔的外在表现，后悔的产生源于人们对事实结果与反事实结果的比较以及对现实结果的不满意，因而在后悔情绪出现之后，人们会产生改变现实结果的动机或行为，后悔可以促使个体从过去的行为中吸取经验，从而避免在今后类似的事件中出现错误。负性情绪体验是后悔的最终状态，后悔是一种消极的主观体验，对人们的身心健康造成了负面的影响，后悔、沮丧和焦虑之间有着紧密的联系：低强度的后悔足以唤起沮丧和焦虑。更为重要的是，重复性后悔可以显著地正向预测个体广泛的悲伤情绪，严重影响其工作和生活（Roese et al., 2009），后悔情绪也可以显著地负向预测幸福感和生活满意度（Purvis et al., 2011）。

因此，人们在决策时倾向于预期后悔量最低的选择（regret minimizing），而不是风险最低（risk-minimizing）的选择，即人们在做决策时考虑的不是对风险的规避，而是对后悔的规避（regret-aversion）（Zeelenberg and Beattie, 1996）。新媒体使当今人们在做出行为选择后可以有"后悔药"吃——删除消息、撤回消息等方式的出现正是迎合了人们规避后悔的行为倾向。那么，是否可以认为在新媒体时代，人们就不容易后悔了呢？回答这个问题并不是那么轻松。在新媒体海量信息的环境下，人们所面临的备选项的数量正在日益增多。基于文化意义，人们倾向于认为更多的选择将带来更好的体验，但已有研究表明，更多的备选项反而会带来消极影响（Schwartz, 2005）。太多选择导致了选择过载，选择的绝对数量使个体对最终选择的满意度更低。因此，在面对更多选项时，人们更容易后悔自己所做的选择。目前，新媒体环境中的后悔情绪研究正在进行中，从构建新媒体与美好生活的角度来看，这一领域值得更多研究者关注。

第三篇
决策领域

第六章 新媒体与跨期决策

跨期决策是行为决策研究的重要领域之一，本章将基于认知与情绪的双路径，探讨新媒体环境中个体的跨期决策将会如何变化，以及其中可能存在的影响因素。

第一节 新媒体中认知因素与跨期决策

一、新媒体中的海量信息与跨期决策

跨期决策是指对发生在未来不同时间点上的结果做出权衡的选择过程（Loewenstein and Elster, 1992；Loewenstein, Read, and Baumeister, 2003；Scholten and Read, 2010）。例如，在今天获得100元和3个月以后获得200元之间做出选择。在现实生活中，小至个体日常工作生活行为，大到国家公共政策制定，人们在做出绝大多数选择时都需要在短期收益和长期收益之间做出权衡。因此，跨期决策研究一直是行为决策研究领域的热点，其研究成果被广泛应用于消费行为领域、健康行为领域、环保行为领域等。影响跨期决策的因素有人格因素、对公正世界信念的威胁、智力水平、工作记忆容量、年龄等。在跨期决策研究中，为了在心理意义上对不同时间点的收益做量化比较，研究者引入了时间折扣（time discounting）的概念，即未来收益折合到现在后，其在数量上所产生的变化。在研究范式上，Samuelson（1937）基于理性经济人假设提出了折扣效用模型（discounted utility model）。20世纪80年代以来，行为经济学研究者在

折扣效用模型基础上提出了双曲折扣模型（hyperbolic discounting model），双曲折扣模型可以更好地阐释人们的各类真实行为（Rachlin et al.，1986；Johnson and Bickel，2002）。在有关跨期决策作用机制的研究中，有研究者通过"远见性"这一概念诠释跨期决策。例如，Thorstad 和 Wolff（2018）对美国 50 个州的居民的 Twitter 数据展开大数据文本分析之后发现，有远见的人会更多地考虑未来的得失，并且认为未来的"果"是由现在的"因"所致，这种考虑会影响他们现在的行为与决策，使他们做出更多健康有益的行为，趋利避害，形成喜欢理智投资而不喜欢冒险的习惯。

新媒体推动人类进入海量信息时代，而人类获取和处理信息的精力和能力是有限的（Simon，1991，2013），海量信息环境中的人类需要正视"无限信息"和"有限认知"之间的矛盾。有研究表明，选项数量越多则信息搜索深度越低，信息量的增加使决策者更易产生选择规避倾向（Kinjo and Ebina，2015），这也引发了学者们对信息超载现象的研究（Huff and Johnson，2014）。有关跨期决策认知视角的研究表明，其受到注意力资源的影响：当注意力资源总量减少时，人们更倾向于选择当下的收益，而自我损耗越大，人们越不愿意制订关于未来的计划（Sjastad and Baumeister，2018）。人们对所接受的信息进行加工时消耗的成本是注意资源，因此，信息的增多会导致注意力资源的"缺位"（Simon，1971）。研究表明，当注意力在多种信息之间切换时会出现"注意残留"，即便个体再切换回初始任务，也会影响注意力的投入状况（Leroy，2009；Leroy and Glomb，2018），只要个体同时面临两条信息，注意力资源就会被共享（Verschooren et al.，2019），对信息的加工会损耗注意力资源，从而导致个体认知控制能力的下降（Blain et al.，2016）。在新媒体环境中，人们可以通过智能手机获取更多信息，但在智能手机上查看信息会使当前的工作效率下降（Stothart et al.，2015）。当个体的注意力资源被当下的信息所捕获，人们就可能没有足够的认知资源去关注未来。有研究发现，当个体认知能力出现损伤时，其对未来的预期便会减少（Bulley and Irish，

2018),也会减少其对未来的计划(Sjastad and Baumeister,2018)。

二、新媒体中的时间感知与跨期决策

个体做出决策时,时间感知是一个重要的维度。较之未来的获益,当前的获益当然是最直观的、最受欢迎的,选择延迟结果会降低奖励的主观价值,即未来的奖励会被决策者"打折",这种现象被称为延迟折扣。众多研究者从客观时间改变了选项价值的角度构建模型,用以解释心理折扣率随客观时间变化的现象(Kassam et al.,2008)。除了客观时间感知外,时间也常被认为是主观的,是个体的自我构建,也可以说时间是自我的函数(Wittmann,2009)。对主观时间的感知存在个体差异。对于延迟折扣,冲动倾向更高的个体通常持"反对"意见,对此,研究者认为这可能是因为个体的时间感知发生了变化。较之自我控制倾向更高的个体,冲动倾向更高的个体对于延迟奖励中的时间进行主观估计后会认为其持续的时间更久,而持续时间更久与成本更高相关,这导致了冲动倾向更高的个体更愿意选择较小但可即时获取的选项(Reynolds and Schiffbauer,2004)。研究者发现,主观时间感知长度在由近及远的过程中呈非线性增加(Zauberman et al.,2009),当个体对于未来的时间感知越久时,则越偏好跨期决策中的短期选项(Barkley et al.,2001;Kim and Zauberman,2013)。跨期决策中的主观时间感知是一种对未来选项时间与当前选项时间之间间隔的估计,当一个时间段内的事件变化越大就越会导致个体形成这段时间间隔更长的主观判断(Brown,1995;Poynter and Homa,1983),当个体认为未来结果与当前状态之间的变化存在更复杂的步骤时,也会形成这段时间间隔更长的主观判断(Siddiqui,May and Monga,2014)。

新媒体的诸多特征对人们的主观时间感知产生了重要影响,针对虚拟世界的不断延展的现状,有研究者提出了永恒时间(timeless time)的理论,该理论认为:①永恒时间的特征是现象的序列顺序被系统地扰乱,这是由于互联网中的时间被压缩了(Castells,2000);②新媒体技术的发展促使社会事件和文化表征呈现出前所未有的即刻性；③互联网中的时间不再适用于现实世界中的时间标识，也不再适用于社会情境要求的时间安排和顺序，人们在线上世界中的"时间感知"是以在虚拟环境中的"生存"时间为准。基于此，研究者认为新媒体时代的时间不再是线性的和可测量的单位，而是衡量个体在数字世界生存能力的一个标准；虚拟时间在体验过程中是不受限的，也暂时不受抑制，其表现为：①模糊界限，时间与空间的界限变得更模糊，传统工作、家庭与娱乐的时间界限正在被打破；②时间灵活，人们的时间体验方式更具灵活性与控制性；③存在差异性的体验，有个体认为新媒体使用中的多任务处理可以节约时间，虚拟时间的体验在于压缩，但也有个体认为使用新媒体增加了时间压力，虚拟时间的体验在于延长。因此，关于新媒体环境中时间感知变化对跨期决策的影响有待研究者进一步的探究。另外，值得注意的是，随着 VR 技术等的发展和逐渐被应用于新媒体，线上空间的临场感可能会进一步增强，基于此，跨期选项的不同呈现效果（如当前获益、未来获益）也可能会通过影响人们的时间感知从而影响其跨期决策。

第二节　新媒体中情绪因素与跨期决策

一、情绪与跨期决策

大量研究表明，情绪是跨期决策的重要影响因素（Lerner et al., 2015），处于不同情绪状态下的个体的跨期决策存在显著差异。积极情绪可以降低个体的时间折扣率，使其偏爱长期选项；消极情绪可以增加个体的时间折扣率，使其偏爱短期选项（Guan et al., 2015；Liu et al., 2013）。有研究者通过探究情绪对跨期决策的作用机制发现，处于积极情绪的个体具有更强的未来取向和更高的解释水平，这增加了个体的认知灵活性，使其更关注未来的结果而不是当前的收益，从而选择长期选项（Pyone and Isen，2011）。关于积极情绪对认知灵活性的加强作用，有研究者指出，积极情绪会引发个体增加对信息广度的注意、提高其对信息有效整合的程度，从而提升认知灵活性，这导致个体在选项比较过程中会更系统化、整合式地比较当前收益和未来收益（Ifcher and Zarghamee，2011）。也有研究者指出，积极情绪启动了个体更关注高解释水平信息，促使个体从整体上关注选项，在跨期决策中表现为更多关注选项的金钱维度，这会使个体更倾向于选择较大获益的长期选项；而消极情绪启动了低解释水平考虑，促使个体更关注选项的具体属性，在跨期决策中表现为更多关注选项的时间维度，这会使个体更倾向于选择较小获益的短期选项（王鹏、刘永芳，2009）。有研究者发现，当个体处于较高强度的消极状态时，其对时间的感知会变长（即感知相同单位的时间距离自己更远），推测原因在于情绪状态会通过影响个体的时间感知，最终影响个体的跨期决策行为，即时间感知在情绪与跨期决策中起到中介作用。评价倾向框架理论指出，情绪通过影响个体的认知评价来影响其对信息的认知加工，最终影响个体的跨期决策行为。例如，感恩情绪会促使个体倾向于选择长期选项，原因在于感恩情绪会使个体的认知评价维度聚焦责任感，从而促使个体对人和事秉持高度责任心，这有助于个体克服即时收益的诱惑，使其在跨期决策中更倾向于选择收益更大的长期选项（Lempert and Phelps，2016）。悲伤情绪会使个体的认知评价维度聚焦于低控制感，这会使处于悲伤情绪的个体很难克服即时收益的诱惑，在跨期决策中更倾向于选择当前即时可以获取的收益（Lerner et al.，2013）。

二、新媒体中情绪与跨期选择

基于上述"积极情绪可以降低个体的时间折扣率，使其更加偏爱长期选项；消极情绪可以提高个体的时间折扣率，使其更加偏爱短期选项"的研究结论，那么是否可以回答新媒体的使用将影响人们偏好跨期选择中的哪一个选项呢？目前，这个问题很难有统一的答案。因为关于新媒体使用对个体情绪所产生的影响，目前的研究结论并不一致。有大量研究揭示了新媒体使用增加了人们的消极情绪（如焦虑、愤怒等），但也有研究发现，使用社交媒体给人们带来了更多的积极情绪体验（如幽默节目、综艺等）（Radovic et al.，2017），并且主动使用社交媒体是化解悲伤情绪的一剂"解药"（Buxton et al.，2018）。有研究进一步发现，使用语音、视频进行交流会让个体产生更多的积极情绪（Bickham et al.，2019）。新媒体环境释放了更多善意和积极情绪，如 2017 年 Dore 团队发现，被试在浏览某个有关陌生人提供善意、支持的网站后，其抑郁程度有所下降，尤其是当他们给别人提供支持时——互动式平台的优势使其脱离了反社会的网络生态，使人们坦诚相见并且性格变得柔软，因而倾向于鼓励倾听而不是宣泄戾气。处于积极情绪的个体会更积极地使用社交媒体，并且从中获益更多；而处于消极情绪的个体会更消极地使用社交媒体，也较难从社交媒体使用中获益（Frison and Eggermont，2016）。此外，有研究注意到，新媒体使用过程中的新技术普及也会影响使用者的情绪。例如，移动互联网的高速发展推动了智能手机的普及，移动支付得到了广泛的应用，但比起智能手机、银行卡上的钱，现金让个体在进行财务决策时更没有耐心，即便个体在进行财务决策时知道选择长期选项会带来更多收益，但现金（对比银行卡等非现金形式）会引发个体的耐心程度下降，因此倾向于选择短期选项。其原因可能在于，个体在跨期选择中如果想要在未来获得更多的收益，那么就要放弃现在本该得到的钱，这种"与钱失之交臂"的痛苦感在现金支付上要比非现金支付（移动支付）更明显。为了减轻这种痛苦感，人们会选择立即拿到现金（Duclos et al.，2019）。在新媒体环境层面，也有研究者持悲观态度，认为新媒体的使用给人们带来了更多的消极情绪体验，会削弱人们的同理心（即分担和理解他人情绪的共情能力急剧下降），同时降低对他人的关注。有研究发现，在互联网普及率较高的国家，人们的同理心较低，技术的发展和社交媒体的使用让人们能够轻易与他人取得联系，但这种在网上构建社交关系且与现实世界隔离的状态可能会影响人们的社交和情感功能。人类相互联系的能力是延续人类文化的"粘合剂",新媒体的使用改变了人类社会原有的互动方式,削弱了人们互相理解的基础,这会导致新媒体环境中人们的关系变得越来越疏离。当社交方式以社交媒体的互动取代了现实中的社交活动后,人们会变得更武断且减少善意表达。例如,2017 年 Schroede 团队录制了一组人对某类问题的看法后,请另外一组人充当评估者听录音或阅读转录文本,研究发现,看转录文本的评估者更容易认定发言者是恶意的,尤其是当评价者与发言者观点不一致时。因此,缺乏面对面现实互动的社交形式使人们更难产生同理心。

三、小结

"新媒体与跨期决策"这一章聚焦行为决策领域中的重点内容——跨期决策,讨论分析在新媒体环境下跨期决策的特征和规律。本章基于认知、情绪双路径,分别从认知资源、时间感知、情绪维度的视角探究跨期决策领域的发展变化方向。该领域的研究正在如火如荼地展开。新媒体让人类更有"远见"还是更"短视",这个问题值得每个生活在这个时代的人重点关注。

第七章 新媒体与风险决策

风险具有领域特异性,即个体在不同领域中的风险偏好是不同的。风险领域常被划分为自然/身体领域、道德领域、金融领域、生育领域、竞争与合作领域、安全领域等。在各个领域中,个体都有可能面临不同的风险决策。研究者可依据个体参与风险活动的主观可能性来衡量其风险偏好,进而推断个体的风险决策。本章将尝试对部分风险领域进行探析,探究个体在不同风险领域中的行为以及影响个体风险偏好的因素。伴随着新媒体的日渐普及,与新的媒介环境伴生而来的新风险同样需要受到大众的重视。

第一节 风险决策简介

风险决策是指在选择的过程和结果都不确定的情况下,个体通过计算未来事件发生的概率并采用期望效果最好的选项来做出决策行为(肖云茹,2003)。个体的风险行为是由其风险态度(risk attitude)、风险感知(risk perception)和风险感知态度(perceived-risk attitudes)等多种因素所共同决定的(Weber, Blais, and Betz, 2002)。风险态度是指个体对风险所采取的态度;风险感知即个体对所承担的风险大小的评估(Sitkin and Pablo, 1992);风险感知态度与由 Weber 和 Milliman 提出的"风险厌恶"(risk repugnance)是相似的概念,即个体对于风险的态度是厌恶的(Weber and Milliman, 1997)。然而,诸多外部观察者及 Weber 等人的实验研究均证明,个体的风险感知态度是由预期收益和风险感知共同决定的(Weber et al., 2002)。

学界对风险决策的研究主要集中在微观经济学领域（Irene，2020；Kaneman and Tversky，1979；黄淳、于泽、李彬，2005）和心理学领域（Mata et al.，2018；Steinberg，2013；岳灵紫、李纡、梁竹苑，2018）。在经济学领域中，研究者主要通过建立风险决策理论模型如期望效用理论（expected utility theory，EUT）（Neumann and Morgenstern，1947）、预期理论（Kaneman and Tversky，1979）来了解风险决策。期望效用理论是由Neumann和Morgenstern（1947）提出的迄今为止影响最大、最深远的模型之一。期望效用理论建立了在风险不确定的条件下对"理性人"的选择进行分析的理论模型，使用了效率函数和效用函数的方式来构建理论模型以表明个体对风险的厌恶，即个体会追求效用最大化且努力规避风险（Cox et al.，2012）。

然而，由于"理性人"仅仅是一个理想化的概念，因此，研究者在后续也发展出了其他模型用来预测人们面临风险时的决策。现实中的人们在进行决策时往往受到多方面因素的影响，期望效用理论无法准确地预测个体的行为决策，因此，期望效用理论的描述性效度经常受到业内研究者的质疑。例如，有的学者认为"Allias 悖论"就表明期望效用理论的逻辑存在着不一致的问题（Guo，2019）。预期理论则对期望效用理论进行扩展，认为面对同等得失时，个体更看重所得。具体来说，即个体在面对收益方案选项时的风险态度为规避风险，表现为个体偏好选择确定收益的选项，放弃存在高风险、高收入的选项；但当个体面对损失选项时，态度与行为表现与面对收益方案选项时相反，即寻求风险。Kaneman 和 Tversky（1981）进一步提出了框架效应（framing effect），即选项表述方式的不同会影响个体的判断和选择。

同时，有部分研究者由经济学的"风险-回报"模型（risk-return model）拓展至心理学领域的研究。"风险-回报"模型模拟人们对风险的支付意愿（willing to pay，WTP），假设人们会在给定的回报水平下尽量降低风险水平（Markowitz，1959）。然而，不论是预期理论还是期望效用理论，由于个体的风险偏好（risk preference）受特定领域的影响、具有领域特异性的特征，因此，其在预测个体的风险偏好时并不总是适用的。早期也有研究者借鉴"风险－回报"模型来解释个体的风险偏好（岳灵紫、李纾、梁竹苑，2018）。

风险偏好会影响个体的风险决策，然而不同的研究者对于风险偏好的表述不尽相同。如 Weber 等人用风险态度的差异来阐释个体在面临风险和不确定因素的情况下是如何进行决策的。Weber 等人基于"风险－回报"模型将风险偏好拆解为三个因素：风险感知、风险感知态度和对回报的预期（expected benefits）（Weber et al., 2002）。根据人们的风险态度，风险偏好被划分为风险寻求（risk seeking）和风险规避（risk averse）（Hu and Xie, 2012）。有研究者提出风险倾向（risk propensity）的概念，认为该概念对风险行为的理论建模和探究个体行为选择动机均具有重要意义（Nicholson et al., 2006），将其定义为个体承担或规避风险的意向，认为其是个体采取风险行为的强影响因素（Ogbanufe and Kim, 2018）。Mata 等人则使用风险偏好来阐述不同个体在面临风险和不确定性因素下的决策行为为何存在差异（Mata et al., 2018）。在心理学中，风险偏好通常被定义为从事有回报但可能带来损失的行为倾向，包括物质的使用和可能对个人造成重大身心伤害的犯罪活动（Steinberg, 2013）。而在经济学中，风险偏好则更多地是指采取具有更高回报的行为或活动的倾向，无论这些行为或活动的最终结果是收益还是损失（Harrison and Rutström, 2008）。在评估所承担的风险时，个体基于"风险－回报"模型对回报和风险进行比较，呈现出对风险选项的选择偏好，或者对风险选项的选择规避的态度，这被称为"风险感知态度"（Weber et al., 2002；Johnson et al., 2004）。

事实上，风险偏好、风险倾向和风险态度（如图 7-1 所示）都是用于表示个体在风险领域中采取相应行为时的心理特征，它们从主观上决定了个体的风险决策行为（Blais and Weber, 2006）。风险感知态度在不同领域里相对稳定，然而风险感知在不同领域却不尽相同，即个体的风险决策在很大程度上与风险感知的差异有关，风险感知态度则在不同领域之间没有很大差异(Hu and Xie,2012)。

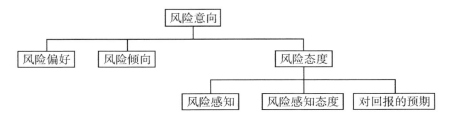

图7-1　不同研究者对风险意向的表述

伴随着研究者对风险决策了解的逐步深化以及对风险决策中不同领域之间的区分,他们开始以量表的形式来测量不同领域之间的风险行为,如领域特异性量表(Domain-Specific Risk-Taking Scale,DOSPERT,参见表7-1)(Weber et al.,2002)、进化域风险行为量表(The Evolutionary Domain Risk Behavior Scale,参见表7-2)(Kruger, Wang, and Wilke,2007)、进化风险量表(Evolutionary Risk Scale,ERS,参见表7-3)(Wilke et al.,2014),均为不同研究者基于不同视角所开发的量表,以便对个体的风险决策有更为清晰、准确的了解。

表7-1　领域特异性量表(部分示例)

对于下列每一项陈述,请指出你参加某项活动或采取某种行为的可能性,并给出1到5的评分:
1　　　　　2　　　　　3　　　　　4　　　　　5 　非常不可能　　不可能　　不确定　　可能　　非常可能
说明:E=道德,F=经济,H=健康/安全,R=娱乐,S=社会项目
1. 承认你的品位和你朋友的不同。(S)　_____ 2. 在文明露营地之外的野外露营。(R)　_____ 3. 在赛马中赌上一天的收入。(G)　_____ 4. 购买非法药物以供自己使用。(H)　_____ 5. 考试作弊。(E)　_____

续表

```
6. 为了拍摄壮观的照片而驾车追逐龙卷风或飓风。（R）_____
7. 将年收入的 10% 投资于具有中等增长率的共同基金。（F）_____
8. 在一个晚上喝五杯或五杯以上的酒。（H）_____
9. 在所得税申报单上有一个严重的欺诈行为。（F）_____
10. 在一个重大问题上与你父亲的意见不一致。（S）_____
11. 在高赌注的扑克游戏中赌上一天的收入。（G）_____
12. 与已婚男人或女人有染。（E）_____
13. 伪造别人的签名。（E）_____
14. 冒名顶替别人的作品。（E）_____
15. 去一个没有预先安排行程和旅馆住宿的第三世界国家度假。（R）_____
16. 和朋友争论一个他或她有不同意见的问题。（S）_____
17. 滑下超出你能力范围或已经关闭的滑雪道。（R）_____
18. 把年收入的 5% 投资于投机性很强的股票。（F）_____
19. 和老板提出加薪的要求。（S）_____
20. 非法复制软件。（E）_____
```

表 7-2　进化域风险行为量表（部分示例）

对于下列每一项陈述，请指出你参加每项活动或行为的可能性，并给出 1 到 5 的评分：				
1	2	3	4	5
非常不可能	不可能	不确定	可能	非常可能

生育
为了一份高薪工作，让自己接触可能导致孩子有出生缺陷的化学物质。
参加能让你获得 1 万美元但有可能让你不育的医疗研究。
群体间竞争
即使可能会引起争斗，也要坚决对抗来自不同球队的球迷以捍卫本球队的荣誉。
穿着自己球队的衣服和一群朋友坐在对方球队的球迷区。
群体内竞争
当你的老板表现不公的时候，在你的同事面前勇敢地站出来。
在你加入的任何一个同辈团体中担任领导角色。
交配及吸引配偶的资源分配
花费一大笔薪水去买一辆新的运动型敞篷车。
在一夜情中进行无保护的性行为。

续表

环境风险
为了从你的野外露营地追赶一只熊而敲打锅碗瓢盆。 探索一个不知名的城市或城区。

表 7-3 进化风险量表（部分示例）

群体间竞争 穿着自己球队的衣服和一群朋友坐在对方球队的球迷区。 在课外活动中与其他学校的学生展开竞争。 **地位/权利** 敲诈你的对手以赢得选举。 随身携带武器使得自己在同伴面前显得强壮、有控制力。 **环境探险** 在风景优美但山崩概率很高的山路上徒步旅行。 去没有其他人的沙漠探险。 **食物选择** 修建自己的花园以种植水果和蔬菜。 每周食品账单中，健康有机食品的消费显著提升。 **食物获取** 在一家曾有朋友食物中毒过的餐馆吃饭。 吃掉在地上的一块食物。

第二节 风险决策中的领域特异性

风险决策领域特异性量表是目前最为广泛应用的测量个体风险行为的量表。该量表的最初版本是由 Weber 等人于 2002 年提出的，Weber 等人主要是通过招募被试、询问被试是否会采取某种行为，进一步推测其从事这种风险行为的可能性。Weber 等人同时证实了在特定领域中，风险感知和个体对回报的预期具有特异性，而风险感知态度相对稳定（Weber et al.，2002）。随后，Hu 等人（2012）在中国对 Weber（2002）等人提出的风险领域特异性量表进行了信效度检验，证明了健康/安全领域、道德领域、娱乐领域和博彩领域量表在中国的适用性，Hu 等人还进一步表明了某领域中的风险行为和风险认知与另一个领域中的风险行为和风险认知有着很小的关系，证明了使用特定领域量表的适当性（Hu and Xie，2012）。

目前，研究者们主要通过现代生活中常见的风险视角（如 DOSPERT 量表）、基于进化心理学和生命历史分析视角（如 ERS 量表）对风险领域进行划分。为了弥合视角之间的不同，Wang 等人对上述两个视角进行了整合，通过对参与风险活动的主观可能性的评级来衡量个体的风险倾向并编制了一个包含七个领域的风险领域特异性量表（参见表 7-4），以便其在后续的研究中探索不同的遗传和环境对风险倾向的影响（Wang et al.，2016）。

表 7-4　七个领域的风险领域特异性量表（部分示例）

对于下列每一项陈述，请指出你参加每项活动或行为的可能性，并给出 1 到 5 的评分： 1 = 非常不可能，2 = 相对不太可能，3 = 不确定，4 = 可能，5 = 非常可能
自然/身体风险 独自爬上一个未开发和无人居住的高原，拍摄壮观的风景。 去一个没有预先安排旅行和旅馆住宿的第三世界国家度假。
道德风险 与已婚男人或女人有染。 考试作弊。
金融风险 将年收入的 10% 投资于中等增长的互惠基金。 把年收入的 5% 投资于投机性很强的股票。
生育风险 做绝育手术，这样你就不会有孩子，但你有更多的闲暇时间和更多的经济灵活性。 为了一份高薪工作，让自己接触可能导致孩子有出生缺陷的化学物质。
合作与竞争 在两个朋友咄咄逼人地互相推搡时进行身体干预，以防止他们打架。 把相当于你一个月收入的钱借给有紧急需要的朋友。

续表

安全
不戴头盔骑摩托车。
晚上一个人在一个不太安全的地方独自走回家。
博彩
将一天的收入花在赛马中。
把一周的收入花在赌场里。

一、自然/身体风险领域

在基于进化心理学和生命历史分析视角的研究中，自然/身体风险（natural/physical risk）领域也被称为环境风险领域（Kruger et al.，2007；Wilke et al.，2014）。在 Wang 等人（2016）开发的七个领域的风险领域特异性量表当中，探究个体在自然/身体风险领域中的倾向往往通过个体对于危险运动（如跳伞、登山或攀登探索无人的高原）的态度来评估。

近些年来，大众对于登山的热爱程度正不断上升，随之而来的是频发的登山遇险事件，因此研究者们也尝试找出影响个体在登山遇险时做出决策的因素。Chamarro 等人（2018）将登山的风险因素概括为环境、个体行为、身体状况和所携带的设备。基于 Anderson（1996）提出的功能认知理论（the functional theory of cognition），Chamarro 等人（2018）对登山者的风险判断进行了探析。功能认知理论将个体的认知过程分为三个步骤，即在个人资源和环境的制约下，个体首先会对不同的可用信息进行评估，随后会对这些信息进行整合判断，最后才会采取决策行为。

个体在登山时对环境条件、登山难度、登山设备以及登山者的信心与风险感知评估遵循多重模式，即环境越不好、登山难度越高、登山者携带的设备不齐全且缺乏相关信息，则登山者的风险感知越高。需要注意的是，过度自信可能会导致登山者风险感知程度偏低，进而导致其即使在有利条件下仍有遭遇风险的可能性。同时，Chamarro 等人（2018）在实验中发现了环境条件、登山设备与登山难度之间存在倍增关系,即当一种因素出现恶化情况时,将成倍增加登山者的风险感知程度和担忧程度。这也说明个体评估风险时除了考虑客观因素外,同时也应适当评估主观因素如信心因素,个体的主观因素会为个体制定更为正确的决策贡献力量。

近年来,除了登山等传统运动外,极限运动等非传统运动正逐渐受到年轻人的青睐,热衷于参加极限运动的个体可能本身也具有某些特质。与部分研究者关注极限运动的负面影响相反,Brymer 等人(2019)认为极限运动能够促进参与者的社会文化融合、社会互动和非正式学习。同时在部分极限运动领域,Schreier 等人表明极限运动员相比于其他个体更具有创新性(Schreier, Oberhauser, and Prügl, 2007),而 Keane 等人的实验同样证实了创新性高的年轻人参加极限运动的可能性更高,且这部分年轻人的风险厌恶程度较低。Keane 将个体寻求冒险的影响因素整理成概念框架(如图 7-2 所示)。目前,大众普遍认为主要是个性推动、情感影响或追求肾上腺素激升等因素推动部分个体成为极限运动的参与者(Brymer et al., 2019),而个体在追求身份消费时,所看重的也正是极限运动所具备的这些特质。Keane 的实验表明,身份消费是作为寻求冒险、风险规避和创新性的中介而存在的,对于创新性高、风险厌恶程度较低的个体来说,地位动机是影响其寻求冒险的重要因素之一,换句话说,高创新性、低风险厌恶的个体更有可能受地位的驱动而寻求冒险,进而参与极限运动(Keane, Eastman, and Iyer, 2020)。

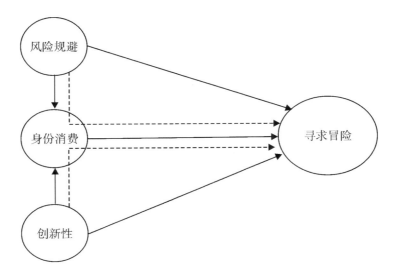

图 7-2 个体寻求冒险的影响因素的概念框架

二、道德风险领域

研究者基于现代生活中常见风险的视角对风险进行领域划分时的通常做法是将道德领域独立出来（Kruger et al., 2007；Weber et al., 2002）。Weber 等人通过询问个体是否会采取类似考试作弊的做法来判断个体在道德领域中的风险行为，同时探究性别对个体在不同领域的风险行为的影响并尝试优化 DOSPERT 量表。在 Weber 等人划分的五个风险领域中，道德风险因素在量表施测中的差异性最大。个体对于道德风险内容的判断更具主观性，这主要由两个方面的因素造成：一方面，个体可能在某种程度上受到需要给出社会满意答案的愿望的影响，因此在道德风险领域所做的行为选择可能与实际情况存在差异；另一方面，个体为了保护自我形象，希望以积极的姿态展现自己的倾向，进而导致其不太愿意从事风险较高的活动（Weber et al., 2002）。

同时，部分个体的道德风险行为有时候是无意的。王芃等人通过有限道德的视角来解释人们无意识的非道德行为，包括由于自利性动机、双重自我、道德褪色和框架效应所导致的行为主体无意识的不道德行为，主要包括内隐偏见、内群体互惠、沽名钓誉、利益冲突和漠视未来等（王芃、王忠军、李松锴，2013）。

在此之前，Rand 等人（2012）曾尝试探讨人的本能与合作之间的关系，合作本质上包含了一定的利他主义，归因于合作需要，个体在合作中需要承担一定成本。Rand 等人（2012）利用双重过程框架探究个体在是否合作的问题上是如何利用直觉和反思的相互作用进行决策的：研究人员招募了 4 名被试参与一次性公益游戏（one-shot public goods game，PGG），4 名被试依据 MTurk（Amazon Mechanical Turk）的标准工资获得 0.4 美元后，要求其向受试者库捐款，无论被试捐款多少，其捐款都将会翻倍并平均分配给这 4 名被试，以此来探讨决策时间和贡献量之间的关系（Rand, Greene, and Nowak, 2012）。Rand 通过这种经济博弈发现决策时间更短的个体倾向于合作；当要求被试在限定的时间内进行决策时，被试倾向于选择更高的捐赠金额。即从本质上来说，个体的直觉会促使用户做出友好的行为。同时，当被试没有经历过消极的合作环境时，更倾向于进行合作。反之，当研究者要求被试进行反思、慎重考虑后时，被试却选择了更少的捐赠金额，该研究意味着决策者进行更多的反思行为可能会导致他们做出更自私的决策。

Rand 等人的实验探索表明，人类的合作倾向可能是与生俱来的，而在后天的社会进程中所经历的一些合作环境也会强化个体对合作的倾向。例如，当个体经历过更多的消极合作环境后，其可能会有更多的反思行为。Rand 等人（2012）表明未来可以探讨直觉和反思在儿童及跨文化合作中的作用，以进一步明晰文化以及成长对形成合作思维的作用。

近些年来，有研究者发现了在电车困境中，功利主义所发挥的积极作用。Kahane 等人（2018）认为传统的电车式（trolley-type）牺牲困境的研究侧重于决策的工具性伤害，而忽略了其内在的积极和利他的一面。Kahane 等人（2018）开发了衡量个体道德特征的量表——牛津功利主义量表（the Oxford Utilitarianism Scale，OUS）（见表 7-5），用于判断个体的道德观点以及在牺牲式道德困境下的道德选择倾向。该量表同时包括两个子量表，即无偏倚慈善（impartial beneficence）子量表和工具性伤害（instrumental harm）子量表。无偏倚慈善表明个体对更大利益的追求，且愿意付出自我牺牲的代价，对每个人都给予公平的关心；工具性伤害则表明个体为了更大的利益对他人或自己造成伤害甚至是死亡的意愿。

表 7-5　牛津功利主义量表（OUS）

子量表	最终项
无偏倚慈善	1. 从道德的角度来看，人们应该平等地关心地球上所有人类的福祉；他们不应该偏爱那些在身体上或情感上与他们特别亲近的人。 2. 从道德的角度来看，我们有义务把自己的一个肾捐献给患有肾衰竭的人，因为我们不需要两个肾来生存，实际上只有一个肾也是健康的。 3. 如果在紧急情况下挽救另一个人的生命的唯一方法是牺牲自己的腿，那么在道德上，这个人必须做出这种牺牲。 4. 不主动帮助别人和主动伤害别人一样都是错误的。 5. 如果一个人把自己并不真正需要的钱捐出去就可以给他人的事业提供有效的帮助的话，那么保留这些钱在道德上是错误的。
工具性伤害	1. 如果伤害一个无辜者是帮助其他几个无辜者的必要手段，那么从道义上讲，伤害一个无辜者是正确的。 2. 如果确保人类总体福祉和幸福的唯一途径是通过在短期、有限的时间内使用政治压迫，那么就应该使用政治压迫。 3. 如果必须通过折磨一个无辜的人获取信息从而防止爆炸而造成数百人死亡，那么这种行为是被允许的。 4. 有时为了让更多的人被拯救，通过间接伤害导致无辜的人的死亡是符合道德的。

Kahane 等人（2018）的实验表明，在普通个体当中，无偏倚慈善和工具性伤害这两个维度是作为独立因素而存在的，且与道德高度的相关心理特征成反比。进一步地，该实验论证了影响 OUS 测量结果的因素，并将之总结概括为性格和个体差异（personality and individual difference）、道德态度（moral attitude）和意识形态（ideology）。其中，性格和个体差

异可具体细分为精神疾病（psychopathy）、移情关怀（empathic concern）、对全人类的认同（identification with all of humanity）和需求认知（need for cognition）四个因素；道德态度可具体细分为假想捐赠（hypothetical donation）和环境保护（environmental protection）两个因素；意识形态可具体细分为宗教信仰（religiosity）、政治意识形态（political ideology）和人口统计学（demographics）三个因素。

在性格的个体差异方面，研究发现 OUS 总体评分与原发性精神疾病没有显著关联，然而个体在工具性伤害子量表中的得分和精神疾病的增加呈显著的正相关关系，OUS 的总体评分与移情关怀呈现正相关关系。同时，研究发现个体对全人类的认同感越高，其无偏倚慈善子量表的得分越高，而工具性伤害子量表的得分与全人类认同呈负相关的趋势；在道德态度方面，OUS 总体评分与假想捐赠行为呈正相关关系。需要指出的是，该研究的捐赠属于假设情境，即个体的利他行为是没有实际成本的，即便如此，在工具性伤害子量表得分更高的个体与其假设捐赠行为呈负相关关系。基于此，Kahane 等人指出产生功利主义的两个心理结构存在显著差异。在人口统计学因素上，年龄和教育水平均与 OUS 总体得分无关，Kahane 等人的实验表明，相比于女性，工具性伤害在男性群体中会获得更多的支持（Kahane et al., 2018）。伴随社会的进步和时代的发展，传统人工驾驶的汽车或许将逐步被人工智能取代，自动驾驶功能正逐步成为汽车市场中的主流，道德决策在 AI 时代的应用受到越来越多研究者的关注，道德伦理的困境也再次受到研究者的审视。Gill 等人（2020）基于自动驾驶情境来探索个体做出道德决策的过程以及影响因素，影响因素包括视角类型、目标特征和伤害特征。该研究中的视角类型主要是指车上的乘客/司机和行人对于道德归因的看法；目标特征主要是指行人数量和行人类型（儿童和成人）对个体进行道德决策的影响；伤害特征主要是指伤害程度以及人们所感受到的伤害的真实程度对个体进行道德决策的影响。Gill 总结出个体道德决策的理论框架并据此开展了系列实验研究（如图 7-3 所示）。研究发现，对于行人来说，无论是自动驾驶汽车还是真人作为代理,都应该保护行人不受伤害并对此负责,但驾驶者/乘客却并不这么认为,驾驶者/乘客更多地认为自动驾驶汽车伤害行人是可以被接受的。同时,需要注意的是,尽管大多数个体在驾驶自动驾驶汽车时选择了避免伤害行人,但与个体驾驶普通汽车相比,驾驶自动驾驶汽车伤害行人的概率约为其四倍。在行人类型不同的情况下,无论是自动驾驶汽车上还是普通汽车上的驾驶者/乘客,都不会选择伤害儿童类型的行人,即个体对保护儿童的道德规范意愿十分强烈。在必有一方遭受重度伤害的前提下,个体选择伤害行人的可能性增加。Gill 等人(2020)还探究了个体对于赔偿的看法。当驾驶自动驾驶汽车时,与其责任归因一致,个体认为汽车制造商应该承担更多的赔偿,同时,伤害的严重程度也会影响个体对赔偿金额的意愿,而个体虽然会对伤害他人的行为产生内疚感和罪恶感,但却不会影响其道德决策。

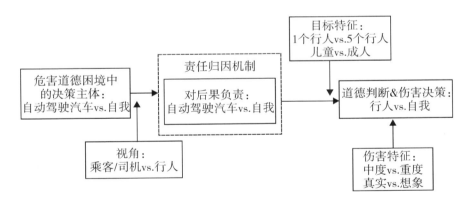

图7-3 道德决策的理论框架

总体而言,自动驾驶汽车使个体的道德责任归因发生了转变,个体更多地将责任归咎于自动驾驶汽车,并趋向做出利己的选择。Gill 等人(2020)的研究表明,个体在驾驶普通汽车时更加亲社会、愿意自我牺牲且具有更高的道德责任感,自动驾驶汽车在一定程度上改变了个体的道德归因机制,个体会认为自动驾驶汽车与人类一样具有代理能力并能够对其的行为负责。但事实上,自动驾驶汽车缺乏人类经验维度的感觉和情绪,不一定能够在紧急情况下做出和人类一致的判断。Gill 等人（2020）认为自动驾驶汽车的推广和应用可能会导致道德规范松弛，因此其也强调了需要对自动驾驶汽车的设计加强监管。

基于 Gill 的实验，Novak 对自动驾驶汽车领域中有待进一步探讨确认的空白之处进行了总结（如图 7-4 所示）。Novak 认为 Gill 等人的实验存在较大的局限性，认为更有意义和价值的研究应该探讨个体在不同场景下的道德判断和决策，这将有助于理解个体的决策过程及体验。基于此，Novak 指出他所认为的自动驾驶中道德决策的未来研究方向，提出了如图 7-4 所示的道德困境的通用框架，直观清晰地展示了目前研究中的不足，并总结出了未来研究的发展方向（Novak，2020）。

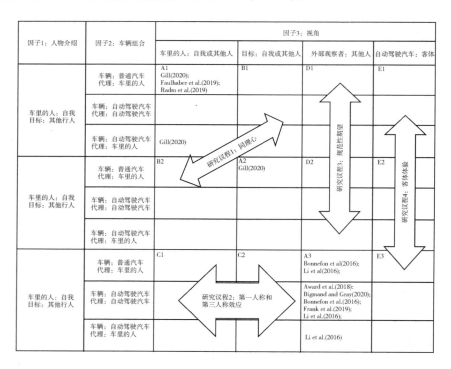

图 7-4　道德困境的通用框架

首先，Novak 希望个体看待道德困境的视角时能从他人出发，从他人的视角关注情境共情，让驾驶员/乘客与行人站在对方的角度进行思考，因为同理心会受到换位思考的影响（Lamm，Batson，and Decety，2007）。Novak 认为，同理心能够通过不同的方式影响个体道德决策的归因机制。其次，已有研究表明实验中所使用的人称代词也会对个体的行为决策产生一定影响（Seih，Chung，and Pennebaker，2011），而 Gill 等人在实验过程普遍使用的是第二人称代词。据此，Novak 认为未来的研究需要探讨第一和第三人称代词对个体在道德困境中做出判断和选择的影响。再次，Novak 认为研究者还可以探究在道德困境中个体认为他人应如何决策，即站在第三方的视角去审视，从而能够映射出个体的道德规范期望。Kenny（2020）引入了元期望的理论道德困境，即个体对他人的道德判断和选择的期望，Novak 认为元期望能够为政策的制定提供一定的指导作用。最后，Novak 认为应深入考虑个体和自动驾驶汽车之间的关系类型。由于个体和自动驾驶汽车在保护他人的行为中可能没有一致的价值观，但为了实现个体和自动驾驶汽车之间的积极合作关系，将二者之间的道德决策结合起来是十分有必要的（Novak，2020）。

Novak 还在实验中扩展了道德决策的通用框架，如车辆装配系数或在实验中对自动驾驶汽车进行不同的描述，明晰自动驾驶汽车的本质是被试在道德困境实验中做出道德决策的前置条件。

需要注意的是，探究个体的风险感知倾向和其领域特异性具有重要应用意义，除了引发人们对自动驾驶汽车的道德规范外，Shaul 和 Ungar（2016）也基于利益相关者视角探讨了道德风险决策的影响条件，发现尤其是在医疗保健决策中，通过各个利益相关主体进行成本分担可以有效减少个体的道德风险行为，证明了探究风险行为领域特异性的实用价值。

三、其他领域

（一）金融风险领域

个体在不同情境下对风险行为的界定存在差异，从而可能做出不同的风险决策，这意味着个体所采取的风险行为并不一定源于其真实的风险态度。Weber 等人（2020）在编制最初版本的 DOSPERT 量表时，将金融风险领域中的风险划分为了投资风险和博彩风险，并表明个体在金融领域的风险行为取决于金融风险是属于不太可控的"博彩"还是比较可控的"投资"类别，即风险决策的领域特异性是源于个体对各个决策选项的风险感知的差异。而 Wang 等人（2016）在重新编制 DOSPERT 量表的过程中，将博彩风险单独列为一个领域，这说明该研究发现在面对投资风险和博彩风险时，风险倾向以及所采取的风险行为并不完全相同。同时，金融风险、自然/身体风险和道德风险承担受共同的遗传因素影响，即更倾向于承担金融风险的个体也会更倾向于承担更大的道德和自然/身体风险。

在金融风险决策的情境下，个体更偏好主动选择，且高感觉寻求的男性比女性更偏好主动选择且更偏好风险。潘煜等人（2016）的实验研究表明，主动选择比被动选择带给被试更强的情感体验，包括更强的控制感、成就感、更多的喜悦感等。

（二）合作与竞争风险领域

合作与竞争风险领域主要是基于进化心理学的群体内竞争风险和群体间竞争风险而总结归纳出来的（Kruger et al., 2007；Wang et al., 2016；Wilke et al., 2014）。群体间竞争的目标是减少或消除来自社会群体之外的、可能存在的致命风险，而群体内竞争的目标是提高个体在社会群体中的地位（Kruger et al., 2007）。

遗传因素和性别都会影响个体在合作与竞争领域中的风险行为。Wang 等人（2016）的实验研究表明，遗传因素对个体在合作与竞争风险领域中的风险倾向有显著影响。Kruger 等人（2007）指出，男性在合作与竞争风险领域中会表现出更多的寻求风险倾向。站在进化心理学的视角，这主要是因为男性需要通过群体间竞争和群体内竞争以获得更多的资源。

(三) 安全风险领域

在 Blais、Weber 和 Butler 的 DOSPERT 量表中，安全和健康通常是并列而言的（Blais and Weber, 2006; Butler et al., 2012; Weber et al., 2002），该风险领域包含安全带的使用、吸烟、酒驾等风险行为。个体的风险感知能够降低风险行为发生的可能性，然而 Weber 等人（2002）的研究表明个体对安全的风险感知得分最低，即个体在安全风险领域感知到风险的可能性较低。同时，在 Paulhus（1984）的社会好感度量表中，印象管理分量表得分与安全风险行为分量表得分显著相关，即个体愿意以积极方式进行自我呈现的倾向与安全行为选择存在正相关（Weber et al., 2002）。进一步地，Wang 等人表示在安全领域，个体的风险决策倾向受环境的强烈影响。同时，Wang 等人（2016）的元分析同样表明，受显性基因的影响，部分个体天生会比其他人更谨慎或更鲁莽。

第三节　新媒体对风险决策的影响

风险决策具备领域特异性的事实已无可争议，而新媒体和技术的不断迭代更新将人们带入了一个崭新的时代。新媒体不仅扩展了风险的领域边界，使其跨越了时间和空间的限制，同时其自身也在不断演变并逐渐成为影响现代风险构建的重要力量，影响着个体的风险感知及风险行为，左右着个体的风险选择和决策（刘丹凌，2010）。目前，关于新媒体对风险决策的影响的研究主要集中在以下三个方面。

一、新媒体中的点击风险

尽管互联网新技术为大众带来了诸多的便利，但互联网也存在使用风险，例如不法分子利用合法的假网站迷惑用户，引诱用户点击恶意网站或下载软件进行网络犯罪行为。Ogbanufe 等人（2018）通过探索新媒体环境中个体点击行为的影响因素（如图 7-5 所示）为解决这一问题提供了一定借鉴。已有研究发现个体的新媒体点击行为是个体偏好的结果（Joachims，Granka，and Pan，2017），个体很少根据过往的经验做出是否点击的判断和选择，更多是基于个体对当前网站或链接的信任。Ogbanufe 等人（2018）通过实验表明，个体的计算机风险感知影响了个体是否采取点击行为，个体对新媒体的风险感知程度越高，其点击意愿越低。个人信息的丢失、信任、熟悉度以及熟悉度和信任之间的关系均会影响个体的点击意图。当个体感觉到个人信息丢失的可能性增加时，其对于恶意软件的风险感知水平也会随之增加。信任感和熟悉度都会让个体倾向于点击，即信任感会降低个体的风险感知程度，而熟悉度会影响个体的信任，使得个体对他们熟悉的软件具有更高的信任感。信息安全自我效能（self-efficacy of information security，SEIS）指的是个体保护私有信息的能力（Rhee，Kim，and Ryu，2009），当个体的信息安全自我效能越高，即个体认为自己足够有能力保护其私有信息时，其点击意向也将随之提高。Ogbanufe 还进一步探讨了性别和年龄是否会对个体的点击意向产生影响，实验表明，无论是性别还是年龄，其与个体点击意向的关联均不显著。值得注意的是，个体对其信息丢失的敏感度更高。相较于信任感、熟悉度和信息安全自我效能等因素，个人信息的丢失显著地增加了个体对计算机的风险感知程度（Ogbanufe and Kim，2018）。

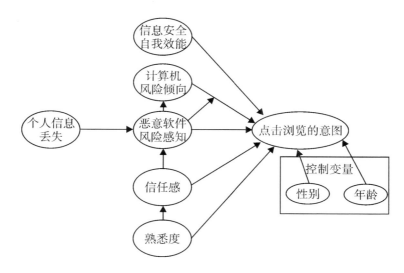

图 7-5 新媒体环境中个体点击行为的影响因素的模型

二、新媒体中的隐私风险决策

个体在享受新技术红利的同时也在担忧自己的隐私是否受到侵犯,而个体的自我披露行为有可能会直接引发隐私风险(privacy risks)(Mousavia et al.,2020)。隐私风险在广义上被研究者定义为由于信息不对称,个体不会直接披露自己所有的隐私信息,而是和风险感知结合起来对个人信息进行选择性地披露,以达到个人利益的最大化(Dinev and Hart, 2006)。Taya 等人将个体对移动应用的隐私风险感知界定为,当个体对移动应用进行隐私评估时,会受到隐私问题的生成流畅性(generation fluency)和框架效应(framing effects)影响,即当个体越难想到由泄露隐私所带来的问题时,其隐私风险的敏感性会越低,也就越有可能安装隐私安全评级更低的移动应用。Taya 等人针对目前个体隐私决策中存在的问题提出了一系列解决措施,包括为个体提供简单的隐私评级和提高隐私沟通机制的有效性等(Taya,Tehb,and Paynec,2020)。

Mousavia 等人则基于保护动机理论(protection motivation theory,

PMT）对个体在新媒体中的风险行为（如个人信息的披露）从新视角进行了阐述（Mousavia et al., 2020）。保护动机理论是 Rogers 提出的用于描述个体受到威胁时的态度和行为决策的理论，其包括三个要素：①该事件的威胁程度；②该事件的发生概率；③保护性反应的功效（Rogers, 1975）。保护动机理论表明，个体在面对威胁时会对威胁和应对方法进行评估，然后会做出判断和选择，有保护动机的个体面对威胁时更有可能采取保护措施。

在新媒体背景下，个体的保护动机会阻止用户的信息披露行为。Mousavia 等人研究发现，个体在使用社交媒体时的保护动机会促使个体进行更为私人化的社交媒体隐私设置，这种行为主要是用于保障其隐私信息无法轻易被移动应用或第三方应用获取和利用。然而，个体增加隐私设置的行为促使个体采取了更多的自我披露行为，即当个体感到安全时，其风险感知程度便会降低，因而个体会在社交媒体上发布更多的信息，这被称为风险补偿现象（risk compensation）。Mousavia 等人的实验表明，个体对新媒体中的威胁及其应对方法的评估与保护动机呈正相关关系，个体对威胁的评估影响其隐私风险感知，从而最终影响个体所采取的应对措施（Mousavia et al., 2020）。

Ostendorf 等人指出，个体会因为忽略披露隐私所带来的长期后果（非及时性）而进行更多的隐私披露行为，并通过双重过程理论（dual-process theories）探讨了个体在社交媒体上个人信息披露行为的诱发机制（Ostendorf, Muller, and Brand, 2020）。双重过程理论认为个体的决策是由直觉过程（implusive process）和反思过程（reflective process）共同决定的。Ostendorf 等人发现，披露个人信息所带来的即时满足感等好处促使个体的决策更多地受到直觉过程的影响，因此个体会披露更多的个人信息。同时，由于个体无法即时感受到披露个人信息所带来的长期隐患，当个体决策的不确定性增加时，反思过程便无法发挥更大的作用，这导致个体更容易忽略高度披露个人信息所带来的长期影响（Ostendorf et al., 2020）。

Meier 等人进一步从隐私政策的具体呈现方式上探讨个体在看到不同长度的隐私政策后的隐私感知和隐私披露行为,为优化隐私政策的呈现方式提供了支持。Meier 等人对影响个人隐私披露行为的影响因素进行总结,提出如图 7-6 所示的假设框架,其中包括隐私政策长度、个人的隐私政策知识、隐私披露所带来的成本和收益等诸多因素。Meier 等人要求被试阅读长短不同且隐私侵犯程度也不同的隐私政策,实验结果显示:长度不同的隐私政策在内容上并没有本质区别,其主要区别在于内容的细节程度;政策长度和个体所获得的隐私政策知识之间没有必然联系;相反,由于较短的隐私政策使得个体阅读隐私政策的每个字所花的时间相应增加,因此个体能够更好地理解隐私政策,从而能够对隐私风险发生的可能性进行更为准确的评估,进一步影响其信息披露行为;但个体所感知到的隐私风险与隐私政策中所披露的信息量没有明显的相关关系。Meier 等人借助隐私过程模型(privacy process model)和隐私演算(privacy calculus)形成了一个整合模型,用于理解个体生成隐私感知后对付出和回报进行推演并进行信息披露的决策过程,且个体所披露的信息量与用户所感知到的预期收益呈现正相关关系(Meier, Schäwel, and Krämer, 2020)。

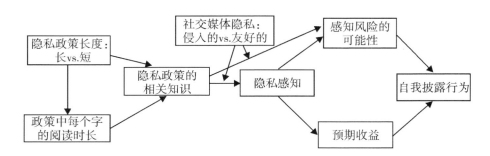

图 7-6 影响个人隐私披露行为的假设框架

综上,短文本的隐私政策更能够让个体意识到自身信息披露行为所带来的隐私风险。同时,增强个体对隐私披露知识的了解能够让个体更清楚地感知到披露隐私信息所带来的风险,从而进一步针对新媒体使用者的特性制定合适的法律政策以保护个体的隐私不被非法人员盗用。

三、过度使用新媒体对个体风险感知的影响

Turel 等人主要研究过度使用新媒体和认知态度之间的关系，关注内隐态度，并借助 Facebook 这一典型社交媒体平台对个体进行 Facebook 内隐联想测试（the Facebook Implicit Associations Test，FIAT），以测量个体的内隐态度。Turel 等人将内隐态度定义为个体的潜意识评价，并通过实验证明，过度使用社交媒体与博彩、滥用药物之间具有相似性，三者都会让个体对社交媒体产生依赖性和成瘾性，导致个体对社交媒体的不适应和过度使用，而社交媒体成瘾便是内隐态度在起主导作用（Turel and Serenko，2020）。同时，个体的内隐态度与社会期望偏差无关。相反，过度使用社交媒体会减少因社会期望偏差而产生的偏见（Turel and Serenko，2020）。

Bechara 等人（2004）则发现有物质使用障碍和行为成瘾的个体很难做出基于价值最大化的决策，进一步地，Meshi 等人通过卑尔根 Facebook 成瘾量表（BFAS）测量了个体对社交媒体的不适应及过度使用的程度，并让个体完成爱荷华博弈任务（Iowa Gambling Task，IGT）以评估 BFAS 和 IGT 之间的关系。实验表明，不适应或过度使用 Facebook（社交媒体的一种）可能会导致个体在 IGT 中更加偏好风险，做出可能会带来更大风险的行为决策（Meshi et al.，2019）。然而 Meshi 本人在 2020 年的另一个实验中却推翻了这个结论。

在介绍 Meshi 的下一个实验之前，需要对实验心理学中较为经典的气球模拟风险任务（Balloon Analogue Risk Task，BART）进行简单的介绍。顾名思义，该任务是 Lejuez 等人首次发明并利用气球让用户进行自我报告，该实验从侧面反映个体对风险的感知及风险倾向，可视化图形及界面如图 7-7 所示。在该实验中，多个气球会以一次一个的方式呈现给被试，被试可以点击"充气（pump）"按钮为屏幕上的气球充气，或点击"收

集(collect)"按钮停止打气收集金钱。被试可自由决定点击的次数,在视觉上则显示为气球充了多少气,气球越大意味着收集到的金额越多,但其爆炸的可能性也随之增加。被试可以在任何时候停止打气并点击回车键以进入下一个气球,同时累积的金额将被算入总金额中。气球的爆炸时刻是随机的,但气球如果在被试点击回车键进入下一个气球前爆炸,则最后一笔钱消失,同时进入下一个气球,最终被试可以拿到总金额中所显示的金额(Lejuez et al.,2002)。

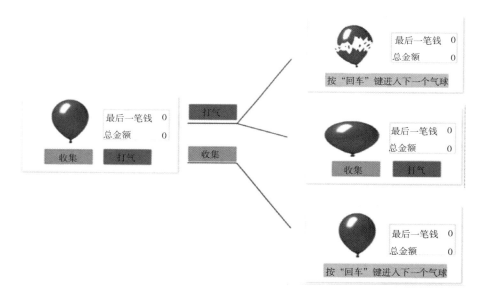

图7-7 气球模拟风险任务(BART)

基于 Verdejo-Garcia 对 BART 的评价(Verdejo-Garcia et al.,2018)、BART 和 IGT 评估的不同方面和确切性质、IGT 更为复杂等事实,Meshi 认为气球模拟风险任务能够使实验得出来的结果更加简洁可靠。同时还需要注意的是,Meshi 表明只有当被试从高风险状态转至低风险状态时,其风险厌恶情绪才会相应增加,这种转变结果不会发生在以 IGT 为评估的方式中,也不会发生在传统的 BART 范式中。Meshi 在实验中让个体进行修改后的 BART 测试进而探究个体的风险行为,发现当个体的社交媒体使用出现问题时,个体呈现出厌恶情绪并做出规避风险的决策选择,但前提是个体经历过决策所带来的消极后果并从高风险转到低风险的情境中(Meshi et al.,2020),即个体会因过往的经验而做出规避风险的决策选择。

第四节 发展方向

随着风险决策的领域特异性得到了业界研究者们的广泛关注,研究者也尝试划分和解读风险领域,并依据不同视角和理论提出了不同的心理测量量表。本节通过对不同心理测量量表中所包含的领域进行进一步研读,解析个体在不同风险领域的具体选择以及影响个体行为选择的因素。同时,由于目前新的技术得到推广和普及,新媒体拓宽了风险领域的边界和范围,但同时也带来了新的问题。研究者们尝试对其进行探究并提出可供借鉴的解决方案,为优化新媒体的使用提供建设性的意见和参照,其具体的技术路线如图7-8所示。

目前,本领域的研究还存在许多不足之处。首先,量表众多,缺乏统一性和普适性。就 DOSPERT 量表而言,Weber、Wang、Kruger 等研究者都有其划分风险领域的方式,不具有统一性,因此在后续的研究中可能存在一定的差异和偏倚,进而导致学术上的争论。因此未来的研究可以尝试将量表进行更规范化的整合,避免特异性情境因素对风险领域的干扰(岳灵紫、李纾、梁竹苑,2018),从而尽量降低或消除现有理论的差异。其次,跨地区的信效度有限。尽管研究者在编制新的 DOSPERT 量表时率先对其信度和效度进行过检验,但在向其他地区推广时,由于环境背景及文化差异等多因素影响,量表难以进行大范围推广。因此,未来研究可以尝试编制具备普适性的量表,同时能够依据其文化或背景的不同进行量表区分。再次,本领域缺乏对风险子领域的检验。尽管现有的 DOSPERT 量表覆盖了诸多风险领域,但这些领域的划分仍存在重叠现象,也有部分研

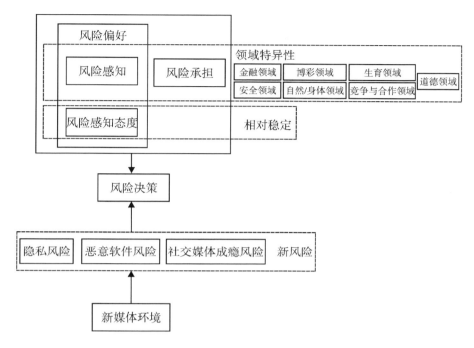

图 7-8 新媒体与风险决策技术路线

究显示风险领域内的子领域的风险倾向也并不完全相同（黄贵 等，2013）。因此，未来研究可以尝试进一步完善风险领域内的子领域，以推进风险领域特异性理论的完善。

第八章　新媒体与消费决策

当前，线上消费逐渐成为互联网时代中的主流消费方式。为了探寻人们如何做出购买决策，研究者尝试概括消费者的各种购买行为及购买阶段并将其简化为决策模型，以制订个体消费决策的行为机制，并对消费者的决策行为进行解读，进而为优化营销提供理论指导。当前的研究不仅关注将线上消费方式更新至传统的消费决策模型之中，同时尝试从新媒体的角度探讨如广告、品牌推广视频、线上评论等各类因素如何影响个体的消费决策。

第一节　消费决策简介

除了传统的线下购物模式外，线上购物也逐渐成为目前消费者购物的主流方式，线上购物是指消费者通过互联网进行商品购买并体验商家所提供的售前、售后服务（李双双，2006）。由于传统决策模式主要针对的是线下消费，缺乏对线上购物决策的考虑，因此不同的研究者也在尝试将线上购物决策融入消费者的决策模型中，进而对现今的决策模型进行更新迭代（陈毅文、马继伟，2013；李双双，2006）。而随着互联网影响范围的扩大，社交媒体对各行各业都产生了不同程度的影响（Ristova，2019），原先对消费者产生影响的因素经由社交媒体的加工产生了新的变化。

学者通过探索消费者的购买决策行为及对应的心理机制，进一步提出诸多决策模型，以便对消费者的购买决策有更为清楚的认知和了解（陈佳 等，2011），其中发展较为成熟的决策模型包括 Nicosia 模型、Howard-Sheth 模型和 EBM 模型等（李双双，2006）。同时，部分学者依据原有的经典模型，进一步发展并完善目前的消费决策模型，如双阶段模型、在线购物消费系统模型。

一、传统消费者决策模型

(一) Nicosia 模型

Nicosia 模型（如图 8-1 所示）由 Francesco 和 Nicosia（1978）提出，认为消费者行为是由消费者特性和厂商特性所决定的，并将消费者的决策过程划分为四个阶段，包括信息内化思考后形成态度、信息搜集、方案评估和信息反馈。在这一决策过程中，消费者将搜集到的信息用于评估和购买，并且这一过程受多方面因素的影响。信息反馈，即消费者使用产品的感受会影响其再次购买行为，而消费者反馈的信息同样会影响厂商的营销策略。双向的信息交流贯穿消费者决策全过程，商家主动传递的信息会影响消费者的决策，从而改变消费者的消费行为。

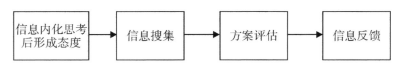

图 8-1 Nicosia 模型

(二) Howard-Sheth 模型

Howard-Sheth 模型（如图 8-2 所示）于 1963 年由 Howard 提出，与 Sheth（1969）合作后修订并最终形成。该模型认为消费者的决策过程受四大因素的影响，包括外在因素、内在因素、投入因素、产出因素。Howard-Sheth 模型是一个认知模型，其将满意度引入消费者行为中，认为消费者满意度高低的关键在于消费者是否认为其付出和回报是匹配的，这种认知状态决定了消费者是否会重复购买，而消费者的重复购买行为则是

Howard-Sheth 模型解释的核心内容。

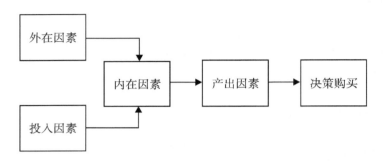

图 8-2　Howard-Sheth 模型

(三) EKB 模型

EKB 模型（Engel-Kollat-Blackwell）又称恩格尔模型（如图 8-3 所示），由 Engel、Kollat 和 Blackwell（1968）提出，后 Engel、Blackwell 和 Miniard（1984）三人共同将 EKB 模型修订为 EBM 模型（Engel-Blackwell-Miniard）。EBM 模型在不同的情境中均具有解释性，其将消费者的决策行为视作解决问题的过程，消费者的决策过程经由 EBM 模型解释后被区分为五个阶段，包括需要认知、信息搜寻、选择性估价（可行方案评估）、购买、购买后评价（李双双，2006）。

图 8-3　EBM 决策模型

（资料来源：李双双，2006）

二、线上消费者决策模型

（一）双阶段模型

电子商务的爆炸性增长使得使用互联网进行信息搜索和在线购物的个体数量不断增加，商家会依据其掌握的消费者个人信息不断优化在线决策环境，即优化个体进行消费决策的辅助工具。Häubl 和 Trifts（2000）认为互联网的出现彻底改变了个体搜索信息和决策购买的方式，其能够帮助个体减轻认知负担，由于个体在海量的互联网信息中无法将所有的可行方案一一进行评估，因此其倾向于在第一阶段筛选一定量的产品，在第二阶段对这部分产品进行深入评估并进行比较，最后做出购买决策。互联网商家在第一阶段为用户提供了推荐代理（recommendation agent，RA）工具，在第二阶段为用户提供了比较矩阵（comparison matrix，CM）工具。推荐代理工具和比较矩阵工具的使用均会减少备选产品的数量并提高备选产品的质量，同时，比较矩阵工具可以优化决策质量的指标，但不能直接提高个体的消费决策质量。基于此，Häubl 和 Trifts 绘制了双阶段模型（如图8-4所示）。

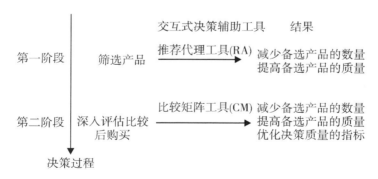

图8-4 双阶段模型

（资料来源：Häubl and Trifts，2000）

(二) 在线购物消费系统模型

与双阶段模型不同，在线购物消费系统模型（如图 8-5 所示）考虑了消费者线下获得产品后感知产品质量的因素。Bauer 等人同样重视消费者的离线因素，并将消费者线上购物的过程分为四个独立的阶段，分别是：信息搜索；消费者和商家之间达成一致；协议的履行；消费者和商家之间关系的建立和维护（Bauer，Falk，and Hammerschmidt，2006）。Sun 等人则进一步将产品质量、电子服务质量与个体的满意度和决策倾向结合起来，考虑了个体所感知的线上产品质量和电子服务质量对于线下购买决策的影响，并指出线上感知产品质量和电子服务质量不会直接影响个体决策意向，但会通过影响消费者的满意度来对个体的决策意向产生间接影响，线上感知产品质量还会通过影响线下感知产品质量来对个体的决策倾向产生间接影响，即只有线下感知产品质量及满意度才会对消费者的决策意向产生直接影响。在电子服务质量中，售后服务质量对满意度及回购意向的影响比其他三种质量更大（Sun，Ni，and Wang，2016）。

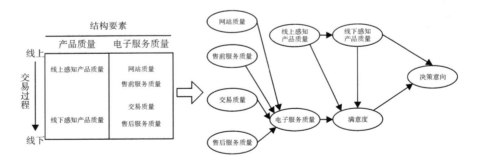

图 8-5 在线消费购物模型

第二节 新媒体对消费者购买决策的影响

需要注意的是,大多数消费决策模型是基于效用理论（utility theory）衍生发展而来的,是建立在人是"理性人"的基础之上的,然而在现实生活中,消费者的最终购买决策受到多方面因素的影响（李双双,2006）。技术的进步发展使得当下的群体倾向通过网络进行购物。在消费者的决策过程中,社交媒体不仅成了决策的关键因素,同时使得消费者更加肯定自己所做出的购买决策（Ristova,2019）。而陈毅文等人（2013）指出线上购物决策与传统购物行为之间存在本质区别,并将影响线上消费者决策的因素划分为风险感知、产品特征、消费者特征以及交易界面特征。

一、风险感知

风险感知是 Raymond Bauer（1960）引入的概念,其将个体的消费行为界定为冒险行为,在消费领域,风险感知强调消费者的主观感知,即无论该风险实际是否存在,只要消费者主观感知到风险,就会影响其购买决策（Mitchell and Boustani,1993）。Taylor（1974）则进一步将消费者风险承担中的组成部分及其相互关系作了进一步的阐释（如图 8-6 所示）。

Taylor 认为,选择是消费者行为的中心,消费者因需做出购买决策而被迫应对风险,而风险可能会使消费者产生焦虑,消费者必须从降低决策结果和后果的不确定性的目的出发,制定降低风险的策略以做出购买决策（Taylor,1974）,即消费者所感知到的风险实际上是由决策结果和后果的不确定性构成的。

不同的研究学者对风险感知维度的划分也不尽相同。叶乃沂（2014）等人将消费者的线上购物风险感知定义为消费者在线上购物过程中对于自

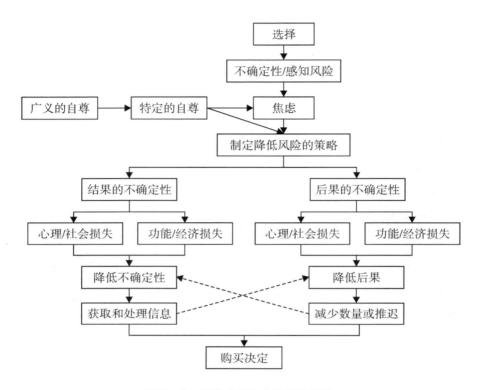

图 8-6 消费者行为中的风险承担

己行为可能带来的不利后果的感觉和判断,并进一步通过量表验证了构成风险感知的五个维度,分别是个人信息丢失风险、商店不可靠的风险、产品质量风险、产品配送风险和金钱损失风险;崔剑峰(2019)则将消费者的风险感知划分为产品风险、感知社会心理风险、感知财务风险、感知系统风险和感知服务风险,并表明产品的风险感知和消费者的冲动消费行为呈现负相关关系,也即消费者对该产品的风险感知越高,消费者的冲动消费行为越少。

千禧年以来,技术的迭代更新使得个体开始尝试使用互联网进行线上购物,相较于线下购物,线上购物有其固有的便利性,然而使用该方式购物的消费者的风险感知也更高。Tan(1999)认为相较于线下购物,个体对线上购物的风险感知更高。同时,Tan 通过一系列实验研究发现,名人或专家的代言、产品的声誉和产品品牌都可以帮助个体消费者降低对线上购物的风险感知，进而促成消费者通过线上进行消费购买（Tan，1999）。除此之外，Benbasat 等人将消费者的线上购买过程划分为购买前和购买后两个阶段，进而探索线上购物的信息不对称现象对消费者风险感知的影响。研究发现，尽管当前的线上购物网站会请求消费者的授权，但消费者无法明确购物网站获取这些信息后会采取何种行动，因此会增加消费者隐私的不确定性，进而导致消费者的购买意愿降低。同时，在购买的不同阶段，卖家、产品和隐私的不确定性均对消费者产生不同程度的影响。在购买前，卖家和产品的不确定性对消费者的影响更大，而购买后，隐私的不确定性对消费者的影响更大。研究者认为这是由购买后消费者认为其信息披露程度更高、身份更易被识别导致的（Benbasat et al.，2020）。

二、产品特征

产品特征包括诸多因素，如产品类型、品牌、稀缺性以及拟人化等。

（一）产品类型

Moon 等人（2008）将产品区分为搜索类商品（search products）和体验类商品（experience products），并表明相较于体验类产品，线上消费群体更倾向于购买搜索类商品（Moon，Chadee，and Tikoo，2008）。

（二）品牌

不同的个体对社交媒体有不同的使用动机，伴随着媒体和内容类型的多样化，研究者对个体不同的使用动机进行划分，目前较为通用的是 McQuail（1983）所提出的将个体的使用动机划分为娱乐、自我认同和信息寻求。社交媒体为企业和消费者之间的双向沟通交流搭建了平台，而企业借助社交媒体进行营销的目的在于和当前或潜在的消费者建立更为亲密有效的关系，以增强消费者的品牌体验（Phua and Ahn，2016），这有利于培养消费者对企业品牌的正向态度（Hutter et al.，2013）。Qin通过实验进一步发现个体使用社交媒体Facebook的最大动机是便利，其次是娱乐、信息寻求和自我认同。Qin将消费者与品牌社交媒体的互动进一步细分为内容贡献（content contribution）和内容消费（content consumption）。内容贡献即发表评论或分享与商家品牌相关的帖子（Muntinga，Moorman，and Smit，2011）；内容消费即浏览或关注品牌的社交媒体账户。Qin通过实验发现信息寻求动机更高的个体与品牌社交媒体的互动呈现正相关趋势，即个体更倾向于对品牌的社交媒体进行内容消费并作出内容贡献。此外，自我认同的动机也和内容消费呈现正相关趋势。对内容消费呈现更积极态度的个体更有可能形成对品牌社交媒体主页的良好态度，进而对品牌的态度也更为正向，消费者的购买意愿也随之增强。然而内容贡献行为却没有这种效果。Qin指出，造成这一结果的原因可能是尽管消费者对某一品牌不感兴趣，但在当前的社交媒体环境之中仍有可能以被动的形式接受各类关于此品牌的相关内容（Qin，2020）。

Dabbous等人通过实验进一步验证了享乐动机促进消费者的社交媒体使用的观点，同时探讨了社交媒体、品牌以及消费者线下购买意愿之间的关系（如图8-7所示）。品牌社交媒体所发布的内容质量以及通过社交媒体与品牌互动能够提高消费者对品牌的认知度，而品牌认知度和消费者的参与能够提高消费者的线下购买意愿，消费者的享乐动机起着连接品牌社交媒体内容质量、品牌互动性和消费者参与的作用，消费者参与则连接了享乐动机和消费者的购买意愿（Dabbous and Barakat，2020），即只有提高消费者的参与度及品牌认知度才能够直接提高消费者的购买意愿。

然而，品牌在社交媒体中发布的内容不一定会给品牌带来积极正向的营销效果。Wang等人发现，当品牌通过社交媒体发布大量非定制信息时虽然会增加该品牌的短期销售额，但却使得大量的消费者取消关注该品牌的社交账号，导致其长期销售额大幅下降。值得注意的是，当品牌在人口密度更大的平台或在通勤时间发布该类消息时，这种效应将更加显著（Wang，Greenwood，and Pavlou，2020）。这也表明虽然社交媒体平台能

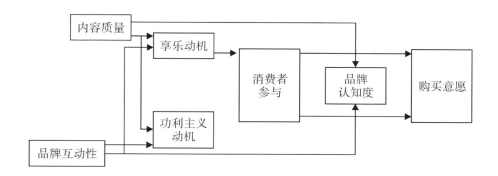

图8-7　品牌社交媒体内容质量对品牌知名度和购买意愿的影响

够传递品牌的形象，但其发布的频率和时间也需要合理恰当的安排。

（三）稀缺性

消费者对品牌的态度与自我形象、品牌形象呈正相关关系。Chae 等人发现，限量版鞋子（limited edition shoes，LES）具有独特性、投资性和自我表现性等特性，其对感知价值的类型（包括社会、经济和情感）均有显著影响，然而在这之中，自我表现性的产品特性不会影响感知价值中的社会价值，即 LES 具有更高的自我效能感。同时消费者对 LES 的感知价值与品牌信任和购买意愿呈正相关关系，即消费者对 LES 的感知价值越高，其对品牌的信任度以及购买意愿也随之上升（Chae et al.，2020）。由于稀缺性会增加消费者对产品购买的焦虑进而从心理层面增加产品的相对价值（Lynn，1991），因此也会影响消费者的购买意图。然而，在持续的产品销售中不断增加稀缺信息会导致消费者对稀缺的预期转变，并进一步产生适得其反的效果，导致消费者对产品产生负面评价（作用过程如图8-8所示）。Chae 等人还通过区分稀缺信息的类型将限量版产品区分为一次性限量版（one-time limited edition，OLE）和重复限量版（repeated limited edition，RLE），同时由于 RLE 更易被识别，因此消费者对 RLE 表现出更强烈的购买意愿（Chae et al.，2020）。

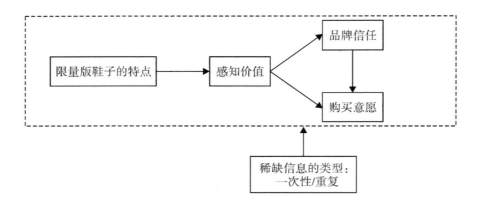

图 8-8　Chae 等人研究的稀缺性概念模型

(四) 拟人化

产品拟人化使个体在消费、购物时会对商品采取不同的比较策略。Aggarwal 和 Mcgill 发现，消费者能否将产品拟人化处理取决于产品图示是否与个体的身体特征相一致，当消费者购买产品时，产品的拟人化会吸引个体的注意力 (Aggarwal and Mcgill, 2007)。进一步地，Huang 等人通过查看消费者在购买决策时的鼠标移动轨迹及眼动数据并进行一系列实验后发现，产品拟人化促使消费者更多地采用绝对判断策略，即消费者倾向于通过总体评价实施购买决策，而不是在不同的评价维度中逐一进行比较。然而，产品拟人化并不是通过消费者的参与感或情感状态来发挥作用的，更多的是借助购买动机发挥调节作用 (Huang, Wong, and Wan, 2019)。这表明商家在决定商品是否要采取拟人化策略时，需要同时考虑该产品是否具有评价上的总体优势。

三、消费者特征

目前，关于影响决策的消费者特征的研究主要集中在人口统计学变量、线上购物经验、线上购买动机、人格特质等方面（陈毅文、马继伟，2013）。

（一）人口统计学变量

Bellman 等人发现，人口统计学变量如收入、教育程度和年龄对消费者的线上购物倾向可能产生一定影响，消费者的收入和教育程度越高、年龄越小，其线上购物倾向越强，但这部分人口统计学变量对消费者的购买倾向的影响程度较小。值得一提的是，线上购物的隐私问题并不会影响消费者选择在线购物的频率，因为其更大的影响因素是消费者搜集信息的偏好以及可自由支配的时间，即当个体越倾向于通过线上方式搜集产品信息且可自由支配的时间越多时，其线上购物的倾向也会随之增强（Bellman，Lohse，and Johnson，1999）。

除此之外，性别不同的消费者的购买行为也可能存在差异。近些年来，随着新兴设备如眼动仪的出现，研究者能够对消费者的眼动数据进行追踪，Wang Qiuzhen 等人基于消费者的性别差异探究了广告模特的眼睛注视方向对消费者处理信息行为的影响（Wang Qiuzhen et al.，2020）。模特的眼睛注视方向一般分为直接注视和回避注视，当模特回避注视时，一般是在注视广告中的产品（Adil，Lacoste-Badie，and Droulers，2018）。Wang Qiuzhen 等人（2020）使用眼动仪监测消费者的眼动数据，通过让性别不同的个体查看直接注视和回避注视的广告发现，模特的直接注视使得消费者在产品上的注意力更集中、更加关注产品信息，且直接注视的模特对男性注意力和信息处理行为影响更大，但女性消费者对品牌名称的关注度更高，从而导致更深层的加工，而性别没有影响个体对广告中产品描述的关注。此外，性别的差异还有可能体现在由天气不同而导致的享乐消费行为上。Govind 等人通过一系列的实验研究发现，好的天气能够积极发挥情感的调节作用进而促成消费者的享乐消费，同时这种作用机制对女性的影响更大（Govind，Garg，and Nitika，2020）。这些对性别差异的研究能够帮助商家针对不同性别产品调整模特图的眼睛注视方向或根据天气设计营销推广。

(二) 线上购物经验

是否拥有线上购物经验对消费者的行为决策影响较大。袁可等人发现，丰富的购物经验能够提高消费者在线上购物时获取信息的能力，并提高消费者对线上购物的接受度、信任度和满意度（袁可、管益杰，2013）。在此之前，Miyazaki 和 Fernandez 二人也将消费者的购物经验和消费者的风险感知结合起来进行检验，并通过纸笔调查以及收集消费者使用邮件的次数和天数的数据发现，拥有线上购物经验或互联网使用频率较高的消费者对线上购物的风险感知较低，因此更愿意进行线上购物（Miyazaki and Fernandez, 2001）。

(三) 购买动机

研究者普遍将消费者的消费动机分为享乐动机（hedonic motivations）和功利动机（utilitarian motivations），且不同动机的最终目标有所区别，享乐动机的目标是体验，而功利动机的目标是实用（Dhar and Wertenbroch, 2000）。Whitley 等人通过一系列实验探究了不同消费动机下消费者的购买决策行为，实验证明享乐动机的消费者会选择组合规模更大的产品，并认为他们的偏好更加独特、对找到满足需求产品的预期难度（anticipated difficulty）更高，而感知偏好独特性（perceived preference uniqueness）和预期难度呈正相关关系，享乐主义动机改变了消费者的感知偏好独特性，影响了消费者的预期难度，最终促成了消费者对购买物的组合规模的选择（Whitley, Trudel, and Kurt, 2018）。可见，消费者的购物决策会受到消费者购买动机的影响，不同的购买动机会对消费者的偏好产生影响进而影响消费者搜索产品的过程，并最终决定购买行为。

(四) 人格特质

线上和线下的消费者拥有不同的人格特质，不同的人格特质（如自尊、地位）又会影响消费者的购买意愿和对广告的偏好。Bosnjak 等人（2007）通过对互联网使用者的线上量表调查发现，大五人格模型中的神经质、开放性和宜人性均会影响消费者的线上购物意愿；Donthu 等人（1999）通过研究互联网用户的统计数据发现，线上购物者的人格特质是寻求便利和多样化、富有创新性，但更冲动，且风险厌恶程度更低，关注品牌和价格的程度也比线下购物者低。人格特质中的自尊会影响消费者对低质量和高质量商品的消费。Stuppy 等人（2019）基于控制自尊为自变量、消费者的购买意愿和决策为因变量进行了一系列的实验，发现低自尊的消费者倾向于购买低质量产品，自我验证在这之中起到了中介作用，即低质量的商品通过验证悲观观点来吸引低自尊消费者；同时，低自尊消费者会更加青睐发出低质量信号的商品。除此之外，Stuppy 等人（2019）发现，高自尊的消费者更易进行补偿性消费，即高自尊的消费者的消费模式更倾向于提升自我，而低自尊的消费者则倾向于验证自我。因此，商家可以通过适当地调整引导语来吸引消费者消费。

同时，消费者的人格特质也会影响其对不同广告类型的接受度。断言广告（assertive advertisements），即使用自信的语言表达对自身的商品进行推广，断言广告与消费者购买决策的关系受到消费者人格特质的影响（Bazerman，Tenbrunsel，and Wade-Benzoni，1998）。Wang 等人的实验研究发现，高地位（high-power）的消费者更易将"想要"与断言联系起来，而低地位（low-power）的消费者则更易将"应该"与断言联系起来，因此使用自信的语言描绘"想要"类型的产品对高地位的消费者来说更有效，更易提高其购买意愿；而低地位的消费者则恰恰与之相反，也即商家需针对不同人格特质的消费者提供更加个性化的广告以提高其购买意愿（Wang and Zhang，2020）。

四、线上交易界面特征

在互联网普及之前，电视是个体进行线上消费的媒介之一，电视构成了个体在线上进行交易的平台。为了阐释不同个体通过电视进行线上消费的行为，陈佳等人（2011）收集不同个体的人口统计学数据并将个体的风险感知划分为四个维度，其中包括产品风险、交易风险、售后风险、认同风险，并通过利克特量表（Likert Scale）对个体通过电视进行线上消费的风险感知程度进行测量。陈佳等人（2011）的实验发现，是否有通过电视进行线上购物的经历及个体的收入会对其电视购买行为产生一定的影响，有电视购买经历且收入水平较低的个体对电视购物的接纳程度更高、风险感知水平更低，更有可能通过电视确定购买决策。总体观之，虽然国内的消费者认可这种商业模式，但通过电视进行购物的模式并未真正发展起来，且由于过多关于电视购物的负面报道使得电视购买陷于舆论怪圈中，这使得消费者对电视购物的总体风险感知水平较高，通过电视达成购买的意愿较低。

电视和互联网类似，均属于线上购物。消费者进行线上消费时，缺少线下的触摸体验，Duartea 等人（2020）在探究了不同文化背景下触摸需求在个体线上购物时（need-for-touch，NFT）对其购买决策的影响。触摸需求被定义为对通过触觉系统所获得信息的偏好（Peck and Childers，2003）。由于消费者在进行线上购物时对产品的属性能够进行更清晰直观的在线评估，因此消费者的触摸需求较低（Neslin et al.，2006）。进一步地，Duartea 等人对葡萄牙和中国的被试在线量表的调查发现，消费者的触摸需求和品牌体验呈正相关关系，也即消费者对产品的触摸需求越高，其对产品品牌的体验越好，但 Duartea 等人也发现消费者的线下触摸需求并不会对其线上消费倾向产生影响，只有当消费者更倾向于通过线上获取相关信息时，其购买倾向才会偏向于线上购买。受不同国家文化背景的影响，相较于葡萄牙的消费者，中国的消费者呈现出更高的触摸需求，中国男性的触摸需求低于女性，而葡萄牙则相反（Duartea and Silvab，2020）。因此，跨国公司在对其产品进行市场营销及运营时，可能需要对不同国家的文化背景进行更多的考量，优化市场策略。

事实上，消费者进行线上、线下购买时的感知和行为可能有很大的不同。有研究发现消费者会倾向于认为线上购物更侧重于"无形的服务",而线下购物更侧重于"有形的产品",相较于线上购物者,线下购物者更重视商品的质量、售后及购买过程的愉悦程度等因素(Rajamma,Paswan,and Ganesh,2007)。线上、线下购物的不同要素会对消费者的满意度和忠诚度产生不同的影响,Hult等人(2019)则基于美国顾客满意度指数模型(American Customer Satisfaction Index,ACSI)(如图 8-9 所示)衡量消费者的满意度并评估产品总体质量、消费者期望、感知价值与消费者满意度、忠诚度之间的关系。购物过程中产品和服务的总体质量、消费者感知到的产品价值、消费者对产品的期望均与消费者满意度呈正相关关系,而消费者满意度的提高也会相应提高消费者对该产品品牌的忠诚度。一方面,尽管消费者认为线上购物更加便捷有效,但其在线下进行购物时,积极的商店氛围会提高消费者购买体验的总体质量,且其感知到的购物风险更低(Zhuang,Leszczyc,and Lin,2018)。若想要抵消线上购物的便利性,则需要提高线下购物的总体质量(Berry,Seiders,and Grewal,2002)。相较于线上购物,线下购物的商品整体质量、消费者期

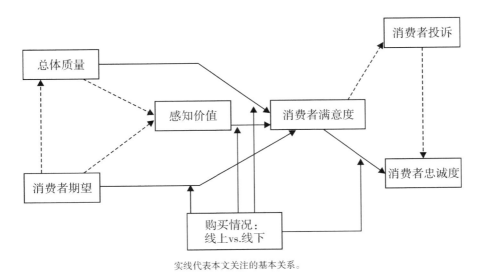

实线代表本文关注的基本关系。

图 8-9 美国顾客满意度指数模型

望对消费者满意度的影响更大（Hult et al., 2019）。另一方面，线上购物能够降低消费者搜索信息的成本并最大化消费者购买体验的感知价值（Campo and Breugelmans, 2015），同时，线上购物能够通过保存消费者的搜索和购买历史为消费者提供个性化服务（Degeratu, Rangaswamy, and Wu, 2000），相较于线下购物，线上购物的感知价值对消费者满意度的影响更大，且消费者满意度对消费者忠诚度的影响也更大（Hult et al., 2019）。

除搜索信息的便利性外，线上购物的另一大优势是个性化推荐，即基于算法为消费者定制推荐商品。然而研究者发现，不同的算法推荐系统（recommendation system，RS）带来的推荐结果却不尽相同。有研究发现，算法推荐系统中的协同过滤推荐系统（collaborative filtering，CF）对大众商品的销售有重要的影响。协同过滤推荐系统是基于消费者的浏览行为与购买行为、为有共同行为的消费者定制的算法推荐系统，因此该系统会同时提高大众商品的浏览量和销量。有意思的是，使用协同过滤推荐系统会使个体消费者浏览更多种类的商品，但有共同经验的消费者往往倾向于购买相似的产品，进而降低总体购物的多样性，即协同过滤推荐系统会提高小众商品的浏览量和购买量，但其最终的最大受益者仍是大众商品（Lee and Hosanagar, 2019）。又如在此之前，Oestreicher-Singer 和 Sundararajan 通过收集在亚马逊网上购物商城中售出的书籍数据发现，推荐系统使得受欢迎商品的销售额相对下降，而不受欢迎的商品则显现出明显的长尾效应（Oestreicher-Singer and Sundararajan, 2010）。因此，Matt 等人认为不同的推荐系统对消费者的消费行为的影响也不同。Matt 等人通过创建在线网站售卖数字音乐，并通过招募被试查看消费者在不同推荐系统下的购买决策发现，随机推荐系统（random recommendation system）能够显著提升商品销售的多样性，其与 Lee 等人的实验发现一致的是，协同过滤推荐系统在本次实验中同样会导致商品销售多样性的下降（Matt, Hess, and Weib, 2019）。基于研究者的实验，商家应该针对商品的实际情况以及需求选取适用的推荐系统，以便帮助消费者做出消费决策。

在一般情况下，消费者通常使用线上购物的搜索系统进行消费购买。有研究发现，适当增加线上购物时的搜索阻力能够增加利润率并提高消费者满意度。Ngwe 等人通过限制消费者购买服装时的搜索和购买路径发现，对价格敏感度较低的消费者在搜索阻力增加的情况下不愿付出更多的搜索成本，因此愿意承担全价商品（即利润率更高的商品），而价格敏感度处于中低水平的消费者则愿意付出这部分搜索成本进而购买到折扣商品。同时，由于不同价格敏感度的消费者能够寻求到满足自己首要需求的产品，因此消费者的满意度也随之提升（Ngwe，Ferreira，and Teixeira，2019）。

随着线上购物的普及，人们的支付方式也发生了一定的转变，从原先的现金支付逐渐转换为电子支付。Swiecka 等人对当下的支付方式进行整合，并进一步探究影响波兰消费者支付方式选择的因素（如图 8 - 10 和图 8 - 11 所示）。尽管电子支付方式逐渐在世界范围内普及，然而在波

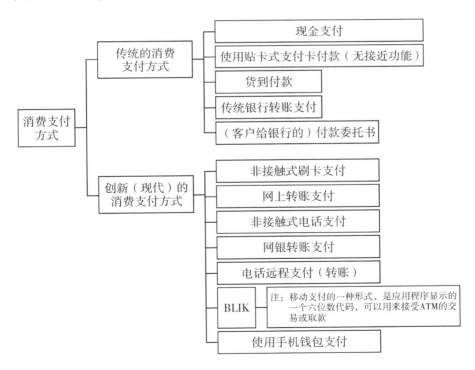

图 8 - 10　消费支付方式

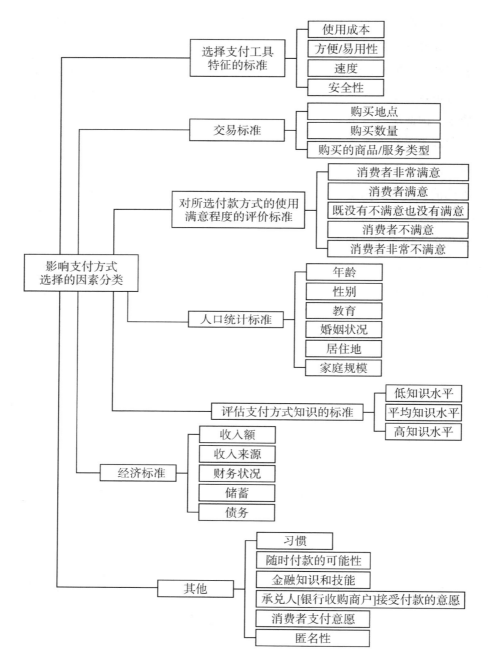

图 8-11 影响消费者支付方式选择的因素

兰，现金支付的地位依然稳固，大部分波兰消费者表示他们更愿意使用现金进行消费。尽管他们在大多数的时候使用现金进行小额消费，使用 POS 机进行大额消费，即支付方式取决于波兰消费者的购买金额，但他们也表明了使用现金购买高价产品的意愿。同时，线上消费者更倾向使用快速转账和货到付款的方式进行支付，互联网中的大部分支付也是通过网上银行转账进行的（Swiecka，Terefenko，and Paprotny，2020）。

然而更值得一提的是，Runnemark 等人发现相较于现金，消费者使用信用卡或借记卡时的支付意愿（willingness to pay，WTP）更高（Runnemark，Hedman，and Xiao，2015），Zellermayer（1996）表明消费者这样做的原因是这种支付方式带来的痛苦较小，同时也有部分学者认为移动支付的便利性同样会提高消费者的支付意愿（Bodena，Maiera，and Wilken，2015）。Bodena 等人通过假设的购物场景，设计了在不同场景下要求被试使用不同的支付方式的场景实验，通过利克特量表收集了被试的支付意愿，并在不同国家设计了相似的实验以验证其推广性和普及性，并将重点放在移动支付和信用卡支付的区分上（Bodena，Maiera，and Wilkenb，2020）。实验发现，移动支付和信用卡支付所带来的痛苦是相当的。支付方式的便捷性受到用户习惯的影响，即当用户习惯并认为这种支付方式更便捷时，对其使用倾向也会随之增加，因此也进一步提高了消费者的购买意愿。便利性才是连接支付方式和购买意愿的中介因素（Swiecka，Terefenko，and Paprotny，2020），这也从侧面验证了为什么现金支付的方式目前仍在波兰流行。

由于不同的付款方式对消费者的影响不尽相同，因此卖家也会据此对不同销售渠道的产品进行区分定价。Xu 等人通过研究消费者作为卖家以不同支付方式出售二手产品时的产品定价来探究不同支付方式下个体的心理机制。实验发现，相较于电子支付，现金支付能够诱发个体更强的欲望，使个体对金钱的渴望度增加；这是由于不同支付方式的物理特征不同，现金支付更透明。因此，当买家以现金支付时，卖家可能制定更高的出售价格（Xu，Chen，and Jiang，2020），这也同样说明当消费者进行线上购物时，可能倾向于以较低的价格购买相同的产品。

随着技术的进一步发展，线上、线下购物的方式逐渐融合起来，消费者能够借助移动设备扫描商品上的条形码获取商品信息并进行购买，这种"扫码购"的方式增加了消费者的冲动消费，但这种冲动消费受到边界条件的限制（如图 8-12 所示）。Grewal 等人通过分析消费者使用手持扫描仪进行购买时的眼动数据、预算以及购物清单发现，使用手持扫描仪能够通过影响消费者的认知过程来影响消费者的情感体验，进而影响消费者的购物决策。当消费者手持扫描仪时，其会花费更多的时间对商品进行探索且进行计划外的商品购买，因而其购买额会增加；同时，当消费者受预算限制时，相较于无预算约束的消费者，其购买额会增加，这是由于当消费者无预算限制时，其更容易受到需购买商品的总价的影响从而抑制自己的消费欲望。因此，手持扫码仪的使用虽然给消费者带来了便利，但从商家销售商品的角度来说也有一定的消极作用（Grewal et al.，2020）。因此，扫码仪的推广使用仍有待进一步的研究探索。

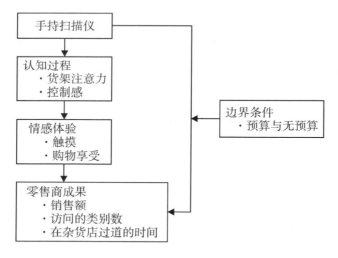

图 8-12　使用手持扫码仪消费的概念模型

除了手持扫码仪设备外，技术还催生了 VR（即虚拟现金）设备，因此有研究者对 VR 内消费行为进行研究后发现，当用户佩戴 VR 设备进行购物时，商家能够通过检测消费者的眼动数据获取消费者的搜索动机。Wolfinbarger 和 Gilly 将消费者的搜索动机划分为探索型搜索（exploratory search）和目标导向型搜索（goal-directed）（Wolfinbarger and Gilly, 2001）。Pfeiffer 等人基于消费者搜索动机的二分法，通过招募被试在物理现实中进行购物并和佩戴 VR 头盔在虚拟现实环境中进行购物的情境进行比较发现，相较于目标导向型的消费者，探索型的消费者更早停止搜索且查看的产品更少，而目标导向型消费者则会更多地查阅商品的详细信息。同时，Pfeiffer 等人还探讨了不同算法的准确性，实验结果显示在早期购买过程中，与二元逻辑回归、支持向量机这两种算法相比，随机森林算法在识别消费者动机方面的准确性最高。因此，在消费者消费的不同阶段，商家可以应用不同的算法对消费者的搜索动机进行分析，以期对消费者的搜索动机有更为准确的了解（Pfeiffer et al., 2020）。

五、新媒体对消费决策的影响

新媒体对消费者的影响程度在决策过程的不同阶段有所不同。为了应对消费者在线上购物过程中影响决策的因素变化，Kono（2009）提出了一个线上购物五阶段模型（AISAS），即关注（attention）、兴趣（interest）、搜索（search）、行动（action）和分享（share）模型。该模型认为消费者决策过程的最初阶段是由关注驱动的，在对产品产生兴趣后则会在线上搜索相关信息，进而做出购买决策，随后还会在线上分享他们的购买体验。Wei（2020）进一步基于媒体丰富度理论（media richness theory, MRT）将媒体从高到低地区分为交互式视频广告、交互式照片和短信，并以 AISAS 模型为因变量、不同风险感知的产品为调节变量，探究不同丰富度的媒体对消费者决策的影响。Wei 通过区分三种媒体类型和产品类型的实验设计发现，移动媒体的丰富度对线上购物五阶段模型中的关注、兴趣和搜索的影响更大，即移动媒体的丰富度越高，消费者越倾向于关注，且兴趣更高、搜索的可能性更大；在媒体丰富度不变的情况下，产品的风险感知程度越高，对决策过程中的五个阶段影响越大（Wei，2020）。这也说明产品商家需根据消费者所处的不同阶段进行有目的地分配媒体丰富度，进而优化消费者的购买体验。

不同类型的社交媒体的特征属性可能和线上商城的属性联结起来对消费者的购买决策产生影响。Vithayathila 等人通过搜集消费者的购买偏好以及不同社交媒体的使用频率，进一步探讨不同的社交媒体的使用者对线上商城类型的偏好，发现使用 LinkedIn 社交媒体的消费者与在 Nordstrom 线上购物商城中购物之间存在正相关关系，这也进一步表明 LinkedIn 可以为 Nordstrom 提供更多有效的宣传，以将其产品推广给从事专业职位的目标用户；使用 Facebook 社交媒体的消费者与在 Best Buy 实体零售商店中购物呈正相关关系，而使用 Facebook 社交媒体的消费者则与在 Walmart 官网进行线上购物呈负相关关系，这可能与社交媒体的不同定位和不同媒体的丰富程度有关（Vithayathila，Dadgarb，and Osiri，2020）。

除了社交媒体的定位外，消费者的线上购买行为同样会受线上评价的影响。Hu 等人发现，线上的评价具有极化现象，只有少数评价处于中间位置，一小部分为负向评价，而正向评价占大多数，消费者仅对其满意或不满意的产品进行评论的行为被定义为极化自我选择（polarity self-selection）（Hu，Pavlou，and Zhang，2017）。Schoenmueller 等人进一步抓取了大量互联网中各类产品的线上评价以对 Hu（2017）等人的发现进行验证，发现倾向于提供评价的消费者往往是具有极化自我选择的消费者，且这些极化评价行为导致线上评价的信息量下降。消费者在产品的不同生命周期对产品进行评价的行为被定义为跨期自我选择，而在产品生命周期的早期，消费者对产品的评价往往是正向的。研究也发现不同的平台之间极性评价具有显著的差异性，如 Amazon、Airbnb 等平台的极性较低。同时，线上评价的极化不会受到社会影响的影响（Schoenmueller，Netzer，and Stahl，2020）。换言之，就目前的情况而言，消费者所能够看到的大多数线上评价都会促成消费者的购买行为。

有趣的是，消费者的朋友在新媒体中的评论同样会对消费者的评论行为起到促进作用。早期的研究发现，新媒体中的评论能够促进消费者的购买行为（Forman，Ghose，and Wiesenfeld，2008）。Ke 等人进一步探究了消费者的朋友的评论行为对消费者的评论行为的作用，其通过收集互联网中关于餐馆的数据集发现，当有消费者的朋友对某餐馆进行评论后，则消费者评论该餐馆的可能性增加，且其评论质量也会提高。同时从消费者的特征来看，消费者的社交活跃性、社会地位和收入与消费者的高质量评论行为呈现正相关的关系，即消费者的社交活跃性、社会地位和收入越高，其评论质量的优质性也随之增加（Ke，Liu，and Brass，2020）。

除了发表评论外，消费者还能够通过社交媒体晒产品（post products）。消费者之所以购买某产品不仅仅是因为其具有某种功能效用，还有可能因其具有象征意义（Belk，Bahnk，and Mayer，1982），然而这种行为可能会对消费者的后续购买行为产生不利影响（如图 8 - 13 所示）。产品所具有的象征价值使得部分消费者意在通过自己的社交媒体账户晒产品以满足线上传递身份信号的需求，通过产品的象征价值维护自己的身份信号。然而 Grewal 等人（2019）发现当这类行为在有效地传递了消费者的身份信号的同时，也会降低消费者后续购买类似产品的意愿。进一步地，该研究将消费者购买产品的意愿区分为象征身份以及功能导向，对消费者晒产品后的后续购买意愿进行调查后发现，当晒出的产品是因功能导向而购买的或晒产品的帖子不可见时，晒产品的行为并不会影响消费者的购买意愿。除此之外，只有当晒出的产品满足了消费者的身份象征需求时，才会对消费者的购买意愿产生负面影响。需要注意的是，晒的行为与象征身份高度的产品并不会对后续购买意愿产生持久的影响，即该影响是具有时效性的。因此，社交媒体上的互动会提高客户留存率的传统看法（LevySidney，1959）被该研究所推翻，同时其也为品牌营销提供了新的可行方向（Grewal，Stephen，and Coleman，2019）。

消费者不仅会因为商品的身份象征作用与社交媒体进行互动，同时也会主动寻求社交媒体内的信息内容以帮助其做出购买决策。改变的动机和预期努力（anticipated effort）等因素能够促使消费者借助健康类的移动应

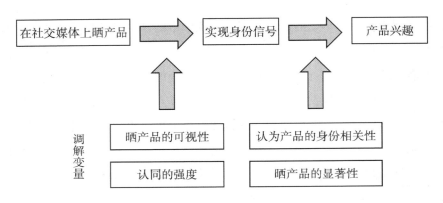

图 8-13 晒产品对消费者购买兴趣的影响

用产品购买健康的食品。Brodie 等人基于多维视角将消费者参与（customer engagement，CE）区分为行为参与（behavioral engagement，BE）、情感投入（emotional engagement，EE）和认知参与（cognitive engagement，CE）三个维度（Brodie et al.，2011）。基于 Brodie 等人的划分标准，Flaherty 等人（2019）通过招募被试让其使用为期三周的健康类移动应用并进行访谈后发现，不同情境下促使消费者使用健康类移动应用的"参与维度"存在差异，如图 8-14 所示，"改变动机"和"预期努力"是导致消费者使用该类应用的主要驱动因素，使用该类应用过程中的感受则与消费者参与的三类维度都存在相互影响的关系，最终导致三种结果，即消费者和移动应用之间关系的形成、休眠和脱离接触（作用过程如图 8-14 所示）。即移动应用的开发除了注重消费者使用前期的驱动因素外，同时也要考虑到消费者持续、积极地参与使用移动应用的因素，这样才能够促使双方的关系形成，进而帮助消费者做出更加正确的购买决策（Flaherty et al.，2019）。

消费者不仅在社交平台中主动与商家的社交媒体进行互动，同时也会在新媒体中被动接受第三方视频制作者的品牌推广视频，然而消费者对不同的品牌推广视频持有不同的态度。由于线上购物中的推荐代理工具会为了赞助商而进行有偏向性的推荐，而偏向性推荐会影响消费者对推荐代理工具的信任感知，因而 Wang 等人（2018）通过引入了解型信任（knowl-

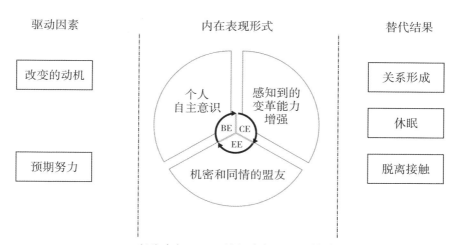

BE：行为参与；CE：认知参与；EE：情感投入

图 8-14　参与过程的概念模型

edge-based trust）和心理契约违背（psychological contract violation）两个概念对消费者的心理机制进行解读，并研究先验知识程度不同的个体在面对赞助信息披露程度不同时的表现。实验发现，消费者拥有更多的先验知识，即更高的赞助信息披露程度会降低消费者的心理契约违背感知，进而使消费者对该视频的信任度增加（Wang Weiquan and Wang May，2018）。这也表明当视频制作者在为品牌进行推广时可以适当地披露赞助信息以增加消费者的信任度，进而提高产品的销售量。

　　除消费者在社交平台与社交媒体进行互动这个因素外，媒体的相关宣传报道也有可能对消费者的购买行为产生一定影响。Chen 等人（2019）搜集了近些年来关于气候变化的新闻报道，并将其与消费者实际购买混合动力汽车行为之间的关系整理为如图 8-15 所示的曲线图。早在 2004 年，Snyder 等人就指出，短期内媒体的宣传报道并不会对消费者的实际行为产生影响，同时媒体的影响效果也将因产品类型（如香烟、混合动力汽车等）而异（Snyder et al.，2004）。Chen 等人的研究数据进一步验证了 Snyder 等人的观点，认为关于气候变化的新闻报道能够通过塑造社会规范来改变消费者的购买行为，而购买混合动力汽车的亲社会行为也因其能够彰显消费者的社会地位而促使了消费者购买行为的转变。随着关于气候变化的媒体报道的增加，消费者购买混合动力汽车的行为也有所增加，即媒体的作用不仅能够改变消费者的态度（Gershoff and Frels，2015），也能够对消费者的购买行为产生真正的影响（Chen et al.，2019）。

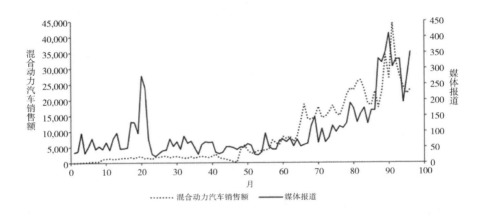

图8-15　媒体报道与混合动力汽车销售额之间的关系

第三节　新媒体环境下消费决策的发展方向

互联网的飞速发展使得线上购物以及电子支付逐渐被大众所接受，研究者尝试通过建立消费决策模型来预测消费者的购买决策行为（Häubl and Trifts，2000；李双双，2006），并紧跟时代步伐，在原先决策模型的基础上纳入了新媒体对购物决策的影响。除借助消费决策模型对用户可能的购买决策行为进行探讨外，研究者也从风险认知、产品特征、消费者特征以及交易界面特征四个方面研究了影响消费者进行线上购物的因素，进而探讨新媒体对消费者购买决策的影响，为进一步理解消费者的决策行为提供一定思路，具体技术路线如图8-16所示。

目前，本领域研究的不足在于部分研究结论不具有普适性。受限于时

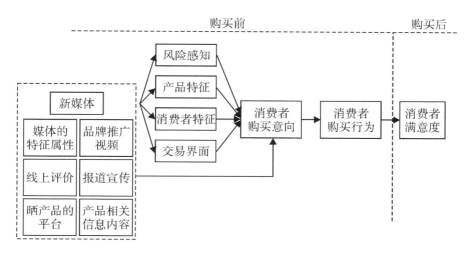

图 8-16　新媒体与消费决策技术路线

间、精力及物力，部分实验并未在多地区进行检验，部分数据需要依靠调查数据才能推导得出，故研究结论具有一定的地域和文化局限性。因此，未来的研究可尝试对实验结果进行进一步的推广验证。部分研究受制于研究者思考维度的有限性或实验设计的局限性而存在一些问题。例如，当研究者使用算法预测消费者消费行为时，算法的不同可能导致预测结果的不同。因此，未来的研究可以尝试使用不同的算法进行实验再加以比对，以期为算法的改良提供适当意见。

第四篇 人际领域

第九章　新媒体与人际吸引

人际吸引作为人际关系的重要组成部分，也是社会心理学探索的重要领域（高倩、佐斌，2009）。在新媒体的使用过程中，人际交往的属性依然存在（李春雷、陈华，2019），所以人际吸引与新媒体的密切关系也得到了广泛关注。本章将通过人际吸引的三种研究视角来分析人际吸引的需求来源，并在此基础上探究新媒体对人际吸引所产生的影响。

第一节　人际吸引的三种研究视角

人际吸引（interpersonal attraction）是指对他人的一种正面态度（Eli, Finkel, and Eastwick, 2015）。按吸引的程度划分，人际吸引可分为亲和、喜欢和爱情，亲和是较低层次的人际吸引，喜欢是中等程度的吸引，爱情是最强烈的人际吸引形式（郑全全、俞国良，1999）。芬克尔（Finkel）等人认为，几乎所有关于人际吸引的研究都是以三个总体的元理论观点为指导的，即一般领域的奖励视角（domain-general reward perspectives）、特定领域的进化观点（evolutionary perspectives）、依恋视角（attachment perspectives）（Eli, Finkel, and Eastwick, 2015）。

一、一般领域的奖励视角

纽科姆（Newcomb）认为："我们对他人的态度，取决于他们所带给我们的奖励或惩罚。"（Newcomb, 1956）很多学者也常重复此观点："我们最喜欢能带给我们回报的人。"（Aronson, 1969）研究者认为，对他人的喜欢是从"他人提供的奖励"中产生的(Levinger, 1972)。因此,许多关于人际吸引的研究都离不开对需求的讨论,而需求可以通过多样化的社会手段得到满足。研究者将这些需求分为显性和隐性两个层面,并将需求对人际吸引产生影响的过程概念化。一般领域的奖励视角聚焦于五种需求:享受快乐(pleasure)、自尊(self-esteem)、归属感(belonging)、一致性(consistency)和自我扩展(self-expansion)。

(一)享受快乐

人们都想保持身心愉悦,避免身心痛苦。这种需求应用于人际吸引领域时,即人们倾向于接近快乐的人,避免接近痛苦的人(Clore and Byrne, 1974)。但快乐并没有统一的源头,部分快乐的来源是被大多数人所熟知的。例如,人际互动的两个核心维度之一是温暖(Wiggins, 1979),大部分人认为与温暖的人互动会令人感到愉快。然而,还有部分快乐的来源是具有独特性的。例如,身体吸引力和幽默感,即便是在柏拉图式的爱情背景下,人们也会被具有特别的身体吸引力的人所吸引(Feingold, 1990),甚至3个月大的婴儿也更喜欢凝视那些有更具吸引力的人脸(Slater et al., 1998);除此之外,幽默感也是男女在寻求伴侣时会考虑的重要的品质之一(Buss, 1988)。因为幽默感所带来的吸引力具有领域的普遍性,里根(Regan)等人认为,幽默感不仅在浪漫环境(如约会、婚姻)中被视为理想品质,在友谊中也同样重要(Sprecher and Regan, 2002)。

(二)自尊

在人际交往过程中,人们需要通过他人的积极评价来满足自尊的需要(Mark and Leary, 2000)。而人际吸引效应受人们的渴望、追求和保持高度自尊的影响,其中包括相似性的吸引促进效应(attraction-promoting effects of similarity)和互惠效应(reciprocity effect)。

相似性促进了人际吸引效应,凯利(Kelly)等人认为,假设一个人需要社会支持他的意见和态度,那么另一个人同意他的意见将构成对他的奖励(Kelley and Thibaut,1959)。而相似性包括实际相似性和感知相似性,实际相似性是通过客观确定的相似性,而感知相似性则是通过主观评估得出的相似性。对于这两种相似性间的联系,学界存在着多种解释。有研究表明,相似性与吸引力的关系对感知相似性有极大的影响,但对实际相似性的影响则是微弱的(Montoya,Horton,and Kirchner,2008)。互惠效应是指当人们发现他人喜欢自己时,自尊会得到满足。贝克曼(Backman)等人的研究表明吸引和喜欢之间具有因果关系,人们更容易被喜欢他们的人所吸引(Backman and Secord,1959)。皮列文(Piliavin)等人通过实验发现,男性更容易被那些只喜欢自己并且其他男性难以追求到的女性所吸引(Walster et al.,1973)。

(三)归属感

归属感也是人们可以在社会交往过程中可以得到满足的需求之一。而熟悉感(familiarity)、自我表露(self-disclosure)和减少焦虑的社会基础(social basis of anxiety reduction)这三个经典的吸引效应在一定程度上可以帮助人们满足其对归属感的需求(Brennan and Shaver,1995)。

人们更容易被熟悉的人所吸引。在一项经典研究中,研究者发现人们与住在他们隔壁的人(大约20英尺①远)成为亲密朋友的可能性要比住在两层楼下的人高出一倍(Festinger,1950)。还有研究表明,如果将两个不熟悉的陌生人随机分配到一组,并且凝视对方的眼睛2分钟,对彼此产生的吸引力远大于去注视对方的双手或者不进行眼神接触,这说明随机抽取的两个人仅仅做出亲密互动就有助于促进相互吸引(Kellerman et al.,1989)。而自我表露对归属感产生的影响也值得探究,科林斯(Collins)等人的研究表示人们喜欢那些可以表露亲密信息的人(Collins and Miller,1994)。而在减少焦虑的社会基础方面的研究也同样表明,人们更容易被能满足自己归属感需求的人所吸引。具体来说,经历过急性焦虑的人通常

---

① 1英尺≈30.48厘米。

会被可以帮助他们管理这种焦虑的人所吸引。例如，一系列经典研究的结果显示，经历过压力的妇女更愿意与有类似经历的人进行社会接触，因为这有助于缓解她们的焦虑（Schachter，1959）。

（四）一致性

早期关于一致性的研究大都从预测人际吸引力的角度出发，人们通过自身的想象和他人的评价来寻求一致性或平衡，以此来预测自身的人际吸引力。研究表明，人们相信自己的思想和行为是连贯的，所以经常会通过寻求他人的态度和观点来进行自我验证，也就是通过他人的反馈来验证自己的态度（积极或消极）是准确的（Eli，Finkel，and Eastwick，2015）。另一个有影响力的研究表明，人们不仅寻求自我认知和自我评估的一致性，还寻求关系构建过程中的内在认知与他人外在表现的一致性，例如在基于互惠原则构建人际关系时，人们倾向于认为能够做出即时回报的个体更有吸引力（Clark and Mills，1979）。

（五）自我拓展

人们也常通过人际关系来满足自我拓展的需求（Eli，Finkel，and Eastwick，2015）。根据自我拓展理论，建立社会关系是人们自我拓展的重要手段（Aron et al.，2013）。例如，一项研究的参与者表示，他更希望与有不同兴趣爱好的同性建立关系，这样可以满足他对于自我拓展的需求（Aron et al.，2006）。

二、特定领域的进化视角

20世纪80年代后期，人际吸引的进化心理学观点基于进化理论发展出三个引人注目的概念，包括将适应概念应用于解释人类行为（Wiggins，1979）、差异父母理论投资（differential parental investment）以及领域特异性（domain specificity），而这三个概念也为交配的进化心理学视角奠定了基础(Eli, Finkel, and Eastwick, 2015)。基于此,第一代的研究者开始从进化的视角分析配偶偏好。巴斯(Buss)等人提出了关于人们在寻求配偶时因性别的不同而产生差异的假设,如女性比男性更有可能寻求有获取资源能力的配偶。20 世纪 90 年代初,巴斯和施密特合作提出性策略理论(sexual strategies theory)以阐释人类选择配偶的进化心理(Buss and Schmitt, 1993)。

(一)第一代的研究发现与批判

然而,学界对第一代研究者的发现存在着很多争议和批评。其中,伍德(Wood)等人认为这些研究发现可以用其他理论观点进行解释,因为巴斯所得出的性别差异并非来自特定领域自然选择的机制,而是男人和女人通常在社会化过程中所扮演的角色。与此同时,伍德重新分析了巴斯等人的文化研究数据,并认为性别平等程度较高的国家,在选择良好经济背景和更为年轻的伴侣的偏好方面,性别差异的影响因素较小(Eagly and Wood, 1999)。

(二)第二代的研究发现

在第一代的研究基础上,第二代研究者开始研究人们在分配相关资源时所使用的策略。其中,多元化理论(strategic pluralism theory)是指战略权衡不仅存在于不同性别之间,而且存在于每个性别内部,这也是人际吸引的进化心理学中最具影响力的第二代发现(Gangestad and Simpson, 2000)。例如,一些男性祖先可能会通过与多个伴侣短期交配的策略来获得显著的生殖成功。然而大多数男性祖先都没有选择这一策略,因此这些男性可能会选择与少数伴侣长期交配的策略(Eli, Finkel, and Eastwick, 2015)。

三、依恋视角

鲍尔比(Bowlby)的内部工作模型用于研究人们对与依恋人物的互动

期望。这种期望的可变性导致人们表现出人格差异，这种差异有时被称为依恋风格（attachment styles），影响着与依恋相关的行为（Bowlby，1969）。成人依恋（adult attachment）由两个基本维度组成（刘泽文、贺泽海，2011）：一为依恋回避，即一个人对亲密关系感到不舒服，从而更不喜欢依赖他人；二为依恋焦虑，即一个人对拒绝行为的高度警惕，并高度关注可以获得亲密和保护行为的机会（Simpson et al.，1996）。依恋理论的个体差异认为，人们与重要照顾者的早期经历会影响他们在晚年浪漫关系中的思考、感受和行为（Hazan and Shaver，1987）。受此启发的研究主要集中在与人际吸引相关的两个问题上，即依恋风格在关系启动中的差异、具有依恋风格的个体的吸引力差异。

(一) 依恋风格在关系启动中的差异

高度依恋焦虑的个体更希望得到亲密的人际关系，从而常常过度激活对主观亲近性的需求（刘泽文、贺泽海，2011）。这意味着他们可能会存在强烈的、强迫性的接近行为，作为实现与浪漫伴侣进行亲密活动的手段，这种过度的行为可能会削弱他们准确评估人际威胁的能力，并且夸大被拒绝后可能产生的后果（Finkel and Eastwick，2015）。一项研究证实了这种观点，研究者考察了依恋焦虑者在关系启动中的意愿，那些具有高度依恋焦虑的参与者更有可能对他们的速配伴侣说"是"，因此他们往往没有选择权。此外，由于参与者对依恋感到焦虑、孤独，所以他们更有可能参加速配活动。简而言之，在最初的吸引环境中，这些个体似乎没有选择权，因为此时他们对社会联系的强烈需求还没有得到满足，所以他们更愿意接受速配伴侣（McClure et al.，2010）。与高度依恋焦虑的个体不同的是，依恋回避个体倾向于回避对亲密关系的构建，并因此会压抑自身对关系构建的需求（刘泽文、贺泽海，2011），因此，依恋回避个体对于构建长期承诺关系的意愿更低，更倾向于寻求短期关系以回避可能发生的情感问题（Schachner and Shaver，2004）。有研究表明，依恋回避倾向与亲密关系行为（如牵手、相互凝视和拥抱）的意愿呈负相关关系（Fraley，1998）。

(二)具有依恋风格的个体的吸引力差异

除此之外,研究者开始探究具有依恋风格的个体的人际关系,考察潜在伴侣(拥有焦虑或回避的依恋风格)是否对人们有不同程度的吸引力。马里奥·米库尔(Mario Mikulincer)的研究发现,依恋回避个体在情感交流方面的意愿会降低,而依恋焦虑个体在准确阅读他人情绪方面的能力较差,并且具有依恋风格的个体在与合作伙伴共同解决问题时可能会遇到困难(Mikulincer, 2007)。而巴格(Bargh)等人的研究表明,人际吸引力与规范依恋的某些观点大致相同,如人们一贯认为温暖和善良是伴侣应具有的重要品质(Bargh et al., 1986),而这些品质对塑造良好依恋形象同样重要(Hazan and Diamond, 2000)。

第二节 新媒体对人际吸引的影响

新媒体不仅影响着政治和经济,也对我们的生活产生了全面的影响。新媒体融合了大众传播、人际传播和组织传播等方式,以一种区别于传统媒体的方式全面影响着我们的生活(熊澄宇、廖毅文,2003)。作为一种用于维系和建立人际关系的新型网络交流平台(Ellison, Steinfield, and Lampe, 2007),新媒体为个人、组织或社区提供了便利,用户可以通过新媒体进行人际交流(Kietzmann et al., 2011),建立以自我为中心的交往过程,满足自我实现和获得社会认同的精神需求(蒋建国,2015)。

一、新媒体对人际吸引的积极影响

(一)对友谊形成的促进作用

在人际交往过程中,人们需要通过各种途径满足自身对自尊的需求

(Leary，2000）。社会心理学领域通过大量研究证实，互动双方的相似性越高，对人际吸引产生的正向影响就越高（Montoya，Horton，and Kirchner，2008），且个体间的相似性有助于彼此产生信任（Fu，Yan，and Feng，2018），更容易形成友谊（Parkinson，Kleinbaum，and Wheatley，2018）。

（二）满足自我表露的需求

用户在新媒体中的自我表露是出于满足个人需求、维持人际联系的目的（Vitak，2012）。美国社会学家戈夫曼（Goffman）认为，可以将在人际交往中的人们看作"演员"，他们通过有选择的、有目的性的表演来展示自己良好的行为举止，并希望他人对这种自我表现给予肯定、关注（Goffman，1989）。而在新媒体中，人们的自我意识得到提高，对于展示自我和表达个性的需求愈发强烈，这种自我表露的心理需求也逐渐成为人们使用社交网站的重要动机（何秋红、靳言言，2017）。与此同时，人际信任影响着人际交往中的自我表露程度（牛静、孟筱筱，2019）。在现实中，信任主要源于人际关系，而在网络中，形成人际信任需要建立对每个参与个体都具有同等的约束力的制度，这也让陌生人之间进行交易或合作成为可能（福山，1998）。

新媒体在为用户带来沟通便利、满足用户自我表露需求的同时，也出现了大量失范行为：如美国医学专业学生在新媒体上发布酗酒行为、性行为、病人隐私等，这种失范行为包括非理性争论、无意之举和犯罪行为（Harrison，Gill，and Jalali，2014）。其中，非理性争议是指因观点分歧和思想观念的差异，使得处于意见对立双方产生情绪化的互相攻击；无意之举是指类似于"晒族"的自恋式群体，他们喜欢使用媒介手段包装自己的外在形象，最大化地美化和传播自己，但在满足这种自我表露的同时，也出现了如直播私生活等忽视传播伦理的失范行为；犯罪行为则更严重，包括在网络上对其他用户进行人身攻击、骚扰、谩骂以及泄露他人隐私信息等行为（晏青、支庭荣，2017）。

(三)提供社会支持

科布(Cobb)认为社会支持(social support)由信息主导,并能让使用互联网的成员感受到尊重、照顾(Cobb,1976)。目前,学者们常通过两种角度来研究社会支持,包括接受社会支持和感知社会支持(常李艳 等,2019)。接受社会支持指网络向用户提供的具体社会支持行为,而感知社会支持是指网络所提供的社会支持的可用性和用户的满意性(Sarason,1990)。所以社会支持的功能可被进一步解释为提供或接受不同形式的社会支持,例如自尊、情感、信息等(Cutrona and Suhr,1992)。

社会支持最初提出是为了研究新媒体对有心理疾病或特殊人群所起到的作用(常李艳 等,2019)。有焦虑情绪的特殊群体会通过网络平台表达自身情感,而有类似经历或体验的个体则更容易被这些内容所吸引。通过情绪感染、情绪共情、替代性情绪经验、社会认同等一系列社会支持的过程,用户会对网络所提供的情感支持进行反馈,并在网络空间形成一种共享情绪(洪宇翔,2017)。

因为网络社交平台具有匿名性和虚拟性的特点,比起现实社交中复杂的社交情景,网络社交更能帮助那些对现实社交感到焦虑的患者锻炼其社交能力,并且网络社交可以给予有社交焦虑的患者更充裕的时间去组织语言来表达个人意愿,缓解现场社交带来的不适,并有可能让他们将在网络社交中学到的社交技能运用到现实社交中,而这有助于帮助他们改善社交焦虑的问题(晏青、支庭荣,2017)。

(四)满足一致性需求

从人际吸引的角度来看,人们相信自己的思想和行为在内部是连贯的,并经常通过他人的态度和观点来进行自我验证(Finkel and Eastwick,2015)。麦奎尔从认知和情感的角度探讨了人们使用媒介的动机,他认为人们阅读报纸,是为了"寻求认知和谐",收看电视剧是为了"找到个人行为模式"(麦奎尔,2006)。而这种动机背后反映了人们对自己的价值、地位的关注,并希望通过新媒体来获取他人的思想、行为或价值观,作为自我行为的参考,从而实现自我判断和确认个人所处的位置,以便于强化价值观和更好地探索现实(何秋红、靳言言,2017)。

(五)自我拓展

人们经常通过人际关系来满足自我扩张的需要(Finkel and Eastwick,2015)。根据自我拓展理论,社会关系是人们自我拓展的一个重要手段(Aron et al.,2013)。在新媒体中,因为有不同的个体参与网络讨论,而个人价值观和对信息解读的角度有所差异,所以人们会产生不同的意见表达。参与者可以通过社交媒体接触到他人的思想观点和情绪表达,这在一定程度上满足了自身对自我拓展的需求(李春雷、陈华,2019)。

二、新媒体对人际吸引的消极影响

(一)风险认知的极端化

新媒体为人们提供了情感表达的载体,人们可以把现实空间里产生的情绪在网络空间表达。基于相似性的吸引促进效应,新媒体中信息传播的闭环交往朋友圈驱使人们对某一事件的舆论观点具有趋同性(李春雷、陈华,2019)。根据社会心态的结构模型图(如图9-1所示),社会心态的基础层次为超稳定社会心态,在受到外部与内部的双重作用后,会呈现出不同层次的演化,包括稳定性社会心态、阶段性社会心态、变动性社会心态(王俊秀,2014)。个人心态作为社会心态的基本组成部分,也会受到内部和外部的影响,并逐渐形成个人情绪(李春雷、陈华,2019)。情绪是影响个体行为的重要因素,主要的情绪有愤怒、恐惧、快乐和悲伤(Brewka et al.,2006)。

在新媒体进行网络互动的过程中,参与者也会受到其他参与者的情绪影响,这种影响无论是积极或消极,都会使个人情绪处于一种动态的转化

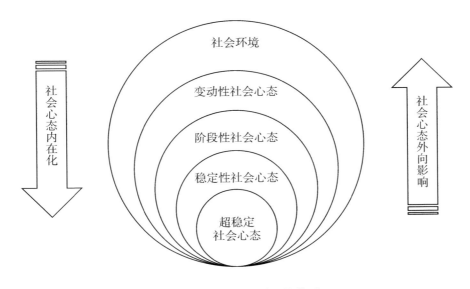

图 9-1 社会心态的结构模型

(资料来源：王俊秀，2014)

过程。在此过程中的个人意见表达会受到群体感知的影响，从而使个体强化或放弃自我观点。这在一定程度上影响了个体对于某一事件的解读，成为个体情绪极端化的刺激性因素，并会对某一事件的认知产生偏差(李春雷、陈华，2019)。

(二)新媒体依赖

社交媒体依赖(social media dependence，SMD)，是指用户通过使用社交媒体来满足自身需求，表现为在未接触社交媒体时会出现心理上的空虚和焦虑，以及在接触后会感到满足和愉悦的一种对社交媒体使用成瘾的状态(何秋、靳言言，2017)。而造成这种社交媒体依赖的主要心理成因是错失恐惧(fear of missing out，FOMO)。

错失恐惧又称为错失焦虑，2013 年，认知心理学家普日贝尔斯基(Przybylski)最先对 FOMO 进行了学术研究，并将其定义为"当个体缺席了某些事件或未能获得想知道的经历时所发生的一种广泛存在的焦虑心理，主要表现为想要持续了解他人正在做什么"（Przybylski et al., 2013）。而卡萨勒（Casale）等人认为FOMO是指个体担心遗漏或错过他人的新奇事件或经历所产生的一种焦虑（Casale, Rugai, and Fioravanti, 2018）。也有学者从认知心理学的角度进行了解读，赵宇翔等人认为FOMO是个体渴望了解外部正在发生的事件，反映了对于外部环境感知（可能源于具体的事件或者源于人和物）的一种心理折射，这种状态会诱发一系列行为和认知上的印随反应（赵宇翔 等，2017）。

在移动社交媒体中，错失焦虑最明显的特征就是害怕错过有用信息、错过维系人际关系的时机（何秋红、靳言言，2017）。赵宇翔将移动社交媒体环境下的FOMO界定为人们使用或依赖各种移动智能终端开展用户信息行为，例如搜索、浏览和社交等，从而使自己保持与外部世界随时连接的状态，当这种连接得不到满足时，用户会在潜意识或心理上产生一系列不同程度的焦虑情绪，包括不安、焦虑、烦躁等症状（赵宇翔 等，2017）。徐曼等人将内容类的移动社交媒体错失焦虑定义为内容类社交媒体用户在常用内容类社交媒体访问受阻时，心理上会产生一种因未能及时满足自身与外界连接的需求而产生的焦虑情绪，这种情绪会促使用户产生不断进行点击、刷新等非理性行为（徐曼，2020）。在人际吸引研究中，具有依恋焦虑的个体也呈现出了相似的焦虑状况。他们害怕因拒绝他人所带来的后果，因此会通过社交媒体回应他人的情感，不断互动并维系与他人的关系，强化同属一个交际圈的个体联系，增加彼此的联系和情感交流。但从长期使用社交媒体的效果来看，过度地使用社交媒体会导致个体脱离社会、疏远群体关系，并对社交媒体产生依赖性（李春雷、陈华，2019）。错失焦虑在大学生群体中也极为普遍，个体将手机社交媒介作为观察外部世界的工具，以此来满足自身对外部世界的拓展需求（Franchina et al., 2018）。而大学生每天使用手机社交媒体的时间越长，就越容易被其吸引并对社交媒体产生依赖（张亚利、李森、俞国良，2020）。

2013年，普日贝尔斯基（Przybylski）等人首次开发出测量用户社会交往中的FOMO量表。该量表基于FOMO的研究以及自我决定理论，经过多次实验调整，最终开发出了包含10个题项的FOMO量表(详见表9-1)，旨在反映人们在接触(或不接触)他们扩展的社会环境中发生的事件、经历和对话时可能产生的恐惧、担忧和焦虑。该量表可以测量人们害怕错过奖励、经验、活动和话语方法的程度，例如"当我发现我的朋友在没有我的情况下玩得很开心时，我会感到担心"(Przybylski et al., 2013)。

表9-1 10题项的错失焦虑量表

下面是一组关于你日常经历的陈述。请使用所提供的量表说明每个陈述有多大程度符合你真实的日常经历。请根据你的真实经历作答，而不是你认为你的经历应该是什么样的。每个选项都是独立的，和上下题无关。				
对我来说完全不是这样的	对我来说有点正确	对我来说是正确的	对我来说非常正确	对我来说完全正确
1	2	3	4	5
1. 我担心别人的经验比我丰富。 2. 我担心我的朋友们比我有更多的经验。 3. 当我发现我的朋友们在没有我的情况下玩得很开心时，我很担心。 4. 当我不知道我的朋友在做什么时，我会变得焦虑。 5. 我能理解朋友们的"笑话"是件重要的事。 6. 有时候，我怀疑自己是否花费了太多的时间来了解世界上发生的事情。 7. 当我错过一个和朋友见面的机会时，我会很烦恼。 8. 当我开心的时候，在网上分享细节对我来说很重要，例如更新状态。 9. 当我错过了一个计划好的聚会时，我会很烦恼。 10. 当我去度假时，我会持续关注我的朋友们在做什么。				

在此之后，FOMO量表大致可以分为两类。一类为直接使用普日贝尔斯基的原始量表进行测量，例如贝利亚斯(Elhai)等人使用FOMO量表进行测量后发现，较高的FOMO评分与参与者在一周内产生的负面情绪呈正相关关系(Elhai et al., 2020)；而阿比盖尔(Abigail)等人则通过该量表得出，FOMO的水平与积极参加社交媒体、需求满意度、积极情绪和生活满意度成反比关系(Dempsey et al., 2019)。另一类量表是在原始的10个题项量表的基础上，根据实验目的进行改进。阿尔特(Alt)基于自我决定

理论(self-determination theory，SDT)，研究了 FOMO、参与社交媒体、学习三者间的关系，将量表分为错失焦虑与社会参与、错失焦虑与新闻信息参与、错失焦虑与商业信息参与这三部分，并在原始量表基础上增加了 4 个题项，用于测量商业信息参与、新闻信息参与分别和 FOMO 之间的关系(Alt，2015)。叶凤云等人则探究了情境、动机、结果与 FOMO 的关系，通过扎根理论以及深度访谈的形式构建了大学生移动社交媒体 FOMO 量表(叶凤云、李君君，2019)。宋小康等人在东方文化的背景下，改进了原始 10 题项 FOMO 量表，开始关注产生错失焦虑的技术或平台方面因素，研究的侧重点也从对个体错失焦虑的问题研究转向对不同群体以及社会层面错失焦虑的症候群现象的研究，构建了一个包含心理动机、认知动机、行为表现以及情感依赖四个维度的移动社交媒体环境下用户 FOMO 量表(详见表 9-2)(宋小康、赵宇翔、张轩慧，2017)。

表 9-2 移动社交媒体环境下用户 FOMO 量表

维度	指标	题项
心理动机	攀比心理	在移动社交媒体上看到我的朋友们玩得很高兴，而我并不在场，我会感到很羡慕
	强迫心理	在移动社交媒体上，我一看到有新动态的提示，就渴望立刻点开查看
	被关注	我总是期待移动社交媒体上有人与我私聊或"@"我
认知动机	突显性	使用移动社交媒体是我日常生活中离不开的事情
	技术认同	总体而言，我对移动社交媒体的界面设计感到很舒服
	社交需求	通过使用移动社交媒体，我和家人、朋友的联系更方便了
	娱乐需求	我经常使用移动社交媒体浏览文章、音乐、视频等
	信息获取	使用移动社交媒体能够获得我想要的新闻、商业或专业知识方面的信息

续表

维度	指标	题项
行为表现	习惯性查看	我一有时间(如等公交、课间休息等)就习惯打开移动社交媒体查看有没有新消息或新动态
	消磨时间	我经常使用移动社交媒体消遣时间
	时间管理	我常常因为使用移动社交媒体拖延或打断原来的时间安排
	耐受性	与以前相比我需要使用更长时间的移动社交媒体才能感到满足
情感依赖	充实感	使用移动社交媒体常常让我感到生活更加充实
	戒断反应	如果几天无法使用移动社交媒体,我会感到失落难受
	改善情绪	情绪低落时使用移动社交媒体会让我的心情有所好转
	社区归属感	我在移动社交媒体上有一群兴趣相同的好友,大家像一个大家庭一样

资料来源：宋小康、赵宇翔、张轩慧，2017。

移动社交媒体环境下 FOMO 的影响因素研究可以从自我决定理论的角度进行讨论(赵宇翔等，2017)。自我决定理论是一个研究人类动机及人格的宏观理论，为理解 FOMO 框架提供了理论基础(Przybylski et al.，2013)。该理论假设人是一个积极的有机体，并具有积极的自我完善、自我整合和不断学习的倾向(Miller，Deci，and Ryan，1988)。如图 9-2 所示，自我决定理论提出了三种基本的心理需求，即自主性(autonomy)、能力感(competence)和关联感(relatedness)。当这些心理需求得到满足时，个体的发展呈现积极健康的态势，而这些心理需求受阻时，个体将呈现消极的态势或产生功能性障碍(刘靖东、钟伯光、姒刚彦，2013)。

2013 年，普日贝尔斯基首次将自我决定理论运用到 FOMO 的研究中，他认为 FOMO 是因为心理需求得不到满足而导致的自我监管不足，并得出心理需求满足度低的参与者更容易产生错失焦虑的结论(Przybylski et al.，2013)。此后，阿尔特基于普日贝尔斯基的研究以及自我决定理论，探讨了学生的学习动机(academic motivation)、FOMO、社交媒体参与(so-

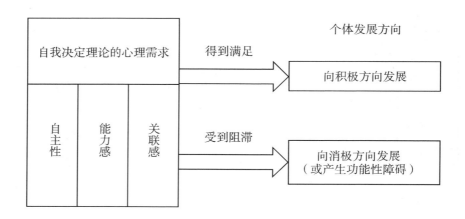

图 9-2 自我决定理论的心理需求与个体发展方向的关系

（注：此图由笔者根据有关资料绘制而成）

cial media engagement）三者之间的可能联系（如图 9-3 所示）。研究发现，学术动机与社交媒体参与的关系并不显著，但这两个变量都与 FOMO 呈

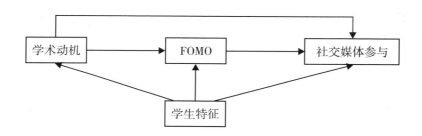

图 9-3 阿尔特提出的理论结构

正相关关系，并得出外向、主动的学生更有可能在课堂上使用社交媒体工具的结论（Alt，2015）。

  张剑等人对组织背景中以自我决定理论为指导框架的工作动机进行研究，认为自我决定理论指导下的应用研究，应该关注社会环境中个体需求的满足程度的差异所导致的结果，而不是心理需求的强度差异导致的不同结果（张剑 等，2010）。

第三节　新媒体使用中的印象管理与关系构建

一、新媒体使用中的印象管理

如同莎士比亚在《皆大欢喜》第 2 幕第 7 场的名句"全世界是一个舞台，所有的男男女女不过是一些演员"一样，现实世界中，人们都知道给他人留下一个好印象有助于自己在生活和工作中获得更多机会，产生社会、人际、职场等方面的积极结果。印象管理在概念上可以界定为人们控制他人对自己所形成印象的过程，常被用来描述人们如何主动影响他人对自己的印象。

(一) 印象管理需求的产生

"社会演员"的主要目标之一是表现一种积极的印象：个体在特定环境下，针对不同沟通对象来调整其表现，倾向于凸显和克制自身某些特殊表达(如积极/消极情绪)。内在冲突的产生源于公众自我意识(人们想呈现给其他人，让其他人看到的那部分自我)与个人自我意识(人们主观上对自己的认知，他人无法直接观察到的部分)之间的冲突或区别，即人们想让他人看到的自己和有限地表达自己的能力之间的冲突。自我差异理论提出个体的自我概念应包括三部分：现实自我(个体基本的自我概念，个体自己和他人认为个体具备的特性和能力，如智力、社交能力、吸引力等)、理想自我(个体自己或他人希望个体具备的特性和能力，如梦想、抱负等)、应该自我(个体自己或他人认为个体应该具备的特性和能力，如责任、义务等)，当以上任何两种自我之间存在较大差异时就会产生内在冲突，导致一定程度的情绪波动，从而产生印象管理的需求。

(二)社交网络印象管理

社交网络具备一些区别于现实世界的特征,这些特征所营造的线上环境使人们拥有更多的自由度和灵活性来向他人展示自己,也使得社交网络中的印象管理变得特别重要。值得注意的是,即便人们了解线下现实世界的印象管理过程,但并不意味着其在社交网络中同样适用。社交网络印象管理有五点特征。①匿名性。在社交网络中,即使用户使用其真实信息,也可以做到完全无法被追踪,如匿名评论聊天等。同时,社交网络上互动的个体通常在地域上较为分散,线下相遇的可能性较低,因此,这种"分散的匿名性"被认为是网络抑制消除效应的关键因素,即人们认为线上、线下是两个世界,在现实世界生活时很容易消除"网络世界活动"的影响,从中抽离出来较为容易,所以线上世界的行为和线下世界的行为可以不一致。人们倾向于在社交媒体中匿名,这样便可以更自由地表达自己,可以不用受到现实世界"角色面具"的影响。②外表重要性的降低。颜值高的个体在现实世界较有优势,而社交网络则为那些颜值不够高的个体提供了施展空间,如通过照片编辑软件、在文字描述上夸大真实的长处让自己更有吸引力。③控制互动的时间和节奏。在线沟通可以既同步又不同步:同步是即时沟通,反馈无延迟;非同步的沟通是发送信息和收到回复之间存在延迟,大多数在线沟通都是非即时的,所存在的时间差意味着人们有更多时间去思考该如何表达,这为人们展示最佳自我提供了便利,有助于他人对自己产生更多的积极印象。④更容易找到与自己相似的个体,特别适用于那些具有特定兴趣的个体。个体更容易通过社交网络找到与自己志趣相投的人,因此这部分个体认为可以在社交网络上把自己的这方面爱好展示给"同好",即更容易展示真实的自我,印象构建过程更有乐趣。⑤掌控信息的生成,展示自己的过程更具主动性和自主性。社交网络作为一个开放的空间,个体可以自主发布内容,不再是被动的信息接收者,社交网络允许个体摆脱现实世界中的个性束缚、更自由地表达自己。

(三)社交媒体印象管理内容

1. 头像

自我知觉理论认为人们通过观察自己的行为构建自我,行为会影响人们的信念和态度。但实际上人们没有想象中的那么了解自己,有时甚至根本不了解自己。所以,自我知觉理论认为人们并没有直接使用或判断自己的信念、态度、动机,而是在观察了自己的行为之后被迫对自己的信念、态度、动机进行分析判断。基于自我知觉理论,社交媒体印象管理的研究者对社交媒体中的头像选择进行了解释。研究者给被试随机分配了漂亮的或丑的头像,在虚拟社区中和另一名被试进行在线互动(该被试看不到这个头像),结果显示,被分配了漂亮头像的被试更倾向于与对方有更多互动,并在互动中透露更多个人信息,并且个人头像和使用者的真实形象越接近,这种倾向呈现增强趋势(Yee and Bailenson,2007)。研究者通过对游戏玩家的头像进行研究发现,玩家所选定的人物身体特征不仅对其产生影响,也对游戏内其他玩家的行为、情绪产生影响(Yee and Bailenson,2007)。

2. 表情符号

表情符号的诞生来自一则趣闻。1982年,美国卡内基梅隆大学的斯科特·法尔曼(Scott Fahlman)教授在学校BBS(网络论坛)的电子公告板上写下了第一个笑脸":-)",希望人们用这个符号告诉别人哪些帖子是笑话,哪些不是,他说:"我建议讲笑话的人能够用下面这样的字符顺序来标记':-)'侧过头去看。"世界上的第一个表情符号就这样诞生在网络中。因为这种传统表情符号都是基于ASCII(美国信息交换标准代码)字符编写的,阅览时需顺时针旋转九十度才能看明白,不太易于阅读和理解。因此,在日本,另外一种横式的表情符号慢慢进入人们的视野,即现在被人们熟知的"颜文字",其中有如"^_^""*_*"等表情。2011年,随着智能手机iPhone的广泛使用,emoji表情符号开始走红,即大家所熟悉的"小黄脸",其原理是通过编码来呈现小图片,以此传达人的情绪。

表情符号为什么会流行？研究发现，在日常面对面沟通时，人们主要通过有声语言来进行言语交际活动，同时，人们也往往会通过手势、语气、语调、变音、拉长音、面部表情、肢体语言等方式来辅助沟通，这些方式统称为可感知的非语言表达手段，即态势语言（Mehrabian，1972）。已有研究证明，在互动交流中，只有7%的信息是通过语言来传递的，而高达55%的信息都是通过面部表情来传递的（Mehrabian，1972）。不同于面对面的交际，人们在网络这个虚拟环境中进行交流，缺失了手势、语气等辅助沟通方式，这导致了人们在网络中沟通不准确、不流畅，因此需要特定的态势语言来起到替代和补充的作用。网络表情符号的使用能够更加生动形象地传递表达者的实时情感状态，从而在一定程度上弥补了文字沟通中的情感局限性。看到表情符号时，接收者会将表情符号作为情绪、语气等非言语因素的态势语言来进行解读，就像面对面沟通时解读面部表情、肢体动作等。澳大利亚的心理学家Owen Churches发现，当我们在网络上看到笑脸时与我们看到真人笑脸时，大脑的相同区域会受到一定程度的激活（Churches et al.，2014）。

除情感表达之外，表情符号也为在虚拟环境中交流的双方建立了一个温馨放松的氛围，方便双方交流。表情符号在交流中起到了"润滑剂"的作用：一方面可缓解无话可说状况的尴尬，另一方面可引起交流双方的高度关注和兴趣。表情符号通过影响人们的情绪感知，进而影响交流者的人际关系。Wang通过实验证明了积极的表情符号能够对负面情绪起到一定的缓解作用，并且能够增加接收者对表情符号发送者的好感（Wang et al.，2014）。此外，网络表情符号的使用还会影响接收者对使用者热情的感知（代涛涛、佐斌、郭敏仪，2018）。大多数研究者认为，网络表情符号是对网络语言文辞的补充，它能使网络在线交流看起来更像现实场景中的人际交流，即可以增加人们的社会临场感（代涛涛、佐斌、郭敏仪，2018）。

二、新媒体使用中的关系构建

(一) 友谊关系构建

虽然早期线上关系构建的焦点是线上的恋爱关系,但数据显示,只有 1/3 的网络亲密关系是通过交友网站建立的。人们在社交网络上建立的关系更多的是友谊关系而非恋爱关系。其表现是有些人的线上友谊关系一直维持在网络上,彼此从未期待在线下见面。对于社交网络中是否存在友谊这个问题,不同的研究者有不同的观点。

1. 网络不存在真实的友谊

有研究者认为,友谊的定义包括互相尊重、互相帮助、共同参与,而这些真正的共享空间、活动在网络空间无法获得,因此不能够看作网络友谊是真实存在的(Cocking and Matthews,2001)。同时,研究者认为网络友谊存在阻碍——友谊形成过程中的不自主自我表露在社交网络中并不存在。例如,面对面互动中彼此的思考反应(肢体语言、面部表情)和最终回应的语调等都包含了比言语表达更多的信息,这些信息是友谊形成、维持、扩散的关键因素,而在线上的互动缺乏这部分信息(Cocking and Matthews,2001)。

2. 网络存在真实的友谊

也有研究者认为在网络空间可以发生不自主的自我表露(Briggle,2008)。线上世界虽然没有线下世界中的直接自我表露,但人们也可以通过对方在网络上留存的信息进行预先了解(如预判对方的性格等)。同时人们也可以基于这类"预先了解"的信息与对方进行线上互动,这种线上互动与线下人们面对面互动情境较为相似,通过这种互动进一步增加彼此的了解,这为双方形成友谊奠定了重要基础。此外,网络空间具备的跨地域特征也为网络友谊的形成带来了更多便捷,例如可以开展更多线上分享活动,线上互动的时间更灵活等优势增进了双方的互动交流。那么,作为线下友谊形成的重要因素——邻近效应，对于网络友谊的形成还有影响吗？邻近效应是指人们通常会和距离自己较近的个体成为朋友，最初这种"邻近"是指物理距离，但之后研究者通过进一步研究发现具有共性的人之间也存在邻近效应（Baker，2008）。有研究者指出，互联网环境存在网络邻近效应，即在社交网络上互动较为频繁的用户在其同伴眼中更有吸引力，部分原因是他们感觉同伴与自己在同一个场景中。重复暴露效应可以解释这种感受：人们会在重复暴露中更加熟悉彼此，更容易喜欢彼此，从而感受到彼此之间一定程度上的"连接感"——这就是经常玩同一个网络游戏的用户之间更容易成为"网友"的原因（Collins，2004）。网络空间中的友谊构建只有在一开始就考虑将来会把这段线上关系转移到线下时，才会关注物理距离。除此之外，网络友谊更关注彼此之间的兴趣爱好的邻近性，即相似性，而不是物理距离上的邻近性。一般而言，社交网络主要用于维持线下关系，而不是形成新的关系；通过社交网络来发展新友谊的方式更适合那些爱好兴趣在现实世界中不易找到同伴的人群。

（二）浪漫关系构建

那么，什么样的个体更倾向于在网上找恋人？研究发现具有较高拒绝敏感度（容易焦虑、对被拒绝容易感知和反应过度）、自我价值感低的人（低自尊、缺乏自信）倾向于构建网络浪漫关系（Brunet and Schmidt，2007；Mikulincer et al.，2002）。原因在于线上约会不成功可以降低其对被拒绝的恐惧感，增加一定的自信。例如，他们可以从对自己有利的角度解释被拒绝的原因，从而缓解被拒绝对其的打击。此外，在线下对自己容貌感到自信的个体也有在线上寻求恋人的行为，其表现同样自信，这是因为颜值在线上浪漫关系的构建中也非常重要（Back et al.，2011）。那么，成功的网络浪漫关系构建受到哪些因素的影响呢？Bruch 和 Newman（2018）的研究发现，使用网恋 App 的用户普遍会追求比自己更受欢迎的用户，人们会对不同类型的伴侣采取不同的聊天策略，这种策略会影响网恋的成功率。根据匹配假说（即步入婚姻或成功约会的两个人在年龄、受教育程度、人生态度以及许多其他特征上都非常相似），人们会不断追求和自己各方面都相似的伴侣。该研究发现人们在网络上交友受到两个维度的影响：竞争维度（颜值、收入等）和匹配维度（家庭、教育等）。网恋App的女性用户收到的信息更多，但男性用户和女性用户都呈现典型的"长尾"形状，即大多数人最多只收到几条信息，但小部分人收到大量信息。网恋App的女性用户和男性用户对于理想伴侣的期望度受到年龄、种族、教育程度的影响。男性和女性都倾向于给理想伴侣写更长的信息，但女性发送信息的字数总是比男性更多。

值得注意的是，有关社交网络使用与婚恋关系风险的研究发现，问题性社交网络使用[是指个体因长时间和高强度使用社交网络，导致不可抗拒地延长使用时间，以及由此带来的以心理苦恼和生理不适的社会心理现象（Moreau et al.，2015）]不仅无法促进幸福恋爱关系的发展，反而使很多大学生情侣因难以忍受对方而终止恋爱关系。在另一项针对成年夫妻的研究中，也发现了社交网络的使用与婚姻满意度存在显著负相关关系，问题性社交网络使用导致婚姻满意度的显著下降（Utz and Beukeboom，2011）和相当高的离婚意向（Valenzuela，Halpern，and Katz，2014）。问题性社交网络之所以会产生婚恋危机，主要原因是社交网络提供了一个寻求与自己具有共同兴趣、爱好和特点的朋友交流的平台；在社交网络中的自我展示和高自我暴露也更容易建立亲密感，个体也更容易获得来自网络朋友的社会和情感支持、归属感和陪伴等。因此，当个体对配偶的某些方面不满意时，会从社交网络中寻求情感支持，这也增加了婚外情和婚恋危机的风险（Vitak，Ellison，and Steinfield，2011）。同时，个体因长时间和高强度地使用社交网络，导致不可抗拒地延长使用时间，在长时间的网络使用过程中，婚恋对象存在长时间在线上"操纵""强化"配偶的可能性，这将会严重影响配偶的心理健康水平。

第十章　新媒体与心理健康

许多研究者通过研究新媒体使用过程中产生的心理压力来探讨社交媒体成瘾行为、网络欺凌行为的成因及心理机制。为了更好地对新媒体使用过程中的心理健康问题提出应对策略，本章梳理了该领域具有代表性的研究成果，以期有所裨益。

第一节　新媒体与心理压力

心理压力（psychological stress）是指人们意识到自身缺乏必要的资源去满足所处环境的需求时，产生的一种不平衡状态（Lazarus，1966）。目前的研究表明，心理压力与心理健康、身体健康成反比（Herbert and Cohen，1993）。压力的认知现象理论（cognitive phenomenological theory of stress）是指个体对目标的评估和对潜在压力源的感知，可以预测其心理抗压水平和应对能力（Lazarus，1984）。媒体对压力的影响不仅包括个体对压力的认知因素，还包括媒体内容、公众需求以及社会情境要求等因素，这些因素之间还存在相互作用的关系（Slater et al.，2007）。图 10-1 为社交媒体和身体形象关注的交互模型（Perloff，2014），从图中可以看出个人、社会因素会导致个体对身体产生不满并造成消极影响，因此社交媒体的影响与个体差异因素、态度和行为结果都具有显著的关系（Slater et al.，2007）。

问题性网络使用（problematic internet use，PIU）的认知行为模型提出，心理问题会使部分互联网用户的认知与行为出现问题，影响其在线活动，并产生负面影响（Scott and Caplan，2002；Scott and Caplan，2003）。有研究指出，互联网的使用与心理问题（如社会焦虑等）产生的负面影响之间

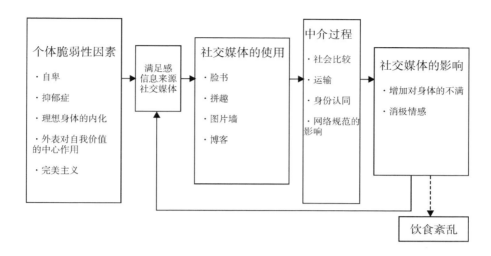

图 10-1 社交媒体和身体形象关注的交互模型

存在显著的正相关关系(Scott and Caplan, 2002, 2003), 而其产生的负面影响可以通过自我呈现(self-presentation)和社会比较(social comparison)两个方面进行探究。

一、自我呈现

自我呈现是指人们有选择性地进行自我展示从而控制他人对自己的印象的一种策略性行为(Goffman, 1959)。而社交媒体环境中的自我呈现与现实社交中的自我呈现有所差异(Schlosser, 2020), 主要体现在三个方面: ①多元受众(multiple audiences), 即社交媒体中的自我呈现需要考虑受众的差异性, 如不同的受众存在不同的偏好与需求; ②受众的反馈(audience feedback), 即在社交媒体中个体可以获取受众对自我呈现内容所作出的评价及反馈; ③非同步性沟通(asynchronous communication), 即在社交媒体中受众有更多的时间对内容进行编辑和调整, 为自我呈现进行更加充分的准备(毛良斌, 2020)。

有研究发现在社交媒体中进行自我呈现可以提升个体的主观幸福感

(Pang，2018)，但也有学者通过研究发现社交媒体中的自我呈现不仅对主观幸福感没有积极影响，甚至会在一定程度上降低主观幸福感(Bevan, Gomez, and Sparks，2014)。国内学者毛良斌则进一步指出，社交媒体中的自我呈现对主观幸福感的影响取决于以何种方式进行自我呈现，积极的社交媒体自我呈现可以显著提高主观幸福感，并且能降低消极情绪(毛良斌，2020)；而消极的社交媒体自我呈现则会显著降低主观幸福感，例如自恋式自我呈现(Yu and Kim，2020)以及消极内容的呈现(Bevan et al.，2014)。

(一) 性别差异

社交媒体的自我呈现过程存在显著性别差异(Chen and Jackson，2012)。例如，女孩更有可能与朋友讨论外表，而男孩对于外表的讨论则更侧重于肌肉(Jones and Crawford，2006)。Chen等人(2012)选取生活在中国重庆的中小学生为研究对象，探究社交媒体影响身体形象满意度这个问题中的性别差异。研究发现，相较于男孩，女孩受到了更多来自社交媒体与人际网络中的外表压力，包括与同龄人的外貌比较等，体现了社交媒体和人际因素对青春期女孩的影响比男孩更为突出(Chen and Jackson，2012)。有研究发现，媒体会对女性施加与身材相关的社会文化压力，女性在内化这种对身材的要求后，会将其与自己的身体相比较，当她们难以达到这种标准时，便会对自己的身体产生不满情绪(Meier and Gray，2014)。而社交媒体的使用选择问题也存在着性别差异，Marengo等人(2018)的研究发现，男性比女性更常使用Facebook，而女性比男性更有可能使用高视觉社交媒体(highly-visual social media，HVSM)。

(二) 身体形象

目前对于身体形象(body image)的研究主要集中在评价比较方面(Stice and Bearman，2001)。学者的研究证实，评价性比较会产生负面结果。例如，德尔金(Durkin)等人认为与理想化的女性图像进行比较会对青少年女性产生显著的负面影响(Durkin and Paxton, 2002)。但并非所有个体都会对媒体图像或信息产生负面反应,有学者认为身体形象的社会比较可能对个体也存在一定保护作用,并且对心理健康有积极作用(Krayer, Ingledew, and Iphofen, 2008)。斯蒂斯(Stice)等人通过元分析证实,若个体可以预先认识到社会比较对身体形象产生的影响,就可有效缓解其心理压力。例如,在个人层面建立起对理想化图像所带来的压力的复原力(Stice, 2004)。马伦戈(Marengo)等人发现,高视觉社交媒体与较差的心理健康间的正相关关系是由于参与者对其身体形象的不满所导致的(Marengo et al., 2018)。其他学者的研究也证实了频繁使用社交媒体会对青少年(Sampasa-Kanyinga and Lewis, 2015)、年轻人的心理健康以及内化症状产生负面影响(Colunga-Rodríguez et al., 2016)。

图像匹配法常被用于测量个体对体形的满意程度。我国的研究者以往常用西方人体形满意度测试中所使用的测试工具对本国人群进行测试(如图10-2所示),然而不同国家的人群在体形和脂肪分布方面有明显差异,因此王葵等人开发了适合测量我国青少年体形满意度的测试工具(Yu et al., 2022)。

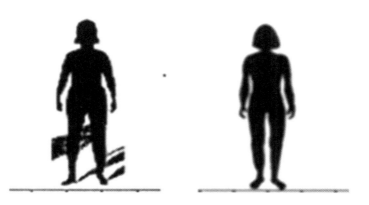

左图为Peterson等人(2003)开发的体型满意度测试中使用的剪影图样例,右图为根据我国青少年BMI得到的剪影图样例

图10-2 体形满意度的测试工具

1. 新媒体与儿童身体形象

新媒体与儿童、青少年身体形象的关系也引起了学者的重视。有学者认为儿童通过媒体会接触到关于身体形象的图像，当这些所谓的"完美身材"标准与自己的身材不符时，便可能会使儿童产生负面情绪（Stice and Schupak-Neuberg，1994）。韦特海姆（Wertheim）等人的研究表明，15 岁女孩对变瘦的压力来自媒体中对"瘦"的体态的表达（Wertheim et al.，1997）。除此之外，还有学者对社交媒体与儿童肥胖的关系进行了研究。有学者认为超重的儿童更有可能被社会孤立和边缘化，而社交网络会影响他们对身体形象的认知（Li et al.，2013）。例如，当身边的同龄人大都具有肥胖问题时，青少年更有可能低估自己的体重状况（Ali，Amialchuk，and Renna，2011）。儿童的肥胖问题也与社交网络的使用有关，例如用电脑玩游戏、点快餐等（Haye et al.，2012）。由此可见，社交网络对儿童和青少年的饮食和体重起着重要的影响作用，而社交网络有促进其做出健康行为的潜力（Li et al.，2013）。

2. 身体形象与媒体曝光

相较于杂志和电视，越来越多的青少年开始使用互联网等其他形式的媒体，因此越来越多的学者将媒体曝光（media exposure）的概念扩大至电视、杂志、互联网和社交媒体当中（Slater and Tiggemann，2015）。青少年在印刷品和数字媒体中频繁接触与"瘦"这一与身体形象相关的图像，可能会激发其对身材的不满情绪（Grabe，Hyde，and Ward，2008）。伊夫林（Evelyn）等人的研究证实，互联网的外观暴露（appearance exposure）与青少年女性身体形象受到的干扰呈正相关关系（Meier and Gray，2014）。青少年女性在 Facebook 上花费的时间与对"瘦"观念的内化、身体监视（body surveillance）有关，与非 Facebook 用户相比，使用 Facebook 的用户对身体形象相关的图像有更高的关注度（Tiggemann and Slater，2013）。

二、社会比较

社会比较理论解释了个人如何通过与他人进行比较来评估自己的能力

和观点，从而学会如何定义自己、减少领域的不确定性（Festinger，1954b）。基于比较目标表现，学界通常将社会比较分为上行社会比较、下行社会比较两种。上行社会比较是指与自认为更好的人进行比较行为，而下行社会比较是指与自认为更差的人进行比较行为（Jia et al.，2019）。上行社会比较通常会降低自我评价（Tesser，Millar，and Moore，1988），而下行社会比较通常会提高自我评价（Gibbons，1986）。有学者对用户使用社交健身跟踪应用程序的意图进行调研，结果表明，用户如果在使用社交媒体时增加了上行社会比较，就会降低其对健身跟踪类应用程序的使用意愿，这是因为当用户在与自认为更好的人进行比较的过程中，容易遇挫和产生不满情绪，从而导致主观幸福感下降（Jia et al.，2019）。

社会比较理论包括三种评价：自我评价（self-evaluation）、自我完善（self-improvement）和自我增强（self-enhancement）。自我评价比较通常是指收集在技能、属性以及社会期望方面相较于他人地位的有关信息（Krayer，Ingledew，and Iphofen，2008）。自我评价也是身体形象的中心维度之一（Stice et al.，2001）。已有较多研究基于自我评价对个体身体形象不满和饮食失调实施干预治疗（Bornholt et al.，2005）。更多的研究表明，评价性比较会产生负面影响，如与理想化的女性身体形象进行比较会对青少年女性产生显著的负面影响（Durkin and Paxton，2002）。但评价性比较所带来的并非都是负面影响，如强化比较会对个体产生保护性的、有利于健康的积极影响（Polivy and Herman，2004）。自我完善比较则常用于个体解决自身问题或学习如何改善一个特定的特征（Wood，1989）。而自我增强比较是指允许个人保持对自己的积极看法并且保护自我价值、自尊（Wood et al.，1994）。一般认为，自我增强、自我完善比较通常会对个体产生积极影响（Martin and Gentry，1997），但有学者认为从长期来看，自我完善也可能会对个体产生负面影响，因为自我完善也是基于对媒体理想化图像的关注（Clay，Vignoles，and Dittmar，2005）。

（一）同伴比较

同伴比较（peer comparison）是指个人通过与他人进行比较实现对自我

评价的过程，如与同龄人进行比较（Festinger，1954a）。有学者认为同龄人的意见对于少女审美标准的形成、塑造（Dohnt and Tiggeann，2006）、外表的满意度（Goodman，2005）以及饮食病理（Ferguson et al.，2014）等方面都有显著影响。有研究表明，青少年女性对身体不满的主要预测因素为同龄人（Gondoli et al.，2011）。青少年可以通过发布图像、文本并在同伴的点赞和评论中获得反馈信息（Chua and Chang，2016），而这一互动过程也引发了青少年关于身体形象、容貌的同伴比较（Mascheroni，Vincent，and Jimenez，2015）。研究者将同伴在自我呈现中所扮演的角色分成了四种，即观众、评判者、学习的来源以及比较目标。例如，青少年女性在社交媒体上进行自我呈现是渴望得到认可和关注的表现，而这种长期互动行为也会持续扩大同伴比较的影响（Chua and Chang，2016）。并且，长期以外貌比较的方式与同伴进行比较，会对青少年的自尊造成负面影响，而频繁进行外貌比较，还会影响参与者的价值体系以及审美标准（Chang et al.，2019）。维特海姆（Wertheim）等人的研究支持了这一观点，即同伴间的外貌比较是年轻女孩在身体形象方面的主要压力来源，这种压力还会带来不满等负面情绪（Wertheim，2011）。还有学者认为，同伴比较还会在择偶方面带给女性更大的压力，因为女性认为最大的竞争对手是来自现实生活中的同龄人而非网络中的理想化女性（Ferguson et al.，2014）。

除此之外，由于青少年的自我调节能力有限，其更容易受到来自同龄人的压力，所以青少年在浏览社交媒体时也可能面临网络欺凌、隐私暴露、社交焦虑等问题，而这些风险可能会对青少年的心理健康产生显著的负面影响（Wigderson and Lynch，2013），其中包括抑郁（Vaillancourt et al.，2011）、焦虑（Fredstrom，Adams，and Gilman，2011）、自尊下降（Patchin and Hinduja，2010）以及学业成绩下降（Nishina，Juvonen，and Witkow，2005）等。

（二）相对剥夺感

经典的相对剥夺感是指个体通过与他人进行比较来确定自身的地位或

处境，处于弱势的群体通常会有被剥夺的感觉，而这种剥夺感会对心理健康产生不利影响（Mummendey et al.，1999）。还有学者认为相对剥夺感是人们在与他人比较的过程中，因个人所得利益、付出与期望、贡献之间有所差异，从而产生的一种不公平感（罗桂芬，1990）。默顿（Merton）认为，每个人都有不同的参照群体，而参照群体不同，人们对他人或对自己的相对位置与相对得失的感知也就有所不同（莫顿，2006）。最为常见的参照系是参照群体，影响参照群体选择的因素通常为现实的可比性、期待水平、价值尺度。现实的可比性是指个人和参照群体间的现实可比性，即人们通常不会与没有现实可比性的个人或群体进行比较；而期待水平是指人们通常会选取某个参照群体与自己的利益获取、收入与机会进行比较，如果期待得到满足就会产生幸福感，而期待没有得到满足则会产生相对剥夺感；价值尺度则指人们通常会根据特定的价值尺度来横向比较与他人的相对利益的关系、相对位置。与此同时，相对剥夺感也离不开纵向的比较，除了具备上述三种参照群体的选择因素外，纵向相对剥夺感的参照系还包括个人的比较方向，即与自己过去的某种状况进行比较（王宁，2007）。

相对剥夺感可能会导致大学生出现网络成瘾行为，包括线上偏差行为、逃避行为。相对剥夺感会导致个体的行为出现偏差，并且会引发个体的愤怒、不满等消极情绪（Callan，Shead，and Olson，2015）。网络游戏成瘾则属于典型的线上偏差行为（严万森、张冉冉、刘苏姣，2016），有学者认为沉迷网络游戏可能是由于个体想要扭转相对剥夺感所导致的劣质局面（丁倩 等，2018）。此外，相对剥夺感还可能导致个体出现逃避行为，网络游戏具有刺激性、可接近性和易用性等特征，因此容易成为大学生逃避现实生活的首选途径（丁倩 等，2018），逃避现实是个体产生网络游戏成瘾行为的重要内在动机（Kwon，Chung，and Lee，2011）。

第二节 网络偏差行为及应对

一、网络成瘾行为

(一) 概念

在没有服用刺激性物质的情况下，任何可以提供持续性奖励的行为都可能让个体成瘾。成瘾者会对其他活动失去兴趣，将大部分时间花在与其他成瘾者的联系上，如果有人试图阻止该行为，其会在身体或精神上出现症状(如颤抖等)。网络成瘾成分模型(Griffiths, 2008)指出，网络使用中若包括如下六个特征就可以界定为成瘾。①显著性(指网络使用的专注性)。认知上，个体围绕网络进行思考(生活中最重要的活动)；情绪上，个体渴望使用网络；行为上，其他行为会因上网行为而被忽视(社会化行为减少)。②情绪调节。个体通过使用网络而获得良好感觉并逃避现实生活(陶醉感)，上网改善其心境并忘却每天生活中的难处(逃离感)。③耐受性。与之前相比，个体逐渐增加用于上网的时间和精力，并需要增加更多的上网时间才能获得先前的积极感受。④戒断症状。当由于内在、外在动机停止或减少网络使用时间时，个体会产生情绪或生理上的负面反应，如情绪喜怒无常、烦躁、抑郁、焦虑等，在生理上表现出免疫力下降、手抖、生理失调等现象。⑤冲突性。冲突性表现在以下方面：人际冲突(与周围人产生冲突)，在网络上花很多时间，从而影响与家人、朋友、同事的关系；活动冲突，如上网与工作、学业等的冲突；自我冲突，如内心冲突、对自我失去控制的主观感受等。⑥复发性。个体在脱离网络方面的失败，个体会不断地恢复之前使用网络的习惯(在每次刻意节制后很快恢复)。综上，网络成瘾是存在的，但仅发生在极少数人身上，大多数人面对的问题是过度使用网络,但并没有成瘾。

(二)过度使用网络的影响因素

1. 归属需求

归属需求是人类互动的准则,寻求社会依赖与归属是人类社会的普遍行为。归属需求与担心拒绝是社交网络使用的重要预测值——归属需求感越强烈的人,其社交网络的使用强度也越高;担心拒绝心态越强的人,则社交网络使用强度越高。有研究者以使用与满足为理论基础,指出青少年使用社交网络的最主要目的之一就是自我提升,即通过社交网络进行积极的自我展示,来获得积极的自我认同感并寻求归属感(Bright,Kleiser,and Grau,2015)。

2. 负性情绪

在早期过度使用网络问题的研究中,焦虑、抑郁、孤独感、无聊等负性情绪都可以导致过度使用网络问题的产生。Morahan-Martina 和 Schumache(2003)的研究发现,相较于低孤独感的青少年,高孤独感水平的个体具有非常强烈的上网渴求,他们比低孤独感水平的大学生报告了更多的网络社交体验;高孤独感水平的大学生还报告了他们进行网络社交目的主要是降低心理焦虑、抑郁和孤独感、获得社会支持和提高生活满意度。有研究发现抑郁和社交焦虑可以直接预测青少年的网络过度使用行为,并且青少年对社交网络使用结果的预期可以调节社交焦虑与社交网络过度使用的关系(Meena,Mittal,and Solanki,2012),即如果青少年的社交焦虑程度较高,那么基于对现实社交焦虑的回避和对社会交往的需求,青少年则更愿意通过社交网络来达到需求的满足。对于高社交焦虑的青少年来说,他们使用社交网络的时间要远远多于低社交焦虑的青少年,这就更易导致网络过度使用行为的发生。

二、网络欺凌行为

(一) 概念

网络欺凌(cyber bullying)又称网络欺负,是指个人或群体利用信息和通信技术对他人发起故意的、重复性的伤害行为。按网络欺凌行为的普遍程度从高到低排序为:骚扰、威胁、嘲笑、漠视、散播受害者谣言。实施网络欺凌的工具主要为智能手机、电脑或其他可以连接互联网的电子设备(Beasley,2015)。格里格(Grigg)将网络欺凌的标准分为故意伤害(intentional harm)、权力的不平衡(imbalance of power)以及重复受害(repetition of victimization)。格里格认为,如果网络欺凌的受害者难以为自己辩护,就存在着权力不平衡,而这种不平衡对产生攻击行为的肇事者而言是有利的(Grigg,2010)。重复传播攻击性图片和视频所产生的重复伤害被认为是具有严重破坏性的,因为观看这些内容的受众范围广,这些内容可能会对受害者造成心理影响(Gillespie,2007)。如拍摄有攻击性或有辱人格的视频并且转发给其他人或者传播到社交网络中就会造成重复性伤害(Spears,2009)。网络社会排斥是指个体在使用通信工具进行网络互动时,在可接受的等待时间内未得到预期的认可或反馈,进而产生的一种消极心理(孙晓军、童媛添、范翠英,2017)。Tobin 等人研究了 Facebook 状态更新对个体的影响,结果显示,没有得到状态更新反馈的实验参与者在归属感、自尊、有意义的存在和控制方面的水平都有所降低(Tobin et al.,2015)。

网络欺凌与传统欺凌行为的相似点在于都存在伤害意图、造成伤害的重复性、权力不对等。与传统欺凌行为的区别在于:线下欺凌行为的重复性表现在多次实施,而网络欺凌行为实施一次即可造成多次伤害;线下欺凌行为是权力方实施(权力方具有多维特征);网络欺凌行为的权力方一般偏向于掌握网络技术的一方。网络欺凌行为的特征有四点:①匿名性

(匿名发送信息的特性可以降低欺凌者暴露风险,也形成去抑制化效果,即欺凌者倾向于不克制自身行为);②社会线索缺乏(欺凌者无法亲眼看到受害者的反应,不会亲自面对其行为的后果);③潜在受众(网络公共空间中会伤害更多潜在受众);④难以逃避(线下欺凌会使受害者寻找安全避难所,但网络欺凌行为使欺凌信息无孔不入,受害者很难避开)(Vandebosch and Cleemput, 2008; Patchin and Hinduja, 2011)。

(二)网络欺凌行为的后果及原因

网络欺凌行为会对受害者造成严重的身体、心理伤害,如社交焦虑、低自尊、情感障碍(如抑郁、悲伤、无助、愤怒、失望、沮丧、脆弱、恐惧)、药物滥用、饮食障碍、逃学、逃避工作、工作学业成绩下降、自杀,等等。对大学生的相关研究发现,当大学生感受到网络社会排斥后,其内在情绪状态发生改变,导致其共情能力减弱,对外界刺激不敏感、对复杂事件处理能力的降低以及产生攻击行为(Twenge et al., 2001)。而大学生遭受的社会排斥程度越高,个体冲动性就越强,攻击倾向就越严重(De Wall et al., 2009)。网络社会排斥阻碍了个体归属感和人际交往需求的满足感,不仅会使个体感受到更多的消极情绪、社会疼痛感,还会增加个体的抑郁风险(Niu et al., 2016)。根据社会排斥的需求——威胁模型(Williams, 2009),网络社会排斥还会导致个体因被忽视、排斥导致的自我价值感的降低,并使个体的自尊难以得到满足(雷玉菊 等,2018)。金童林等人通过研究发现,网络社会排斥对大学生的网络攻击行为有正向预测作用(金童林 等,2019)。与此同时,由于在网络人际互动中缺乏语气等交流线索,大学生会过度自我关注、患得患失,并且会因为排斥心理使得对自身负面评价信息的敏感度上升(程莹 等,2014)。

目前,学界对线下欺凌行为的受害者是否会使其成为网络欺凌者的研究结论并不一致。例如,有研究发现线下欺凌行为的受害者容易成为网络欺凌行为的施加者(Agatston et al., 2007),也有研究发现线下欺凌行为的受害者仍然是网络欺凌行为的受害者(Kowalski et al., 2012),且其中性别差异的研究结论也不一致。基于媒介内容视角，有研究发现青少年接触越多反社会信息越容易产生网络欺凌行为（Hamer et al.，2014）。基于一般压力理论（general strain theory，GST），经历压力的个体同样会体验到负面情绪（愤怒、挫折、怨恨），这会增加其产生偏差行为的可能性。网络去个性化效应指出，除了匿名性，网络空间中存在的多种因素都可能导致去个性化效应，如感觉超负荷、新奇性、无组织情境、酒精滥用等，这类去个性化效应会导致个体不在乎他人如何评价自己，或者不会考虑当时的情绪而直接做出反应，即网络欺凌者之所以肆无忌惮地施加欺凌行为，是因为其认为自己的网络行为不会受到惩罚。

（三）旁观者效应

在网络欺凌事件中，旁观者不是最初的欺凌者和被欺凌者，他们是欺凌事件的知情者、目睹者及干预者，一般分为消极的旁观者行为（加强欺凌，加入或者鼓励欺凌）、积极的旁观者行为（帮助或保护被欺凌者，对抗欺凌者，请求帮助，报告欺凌事件或者安慰、支持被欺凌者）、被动的旁观者行为（什么也不做，忽略欺凌事件）。旁观者在网络欺凌事件中有着非常重要的作用，被称为"欺凌事件恶性循环的无形引擎"（Twemlow et al.，2001），旁观者看到网络欺凌事件后所采取的行为会影响网络欺凌事件的发展方向——旁观者反对欺凌者：当旁观者删除并停止传播信息等行为有利于减少甚至制止网络欺凌事件，使其朝着更好的方向发展；当旁观者转发、点赞等强化欺凌的行为则容易使网络欺凌事件发酵，欺凌事件的影响可能会从局部扩散到更大的范围，使网络欺凌事件朝着更糟糕的方向发展；当旁观者为欺凌者提供积极的反馈时，会进一步增加欺凌者的攻击行为；旁观者帮助或者支持被欺凌者、反抗欺凌者可以有效地减少欺凌行为。旁观者的行为还会对被欺凌者的心理健康造成严重的影响：旁观者帮助、关心、安慰被欺凌者和对抗欺凌者等行为，能够使被欺凌者减轻负性情绪；而旁观者加入欺凌的行为则会对被欺凌者产生更大的消极影响，致使其更焦虑、抑郁、恐惧和形成更低的自尊；若旁观者不采取任何行为，但被动旁观也会让欺凌者认为是对欺凌行为的变相支持和默许。

在网络欺凌中,旁观者一般使用道德推脱来减轻自身的心理压力。道德推脱(moral disengagement)是一种特定的认知方式,包括重新解释自己的不道德行为,为自己的行为找各种借口(理由)来最大限度地逃避自己应承担的责任。一般而言,大多数人都有着一定的内在道德标准,其能够很好地规范人们的行为。如果一个人的行为与其内在道德标准相抵触,那么他会为自己的行为感到内疚与自责,即个人的行为一般与其内在道德标准相统一。但是,道德推脱却能够阻挡个人行为与其内在道德标准产生联系,个体即使做出了不道德的行为也不会为此感到内疚、自责。Moore(2008)在此基础上指出,道德推脱能够使个体产生错误的认知,即个体在做出不良行为后,通过重新为自己的行为辩解,使其行为能够被大众接受,逃避其应该承担的责任,以此降低个体的内疚与自责。道德推脱常见的做法有三种:①通过对不道德行为进行认知重组,让行为更能够被接受;②通过削弱自己在行为中应负的责任,来减少自己的内疚与自责;③通过贬低他人、指责他人罪有应得来减轻自己的负担。有研究发现,欺凌者、具有攻击性的儿童和青少年在道德推脱上的得分比受害者、不具有攻击性的儿童和青少年以及没有参与欺凌的人高(Renati,Berrone,and Zanetti,2012)。道德推脱能够正向预测个体的网络欺凌行为:道德推脱水平高的旁观者更可能做出促进欺凌的行为或者局外行为,而道德推脱水平低的旁观者则更可能做出帮助被欺凌者的行为。

三、新媒体中的心理压力应对

(一)社会支持

社会交往使用包括语言或非语言交流方式,提供旨在提高个体情绪承受力、竞争力、归属感和自尊的帮助,包括实际帮助和感知到的帮助。大量研究证实,社会支持的增加有益于个体身体和心理健康的改善。一般社会支持分为五类：①情感支持，试图对他人的情绪状态产生积极影响的支持行为(如拥抱、发送支持类信息或幽默信息)；②尊重支持，试图加强对方对自我价值的肯定或试图让对方逐渐形成坚定的信念，从而能够面对问题并取得成功；③网络支持，保证需要支持的人不会独自面对问题，在需要时有人陪伴的支持行为；④信息支持，将有用或必要信息的发送给对方；⑤有形支持，提供物质资源、实施行为、经济援助等帮助(Schaefer，1982)。在新媒体环境中，在手机 App 市场已有较多获得成功的、用于缓解压力的 App，这类 App 一般通过游戏策略来缓解用户的压力。例如，通过完成任务后的反馈、奖励等方式，促进"自助式"的健康干预；通过社交媒体构建网络社群等方式来获取同伴支持，在网络群体内进行信息交流，对所感知的心理压力通过线上、线下结合的方式获取社会支持，从而缓解心理压力。

（二）正确认识消极情绪

个体处于消极的情绪状态时，思维的方向更容易聚焦于自身熟悉的选项，逃避风险的行为倾向更明显。而处于积极的情绪状态时，思维的方向会更多元，创新能力也有显著提升。值得注意的是，并不能因为积极情绪带来的正面影响、消极情绪带来的负面作用就彻底否定消极情绪。从进化视角来看，无论是积极情绪还是消极情绪，都是人类的适应性策略，都具有积极意义。情绪是进化选择的一种适应机制，可以保护人类。在人类进化史上，消极情绪有助于个体识别危险因素。同时，消极情绪可以被转化与控制。一方面，选择接纳消极情绪，认识到积极情绪、消极情绪之间的转换是很自然的事情；觉知情绪状态并接纳情绪，在明晰内心的体验与感受的基础上，唤醒理性思考，使调整心态、转化情绪成为可能。另一方面，培养心理韧性，构建成熟的心理防御机制，也可以有效转化消极情绪，如通过逻辑归纳，将矛盾的想法和感觉分离，以减少内心冲突、减少或终止消极情绪的蔓延，将注意力转移到事件本身，同时聚焦自身已有的价值特质，以补偿面临的一些"损失项"。

（三）有效运用积极情绪的力量

有研究者指出，有仪式感的写信形式（把积极美好事件写下来）能够减少消极情绪带来的影响，从而减少压力，使个体感到更幸福（Pennebaker and Chung，2011）。这正是积极情绪——感恩所产生的作用。感恩是对发生在自己身上的事情感到惊喜和感谢，感恩构建了人与人之间的信任关系，强化了互惠和信任他人的意愿，促进了更多的合作行为。在唤醒积极情绪方面，音乐的力量非常强大。有研究发现，音乐中的低音节奏部分是控制感和信息的来源，这种节奏可以增进个体的抽象思维，产生较强的行动力（Dennis et al.，2014）。在音乐类型方面，也有研究发现阳光类的音乐比灰暗类的音乐更能激发个体的希望感，积极情绪在音乐类型和希望感之间起中介作用，即不同的音乐类型能够通过改变人们的积极情绪水平来影响希望感。

参 考 文 献

(一) 中文部分

[1] 鲍尔-洛基奇,郑朱泳,王斌. 从"媒介系统依赖"到"传播机体":"媒介系统依赖论"发展回顾及新概念[J]. 国际新闻界,2004(2):9-12.

[2] 蔡华俭,黄梓航,林莉,等. 半个多世纪来中国人的心理与行为变化:心理学视野下的研究[J]. 心理科学进展,2020(28):1599-1618.

[3] 常李艳,华薇娜,刘婧,等. 社交网站(SNS)中在线社会支持的研究现状与趋势分析[J]. 现代情报,2019(5):166-176.

[4] 陈佳,齐元,陈毅文,等. 电视购物消费者知觉风险与购买决策行为分析[J]. 管理评论,2011(23):54-60.

[5] 陈毅文,马继伟. 电子商务中消费者购买决策及其影响因素[J]. 心理科学进展,2013(20):27-34.

[6] 程莹,成年,李至,等. 网络社会中的排斥:着眼于被排斥者的心理行为反应[J]. 中国临床心理学杂志,2014(22):418-423.

[7] 崔剑峰. 感知风险对消费者网络冲动购买的影响[J]. 社会科学战线,2019(4):254-258.

[8] 代涛涛,佐斌,郭敏仪. 网络表情符号使用对热情和能力感知的影响:社会临场感的中介作用[J]. 中国临床心理学杂志,2018,26(3):445-448.

[9] 丁倩,唐云,魏华,等. 相对剥夺感与大学生网络游戏成瘾的关系:一个有调节的中介模型[J]. 心理学报,2018(9):1041-1050.

[10] 福山. 信任:社会道德与繁荣的创造[M]. 李宛蓉,译. 呼和

浩特：远方出版社，1998.

[11]高倩，佐斌. 主我分享：人际吸引研究的新发展[J]. 心理科学，2009(32)：391-393.

[12]戈夫曼. 日常生活中的自我呈现[M]. 黄爱华，冯钢，译. 杭州：浙江人民出版社，1989.

[13]韩晓宁，王军，张晗. 内容依赖：作为媒体的微信使用与满足研究[J]. 国际新闻界，2014(36)：82-96.

[14]何秋红，靳言言. 社交媒体依赖的心理成因探析[J]. 编辑之友，2017(2)：65-69.

[15]洪世瑾，刘海玲，程诚，等. 五因素边缘人格量表(简版)在中国大学生中的信效度检验[J]. 中国临床心理学杂志，2020(28)：1-6.

[16]洪宇翔. 风险视角下网络空间社会情绪的形成和干预[J]. 浙江学刊，2017(4)：135-139.

[17]黄淳，于泽，李彬. 不确定经济学对风险偏好的认识[J]. 教学与研究，2005(4)：54-59.

[18]黄贵海，周坤，孙悦，等. 不参赌是规避风险还是规避后悔[J]. 心理科学，2013(36)：1447-1450.

[19]纪春礼，聂元昆. 中国游客博彩消费行为意向及其影响因素：基于MGB理论的实证检验[J]. 旅游学刊，2017(7)：37-46.

[20]姜婷婷，权明喆，魏子瑶. 信息规避研究：边界、脉络与动向[J]. 中国图书馆学报，2020(46)：99-114.

[21]蒋建国. 网络社交媒体的角色展演、交往报酬与社会规范[J]. 南京社会科学，2015(8)：113-120.

[22]金童林，乌云特娜，张璐，等. 网络社会排斥对大学生网络攻击行为和传统攻击行为的影响：疏离感的中介作用[J]. 心理科学，2019(42)：1106-1112.

[23]兰继军. 风险决策与博彩行为的眼动特点[J]. 心理科学，2009(32)：700-702.

[24] 雷玉菊,张晨艳,牛更枫,等. 网络社会排斥对抑郁的影响:一个有调节的中介效应模型[J]. 心理科学,2018(41):98-104.

[25] 李春雷,陈华. 社交媒体交往中的情绪地理结构研究:基于三省六地的实地调研[J]. 当代传播,2019(6):59-63.

[26] 李恒威,盛晓明. 认知的具身化[J]. 科学学研究,2006(2):184-190.

[27] 李双双. 消费者网上购物决策模型分析[J]. 心理科学进展,2006(14):294-299.

[28] 刘丹凌. 论新媒体的风险放大机制与应对策略[J]. 中州学刊,2010(176):253-257.

[29] 刘靖东,钟伯光, 姒刚彦. 自我决定理论在中国人人群的应用[J]. 心理科学进展,2013(21):1803-1813.

[30] 刘鲁川,张冰倩,孙凯. 基于扎根理论的社交媒体用户焦虑情绪研究[J]. 情报资料工作,2019(40):68-76.

[31] 刘霞,潘晓良. 信息加工心理学的方法论反思[J]. 理论月刊,1997(7):27-29.

[32] 刘毅. 微信使用对大学生主观幸福感影响的实证研究[J]. 现代传播,2018(40):154-159.

[33] 刘泽文,贺泽海. 成人依恋、主我分享与人际吸引的关系[J]. 中国心理卫生杂志,2011(25):233-238.

[34] 路鹃,亢恺. 中美大学生社交网络使用动机分析:基于使用与满足理论[J]. 现代传播,2013(35):158-160.

[35] 罗桂芬. 社会改革中人们的"相对剥夺感"心理浅析[J]. 中国人民大学学报,1990(4):84-89.

[36] 罗秋铃,魏晓波,陆夏平,等. 病理性赌徒决策缺陷的内在机制研究综述[J]. 中国临床心理学杂志,2013(21):718-722.

[37] 马志浩,葛进平. 网络直播平台的使用会影响人们的心理健康吗?——网络直播的使用强度、动机与主观幸福感[J]. 新媒体与社会,

2018(1): 128-141.

[38] 麦奎尔. 麦奎尔大众传播理论[M]. 6版. 徐佳, 董璐, 译. 北京: 清华大学出版社, 2019.

[39] 麦奎尔. 受众分析[M]. 刘燕南, 等, 译. 北京: 中国人民大学出版社, 2006.

[40] 毛良斌. 社交媒体自我呈现与主观幸福感关系的元分析[J]. 现代传播, 2020(42): 141-148.

[41] 莫顿. 社会理论与社会结构[M]. 唐少杰, 等, 译. 南京: 译林出版社, 2006.

[42] 牛静, 孟筱筱. 社交媒体信任对隐私风险感知和自我表露的影响: 网络人际信任的中介效应[J]. 国际新闻界, 2019(41): 91-109.

[43] 潘煜, 徐四华, 方卓, 等. 金融风险决策中的主被动选择偏好研究: 从情感体验的视角[J]. 管理科学学报, 2016(19): 1-17.

[44] 彭兰. "新媒体"概念界定的三条线索[J]. 新闻与传播研究, 2016, 23(3): 120-125.

[45] 钱铭怡, 武国城, 朱荣春, 等. 艾森克人格问卷简式量表中国版(EPQ-RSC)的修订[J]. 心理学报, 2000(3): 317-323.

[46] 荣荣, 柯慧玲. 基于使用与满足理论的微信用户"点赞"行为动机研究[J]. 新闻界, 2015(24): 51-55.

[47] 申承林, 李晨麟, 游旭群. 特殊教育教师职业人格量表的编制[J]. 心理与行为研究, 2020(18): 339-345.

[48] 宋维真, 张建新, 张建平, 等. 编制中国人个性测量表(CPAI)的意义与程序[J]. 心理学报, 1993(4): 400-407.

[49] 宋小康, 赵宇翔, 张轩慧. 移动社交媒体环境下用户错失焦虑症(FoMO)量表构建研究[J]. 图书情报工作, 2017(61): 96-105.

[50] 宋晓蕾, 李洋洋, 杨倩, 等. 反应手的不同状态对联合任务中观察学习的影响[J]. 心理学报, 2018(50): 975-984.

[51] 孙玮. 交流者的身体: 传播与在场——意识主体、身体-主体、

智能主体的演变[J]. 国际新闻界, 2018(40): 83-103.

[52] 孙晓军, 童媛添, 范翠英. 现实及网络社会排斥与大学生抑郁的关系: 自我控制的中介作用[J]. 心理与行为研究, 2017(15): 169-174.

[53] 索尔所, 麦克林 M K, 麦克林 O H. 认知心理学[M]. 7版. 邵志芳, 等, 译. 上海: 上海人民出版社, 2008.

[54] 王登峰, 崔红. 中国人人格量表(QZPS)的编制过程与初步结果[J]. 心理学报, 2003(1): 127-136.

[55] 王登峰, 崔红. 中西方人格结构差异的理论与实证分析: 以中国人人格量表(QZPS)和西方五因素人格量表(NEOPI-R)为例[J]. 心理学报, 2008(3): 327-338.

[56] 王俊秀. 社会心态: 转型社会的社会心理研究[J]. 社会学研究, 2014(29): 104-124+244.

[57] 王孟成, 戴晓阳, 姚树桥. 中国大五人格问卷的初步编制 Ⅰ: 理论框架与信度分析[J]. 中国临床心理学杂志, 2010a(18): 545-548.

[58] 王孟成, 戴晓阳, 姚树桥. 中国大五人格问卷的初步编制 Ⅱ: 效度分析[J]. 中国临床心理学杂志, 2010b(18): 687-690.

[59] 王宁. 相对剥夺感: 从横向到纵向: 以城市退休老人对医疗保障体制转型的体验为例[J]. 西北师大学报, 2007(4): 19-25.

[60] 王芃, 王忠军, 李松锴. 好人也会做坏事: 有限道德视角下的不道德行为[J]. 心理科学进展, 2013(21): 1502-1511.

[61] 王秀娟, 王梦婷, 韩尚锋, 等. 风险决策框架下的求助意愿: 依恋的调节作用[J]. 心理与行为研究, 2019(17): 840-845.

[62] 伍秋萍, 冯聪, 陈斌斌. 具身框架下的社会认知研究述评[J]. 心理科学进展, 2011(19): 336-345.

[63] 肖云茹. 论不确定条件下的风险决策[J]. 南开经济研究, 2003(1): 34-37.

[64] 熊澄宇, 廖毅文. 新媒体: 伊拉克战争中的达摩克利斯之剑[J]. 中国记者, 2003(5): 56-57.

[65]严万森,张冉冉,刘苏姣. 冲动性对不同成瘾行为发展的调控及其神经机制[J]. 心理科学进展,2016(2):159-172.

[66]晏青,支庭荣. 社交媒体礼仪:数字关系情境下的伦理方案与效果辨析[J]. 现代传播,2017(39):127-132.

[67]杨沈龙,郭永玉,喻丰,等. 系统合理化何以形成:三种不同的解释视角[J]. 心理科学进展,2018(26):2238-2248.

[68]叶凤云,李君君. 大学生移动社交媒体错失焦虑症测量量表开发与应用[J]. 图书情报工作,2019(63):110-118.

[69]叶浩生. 具身认知:认知心理学的新取向[J]. 心理科学进展,2010(18):705-710.

[70]叶浩生. 身心二元论的困境与具身认知研究的兴起[J]. 心理科学,2011a(4):999-1005.

[71]叶浩生. 有关具身认知思潮的理论心理学思考[J]. 心理学报,2011b(43):589-598.

[72]殷乐,高慧敏. 虚拟现实与传播形态:国内外前沿应用案例分析[J]. 当代传播,2019(1):32-37.

[73]袁可,管益杰. 消费者网络购物行为的影响因素[J]. 中国临床心理学杂志,2013(2):328-333.

[74]岳灵紫,李纾,梁竹苑. 风险决策中的领域特异性[J]. 心理科学进展,2018(26):928-938.

[75]曾守锤,李其维. 模糊痕迹理论:对经典认知发展理论的挑战[J]. 心理科学,2004(2):489-492.

[76]张建新,周明洁. 中国人人格结构探索:人格特质六因素假说[J]. 心理科学进展,2006(4):574-585.

[77]张剑,张建兵,李跃,等. 促进工作动机的有效路径:自我决定理论的观点[J]. 心理科学进展,2010(18):752-759.

[78]张卫,林崇德. 认知发展的后信息加工观[J]. 心理发展与教育,2002(18):86-91.

[79] 张亚利, 李森, 俞国良. 大学生错失焦虑与认知失败的关系: 手机社交媒体依赖的中介作用[J]. 中国临床心理学杂志, 2020(28): 67-70+81.

[80] 赵宇翔, 张轩慧, 宋小康. 移动社交媒体环境下用户错失焦虑症(FoMO)的研究回顾与展望[J]. 图书情报工作, 2017(61): 133-144.

[81] 郑全全, 俞国良. 人际关系心理学[M]. 北京: 人民教育出版社, 1999.

[82] 郑旭东, 马云飞. 脑电图技术的教育研究图景与趋势: 基于2000—2019年国际文献的知识图谱分析[J]. 现代远程教育研究, 2020(32): 36-47.

[83] 周晖, 钮丽丽, 邹泓. 中学生人格五因素问卷的编制[J]. 心理发展与教育, 2000(1): 48-54.

[84] 周加仙, 董奇. 学习与脑可塑性的研究进展及其教育意义[J]. 心理科学, 2008(1): 152-155.

[85] 周明洁, 张建新. 中国社会现代化进程和城市现代化水平与中国人群体人格变化模式[J]. 心理科学进展, 2007(2): 203-210.

[86] 祝蓓里, 戴忠恒. 卡氏十六种人格因素中国常模的修订[J]. 心理科学通讯, 1988(6): 16-20.

[87] 祝蓓里, 卢寄萍. 儿童十四种人格因素问卷(CPQ)中国常模的修订[J]. 心理科学通讯, 1990(4): 34-37+67.

(二)英文部分

[1] AAGAARD J. Media multitasking attention and distraction: a critical discussion[J]. Phenomenology the cognitive sciences, 2015, 14(4): 885-896.

[2] AI-NATOVE S, CAVUSOGLV H, BENBASAT I, et al. An empirical investigation of the antecedents and consequences of privacy uncertainty in the context of mobile apps[J]. Information systems research, 2020, 31(4): 1-32.

[3] ADIL S, LACOSTE-BADIE S, DROULERS O. Face presence and gaze direction in print advertisements[J]. Journal of advertising research, 2018, 58(4): 443-455.

[4] AGGARWAL P, MCGILL A L. Is that car smiling at me? Schema congruity as a basis for evaluating anthropomorphized products[J]. Journal of consumer research, 2007, 34(4): 468-479.

[5] ALHAKAMI A S, SLOVIC P. A psychological study of the inverse relationship between perceived risk and perceived benefit[J]. Risk analysis, 1994, 14(6): 1085-1096.

[6] ALT D. College students' academic motivation, media engagement and fear of missing out[J]. Computers in Human Behavior, 2015, 49: 111-119.

[7] ANDEL S A, DE VREEDE T, SPECTOR P E, et al. Do social features help in video-centric online learning platforms? a social presence perspective[J]. Computers in human behavior, 2020, 113: 106505.

[8] ANDERSON C A, CARNAGEY N L, EUBANKS J. Exposure to violent media: the effects of songs with violent lyrics on aggressive thoughts and feelings[J]. Journal of personality and social psychology, 2003, 84(5): 960-971.

[9] ANDERSON J R. ACT: a simple theory of complex cognition[J]. American psychologist, 1996, 51(4): 355-365.

[10] ANDERSON D. US high school students' social media use and their political socialization[J]. Communication today, 2020, 11(2): 166-175.

[11] ANDREWS N P, YOGEESWARAN K, WANG M J, et al. Is social media use changing who we are? examining the bidirectional relationship between personality and social media use[J]. Cyberpsychology behavior and social networking, 2020, 23(11): 752-760.

[12] ANTONOVSKY A. The structure and properties of the Sense of Co-

herence scale[J]. Social science medicine, 1993, 36(6): 725-733.

[13]ARON A, JR G W L, et al. The self-expansion model of motivation and cognition in close relationships[C]// The Oxford handbook of close relationships. New York: Oxford University Press, 2013.

[14]ARON A, STEELE J L, KASHDAN T B, et al. When similars do not attract: tests of a prediction from the self-expansion model[J]. Personal relationships, 2006(4): 387-396.

[15]ARONSON E. Some antecedents of interpersonal attraction[J]. Nebraska symposium on motivation, 1969, 143-173.

[16]ARONSON E. The power of self-persuasion[J]. American psychologist, 1999, 54(11): 875-884.

[17]ASHTON M C, LEE K. The HEXACO-60: a short measure of the major dimensions of personality[J]. Journal of personality assessment, 2009, 91(4): 340-345.

[18]ATKINSON R C, SHIFFRIN R M. Human memory: a proposed system and its control processes[J]. Psychology of learning motivation, 1968, 2(4): 89-195.

[19]AUBREY J S. Exposure to sexually objectifying media and body self-perceptions among college women: an examination of the selective exposure hypothesis and the role of moderating variables[J]. Sex roles, 2006, 55(3-4): 159-172.

[20]BACK M D, PENKE L, SCHMUKLE S C, et al. PERSOC: a unified framework for unclerstanding the dynamic interplay of personality and social relationships[J]. European journal of personality, 2011, 25(2): 90-107.

[21]BACKMAN C W, SECORD P F. The effect of perceived liking on interpersonal attraction[J]. Human relations, 1959(4): 379-384.

[22]BACK M D, BAUMERT A, DENISSEN J J A, et al. PERSOC: a unified framework for understanding the dynamic interplay of personality and so-

cial relationships[J]. European journal of personality, 2011, 25(2): 90–107.

[23]BADDELEY A D. The trouble with levels: a reexamination of craik and lockhart's framework for memory research[J]. Psychological review, 1978, 85(3): 139–152.

[24]BALAKRISHNAN V, KHAN S, ARABNIA H R. Improving cyberbullying detection using twitter users' psychological features and machine learning[J]. Computers & security, 2020, 90: 101710.

[25]BALAKRISHNAN V, KHAN S, FERNANDEZ T, et al. Cyberbullying detection on twitter using big five and dark triad features[J]. Personality and individual differences, 2019, 141: 252–257.

[26]BALCONI M, CANAVESIO Y. Emotional contagion and trait empathy in prosocial behavior in young people: the contribution of autonomic(facial feedback) and balanced emotional empathy scale(bees) measures[J]. Journal of clinical and experimental neuropsychology, 2013, 35(1): 41–48.

[27]BANDUR A A. Social cognitive theory of mass communication[C]// Media effects. Routledge, 2009.

[28]BAO-LIANG Z, MAN C S S, TIE-BANG L, et al. Nonfatal suicidal behaviors of Chinese rural-to-urban migrant workers: attitude toward suicide matters[J]. Suicide life-threat behavior, 2019, 49(5): 1199–1208.

[29]BARBERÁ P, JOST J T, NAGLER J, et al. Tweeting from left to right: is online political communication more than an echo chamber?[J]. Psychological science, 2015, 26(10): 1531–1542

[30]BARBOUR J B, RINTAMAKI L S, RAMSEY J A, et al. Avoiding health information[J]. Journal of health communication, 2012, 17(2): 211–219.

[31]BARGH J A, BOND R N, LOMBARDI W J, et al. The additive nature of chronic and temporary sources of construct accessibility[J]. Journal

of personality and social psychology, 1986(5): 869 – 878.

[32] BARKER. Older adolescents' motivations for social network site use: the influence of gender group identity and collective self-esteem[J]. Cyberpsychology and behavior, 2009, 12(2): 209 – 213.

[33] BARNIDGE M, PEACOCK C. A third wave of selective exposure research? the challenges posed by hyperpartisan news on social media[J]. Media and communication, 2019, 7(3): 4 – 7.

[34] BARRY J M, GRAÇA S S. Humor effectiveness in social video engagement[J]. Journal of marketing theory and practice, 2018, 26(1 – 2): 158 – 180.

[35] BARSALOU L W, BREAZEAL C, SMITH L B. Cognition as coordinated non-cognition[J]. Cognitive processing, 2007, 8(2): 79 – 91.

[36] BARSALOU L W. Grounded cognition[J]. Annual review of psychology, 2008, 59(1): 617 – 645.

[37] BARSALOU L W. Grounding symbolic operations in the brain's modal systems (eds.), embodied grounding: social, cognitive, affective, and neuroscientific approaches [M]. Cambridge: Cambridge University Press, 2008.

[38] BATES M J. Toward an integrated model of information seeking and searching[J]. The new review of information behaviour research, 2002, 3: 1 – 15.

[39] BAUER H H, FALK T, HAMMERSCHMIDT M. Etransqual: a transaction process-based approach for capturing service quality in online shopping[J]. Journal of business research, 2006, 59(7): 866 – 875.

[40] BAUMAN Z. Identity in the globalising world[J]. Social anthropology, 2001, 9(2): 121 – 129.

[41] BAUMEISTER R F, BRATSLAVSKY E, FINKENAUER C, et al. Bad is stronger than good[J]. Review of general psychology, 2001, 5(4):

323-370.

[42] BAYER J B, TRIEU P, ELLISON N B. Social media elements, ecologies, and effects[J]. Annual review of psychology, 2020, 71(1): 471-497

[43] BAZERMAN M H, TENBRUNSEL A E, WADE-BENZONI K. Negotiating with yourself and losing: making decisions with competing internal preferences[J]. Academy of management review, 1998, 23(2): 225-241.

[44] BEAL A, STRAUSS J. Radically transparent: monitoring and managing reputations online[M]. John Wiley & Sons, 2008.

[45] BEASLEY. What is cyberbullying? [J]. Irish farmers monthly, 2015, 69.

[46] BECHARA A, MARTIN E M. Impaired decision making related to working memory deficits in individuals with substance addictions[J]. Neuropsycho logy, 2004, 18(1): 152-162.

[47] BEENTJES J W J, VAN DER VOORT T H A. Television's impact on children's reading skills: a review of research[J]. Reading research quarterly, 1988, 23(4): 389-413.

[48] BELK R W, BAHN K D, MAYER R N. Developmental recognition of consumption symbolism[J]. Journal of consumer research, 1982, 9(1): 4-17.

[49] BELLMAN S, LOHSE L G, JOHNSON J E. Predictors of online buying behavior[J]. Communications of the ACM, 1999, 42(12): 32-38.

[50] BERKOWITZ L, POWERS P C. Effects of timing and justification of witnessed aggression on the observers' punitiveness[J]. Journal of research in personality, 1979, 13(1): 71-80.

[51] BERRY J W, WORTHINGTON J R, O'CONNORL E, et al. Forgivingness vengeful rumination and affective traits[J]. Journal of personality, 2005, 73(1): 183-226.

[52] BERRY L L, SEIDERS K, GREWAL D. Understanding service convenience[J]. Journal of marketing, 2002, 66(3): 1-17.

[53] BEVAN J L, GOMEZ R, SPARKS L. Disclosures about important life events on Facebook: relationships with stress and quality of life[J]. Computers in human behavior, 2014, 246-253.

[54] BEYENS I, FRISON E, EGGERMONT S. "I don't want to miss a thing": adolescents' fear of missing out and its relationship to adolescents' social needs Facebook use and Facebook related stress[J]. Computers in human behavior, 2016, 1-8.

[55] BIANCHI-BERTHOUZE N. Understanding the role of body movement in player engagement[J]. Human-computer interaction, 2013, 28(1): 40-75.

[56] BLAIS A R, WEBER E U. A domain-specific risk-taking (DOSPERT) scale for adult populations[J]. Judgment and decision making, 2006, 1(1): 33-47.

[57] BLAU P M. Exchange and power in social life[M]. New York: Wiley, 1964.

[58] BODENA J, MAIERA E, WILKEN R. A critical review of mobile payment research[J]. Electronic commerce research and applications, 2015, 14(5): 265-284.

[59] BODENA J, MAIERA E, WILKENB R. The effect of credit card versus mobile payment on convenience and consumers' willingness to pay[J]. Journal of retailing and consumer services, 2020, 52: 1-10.

[60] BODUROGLU A, SHAH P, NISBETT R E. Cultural differences in allocation of attention in visual information processing[J]. Journal of cross-cultural psychology, 2009, 40(3): 349-360.

[61] BOLLS P D, WEBER R, LANG A, et al. Media effects: advances in theory research[M]. Routledge, 2019.

[62]BOND R M, FARISS C J, JONES J J, et al. A 61-million-person experiment in social influence and political mobilization[J]. Nature, 2012, 489(7415): 295-298.

[63]BORNHOLT L, BRAKE N, THOMAS S, et al. Understanding affective and cognitive self-evaluations about the body for adolescent girls[J]. British journal of health psychology, 2005(4): 485-503.

[64]BOWDEN-GREEN T, HINDS J, JOINSON A. How is extraversion related to social media use? A literature review[J]. Personality and individual differences, 2020, 164: 110040.

[65]BOWDEN-GREEN T, HINDS J, JOINSON A. Understanding neuroticism and social media: a systematic review[J]. Personality and individual differences, 2021, 168: 110344.

[66]BOWLBY J. Attachment and loss [M]. New York: Basic Books, 1969.

[67]BOYD D M, ELLISON N B. Social network sites: definition, history, and scholarship [J]. Journal of computer-mediated Communication, 2007, 13(1): 210-230.

[68]BRADY W J, WILLS J A, JOST J T, et al. Emotion shapes the diffusion of moralized content in social networks[J]. Proceedings of the national academy of sciences of the nited States of America, 2017, 114(28): 7313-7318.

[69]BREBNER J, DONALDSON J, KIRBY N, et al. Relationships between happiness and personality[J]. Personality and individual differences, 1995, 19(2): 251-258.

[70]BRENNAN K A, SHAVER P R. Dimensions of adult attachment affect regulation and romantic relationship functioning[J]. Personality and social psychology bulletin, 1995, 21(3): 267-283.

[71]BRENNER E, VAN DAMME W J. Judging distance from ocular

convergence[J]. Vision research, 1998, 38(4): 493-498.

[72] BREWKA G, CORADESCHI S, PERINI A, et al. Programming agents with emotions[J]. Frontiers in artificial intelligence and applications, 2006, 141.

[73] BROADBENT D E. The role of auditory localization in attention and memory span[J]. Journal of experimental psychology, 1954, 47(3): 191-196.

[74] BROADERS S C, COOK S W, MITCHELL Z, et al. Making children gesture brings out implicit knowledge and leads to learning[J]. Journal of experimental psychology: general, 2007, 136(4): 539-550.

[75] BRODIE R J, HOLLEBEEK L D, JURIC B, et al. Customer engagement: conceptual domain fundamental propositions and implications for research[J]. Journal of service research, 2011, 14(3): 252-271.

[76] BROWNE E. Motivation and personality[J]. Journal of analytical psychology, 1972, 2228.

[77] BRYMER E, FELETTI F, MONASTERIO E, et al. Editorial: understanding extreme sports: a psychological perspective[J]. Frontiers in psychology, 2020, 10: 1-4.

[78] BURT R S. Social contagion and innovation: cohesion versus structural equivalence [J]. American journal of sociology, 1987, 92 (6): 1287-1335.

[79] BUSS D M, SCHMITT D P. Sexual Strategies Theory: An evolutionary perspective on human mating[J]. Psychological review, 1993, 100(2): 204-232

[80] BUTLER S, ROSMAN A, SELESKI S, et al. A medical risk attitude subscale for DOSPERT[J]. Judgment and decision making, 2012, 7 (2): 189-195.

[81] BŁACHNIO A, PRZEPIORKA A, SENOL-DURAK E, et al. The role of personality traits in Facebook and internet addictions: a study on Polish,

Turkish and Ukrainian samples[J]. Computers in human behavior, 2017, 68: 269-275.

[82]CALLAN M J, SHEAD W N, OLSON J M. The relation between personal relative deprivation and the urge to gamble among gamblers is moderated by problem gambling severity: a meta-analysis[J]. Addictive behaviors, 2015, 45: 146-149.

[83]CAMPO K, BREUGELMANS E. Buying groceries in brick and click stores: category allocation decisions and the moderating effeet of online buying experience[J]. Jarnal of interactive marketing, 2015, 31: 63-78.

[84]CAPLAN S E. Preference for online social interaction: a theory of problematic internet use and psychosocial well-being[J]. Communication research, 2003, 30(6): 625-648.

[85]CAPLAN S E. Problematic Internet use and psychosocial well-being: development of a theory-based cognitive-behavioral measurement instrument[J]. Computers in human behavior, 2002, 18(5): 553-575.

[86]CARR C T, HAYES R A. Social media: defining, developing, and divining[J]. Atlantic journal of communication, 2015, 23(1): 46-65.

[87]CASALE S, RUGAI L, FIORAVANTI G. Exploring the role of positive metacognitions in explaining the association between the fear of missing out and social media addiction[J]. Addictive behaviors, 2018, 83-87.

[88]CASE D O. Looking for information: a survey of research on information seeking, needs, and behavior, part 1 [M]. UK: Academic Press, 2012.

[89]CASTELLS M. Communication, power and counter-power in the network society[J]. International journal of communication, 2007, 1(1): 238-266.

[90]CATTELL R B, DREVDAHL J E. A comparison of the personality profile(16 PF) of eminent researchers with that of eminent teachers and adminis-

trators, and of the general population[J]. British journal of psychology, 1955, 46(4): 248-261.

[91]CHAE H, KIM S, LEE J, et al. Impact of product characteristics of limited edition shoes on perceived value brand trust and purchase intention: focused on the scarcity message frequency[J]. Journal of business research, 2020, 120: 398-406.

[92]CHAE J. Who avoids cancer information? Examining a psychological process leading to cancer information avoidance[J]. Journal of health communication, 2016(7): 837-844.

[93]CHAMARRO A, ROVIRA T, EDO S, et al. Risk judgments in climbers: the role of difficulty meteorological conditions confidence and appropriate tools[J]. Leisure sciences, 2018, 41(3): 221-235.

[94]CHANG L, LI P, LOH R S M, et al. A study of Singapore adolescent girls' selfie practices peer appearance comparisons and body esteem on Instagram[J]. Body image, 2019, 29: 90-99.

[95]CHELLASAMY A, NAIR J. Antecedent factors in adolescents consumer socialization process through social media[M]. Switzerland: Springer, Cham, 2020.

[96]CHEN C, LEUNG L. Are you addicted to Candy Crush Saga? An exploratory study linking psychological factors to mobile social game addiction [J]. Telematics and informatics, 2016, 33(4): 1155-1166.

[97]CHEN H, JACKSON T. Gender and age group differences in mass media and interpersonal influences on body dissatisfaction among Chinese adolescents[J]. Sex roles, 2012, 66: 3-20.

[98]CHEN J, GUO Y, LIAO Z, et al. Does pregnancy make women more cautious and calm? The impact of pregnancy on risk decision-making[J]. Judgment and decision making, 2020, 15(5): 807-822.

[99]CHEN Y, GHOSH M, LIU Y, et al. Media coverage of climate

change and sustainable product consumption: evidence from the hybrid vehicle market[J]. Journal of marketing research, 2019, 56(6): 995-1011.

[100] CHEN Z, COWA N N. Chunk limits and length limits in immediate recall: a reconciliation[J]. Journal of experimental psychology: learning, memory, cognition, 2005, 31(6): 1235-1249.

[101] CHERRY E C. Some experiments on the recognition of speech with one and with two ears[J]. The journal of the acoustical society of America, 1953, 25(5): 975-979.

[102] CHUA T H H, CHANG L. Follow me and like my beautiful selfies: Singapore teenage girls' engagement in self-presentation and peer comparison on social media[J]. Computers in human behavior, 2016, 55: 190-197.

[103] CLARK I. Formative assessment: assessment is for self-regulated learning[J]. Educational psychology review, 2012, 24(2): 205-249.

[104] CLAY D, VIGNOLES V L, DITTMAR H. Body image and self-esteem among adolescent girls: testing the influence of sociocultural factors[J]. Journal of research on adolescence, 2005(4): 451-478.

[105] COBB S. Social support as a moderator of life stress[J]. Psychosomatic medicine, 1976, 38(5): 300-314.

[106] COLLINS N L, MILLERL C. Self-disclosure and liking: a meta-analytic review[J]. Psychological bulletin, 1994, 116(3): 457-475.

[107] COLLINS R. Interaction ritual chains[M]. New Jersey: Princeton University Press, 2004.

[108] COLUNGA-RODRÍGUEZ C, OROZCO-SOLIS M G, FLORES-VILLAVICENCIO M E, et al. Body image perception and internalization problems indicators in Mexican adolescents[J]. Psychology, 2016, 7(13): 1671-1681

[109] CONOVER M D, GONÇALVES B, FLAMMINI A, et al. Partisan asymmetries in online political activity[J]. EPJ data science, 2012, 1(1): 1-19.

[110] COSTA P T, MCCRAE R R. Influence of extraversion and neuroticism on subjective well-being: happy and unhappy people[J]. Journal of personality and social psychology, 1980, 38(4): 668-678.

[111] COX J C, SADIRAJ V, VOGT B, et al. Is there a plausible theory for decision under risk? A dual calibration critique[J]. Economic theory, 2012, 54(2): 305-333.

[112] CRAIK F I M, LOCKHART R S. Levels of processing: a framework of memory research[J]. Journal of verbal learning verbal behavior, 1972, 11(6): 671-684.

[113] CRAMER E M, SONG H, DRENT A M. Social comparison on facebook: motivation affective consequences self-esteem and Facebook fatigue[J]. Computers in human behavior, 2016, 64: 739-746.

[114] CRICK N R, DODEG K A. A review and reformulation of social information-processing mechanisms in children's social adjustment[J]. Psychological bulletin, 1994, 115(1): 74-101.

[115] CROCKETT M J, ÖZDEMIR Y, FEHR E. The value of vengeance and the demand for deterrence[J]. Journal of experimental psychology: general, 2014, 143(6): 2279-2286.

[116] CRONE E A, KONIJN E A. Media use and brain development during adolescence[J]. Nature communications, 2018, 9(1): 588.

[117] CUTRONA C E, SUHR J A. Controllability of stressful events and satisfaction with spouse support behaviors[J]. Communication research, 1992, 19(2): 154-174.

[118] DABBOUS A, BARAKAT K A. Bridging the online offline gap: assessing the impact of brands' social network content quality on brand awareness and purchase intention[J]. Journal of retailing and consumer services, 2020, 53: 1-9.

[119] DALE G, JOESSEL A, BAVELIER D, et al. A new look at the

cognitive neuroscience of video game play[J]. Annals of the New York academy of sciences, 2020, 1464(1): 192-203.

[120] DE HOOG N, VERBOON P. Is the news making us unhappy? The influence of daily news exposure on emotional states[J]. British journal of psychology, 2020, 111(2): 157-173.

[121] DE LA HAYE K, ROBINS G, MOHR P, et al. Obesity-related behaviors in adolescent friendship networks[J]. Social networks, 2012, 32(3): 161-167.

[122] DE LOS SANTOST M, NABIR L. Emotionally charged: exploring the role of emotion in online news information seeking and processing[J]. Journal of broadcasting electronic media, 2019, 63(1): 39-58.

[123] DEGERATU A M, RANGASWAMY A, WU J. Consumer choice behavior in online and traditional supermarkets: the effects of brand name price and other search attributes[J]. International journal of research in marketing, 2000, 17(1): 55-78.

[124] DEMPSEY A E, O'BRIEN K D, TIAMIYU M F, et al. Fear of missing out and rumination mediate relations between social anxiety and problematic Facebook use[J]. Addictive behaviors reports, 2019, 9: 100150.

[125] DENISSENJ J A, PENKEL. Motivational individual reaction norms underlying the five-factor model of personality: first steps towards a theory-based conceptual framework[J]. Journal of research in personality, 2008, 42(5): 1285-1302.

[126] DEPUER A, COLLINSP F. Neurobiology of the structure of personality: dopamine facilitation of incentive motivation and extraversion[J]. Behavioral and brain sciences, 1999, 22(3): 491-517.

[127] DERKS D, BAKKER A B. The psychology of digital media at work[M]. London Psychology Press, 2013.

[128] DEWALL C N, TWENGE J M, GITTER S A, et al. It's the

thought that counts: The role of hostile cognition in shaping aggressive responses to social exclusion[J]. Journal of personality and social psychology, 2009, 96(1): 45 - 59.

[129]DHAR R, WERTENBROCH K. Consumer choice between hedonic and utilitarian goods[J]. Journal of marketing research, 2000, 31(1): 60 - 71.

[130]DIANA C M, PAUL S M. Facilitating communication across lines of political difference: the role of mass media[J]. The American political science review, 2001, 95(1): 97 - 114.

[131]DIENER E. Subjective well-being: the science of happiness and a proposal for a national index[J]. American psychologist, 2000, 55(1): 34 - 43.

[132]DIKBAS T, ALTUN A. The effect of levels of processing with navigation design types on recall and retention in e-learning environments[J]. Behaviour information technology, 2014, 33(10): 1039 - 1047.

[133]DIMBERG U. For distinguished early career contribution to psychophysiology: award address 1988——facial electromyography and emotional reactions[J]. Psychophysiology, 1990, 27(5): 481 - 494.

[134]DINEV T, HART P. An extended privacy calculus model for ecommerce transactions[J]. Information systems research, 2006, 17(1): 61 - 80.

[135]DOHNT H, TIGGEANN M. The contribution of peer and media influences to the development of body satisfaction and self-esteem in young girls: a prospective study[J]. Developmental psychology, 2006, 45(5): 929 - 936.

[136]DONTHU N, GARCIA A. The internet shopper[J]. Journal of advertising research, 1999, 39(3): 52 - 58.

[137]DORÉB P, MORRISR R, BURRDA, et al. Helping others regu-

late emotion predicts increased regulation of one's own emotions and decreased symptoms of depression[J]. Personality and social psychology bulletin, 2017, 43(5): 729 -739.

[138]DUARTEA P, SILVAB S C E. Need-for-touch and online purchase propensity: a comparative study of Portuguese and Chinese consumers[J]. Journal of retailing and consumer services, 2020, 55: 1 -8.

[139]DUBOIS E, BLANK G. The echo chamber is overstated: the moderating effect of political interest and diverse media[J]. Information communication society, 2018, 21(5): 729 -745.

[140]DURKIN S J, PAXTON S J. Predictors of vulnerability to reduced body image satisfaction and psychological wellbeing in response to exposure to idealized female media images in adolescent girls[J]. Journal of psychosomatic research, 2002, 53(5): 995 -1005.

[141]DYLKO I, DOLGOV I, HOFFMAN W, et al. The dark side of technology: an experimental investigation of the influence of customizability technology on online political selective exposure[J]. Computers in human behavior, 2017, 73: 181 -190.

[142]EAGLYA H, WOOD W. The origins of sex differences in human behavior: evolved dispositions versus social roles[J]. American psychologist, 1999, 54(6): 408 -423.

[143]EASTWICK P W, FINKEL E J, MOCHON D, et al. Selective versus unselective romantic desire: not all reciprocity is created equal[J]. Psychological Science, 2007, 18(4): 317 -319.

[144]EDELL J A, KELLER K L. The information processing of coordinated media campaigns[J]. Journal of marketing research, 1989, 26(2): 149 -163.

[145]EK S, HEINSTRM J. Monitoring or avoiding health information: the relation to inner inclination and health status[J]. Health information and li-

braries journal, 2011, 28(3): 200 - 209.

[146] ELEFANT C. The power of social media: legal issues & best practices for utilities engaging social media[J]. The Energy Law Journal, 2011, 32(1): 1 - 56.

[147] ELHAI J D, ROZGONJUK D, LIU T, et al. Fear of missing out predicts repeated measurements of greater negative affect using experience sampling methodology[J]. Journal of affective disorders, 2020, 262(1): 298 - 303.

[148] ELHAI J, LEVINE J, DVORAK R, et al. Fear of missing out need for touch anxiety and depression are related to problematic smartphone use[J]. Computers in human behavior, 2016, 509 - 516.

[149] ELLISON N B, STEINFIELD C, LAMPE C. The benefits of Facebook "friends": social capital and college students' use of online social network sites [J]. Journal of computer-mediated communication, 2007, 12(4): 1143 - 1168.

[150] EMERSON R M. Power-dependence relations[J]. American sociological review, 1962, 27(1): 31 - 41.

[151] EYSENCK H J. Biological basis of personality[J]. Nature, 1963, 199(4898): 1031 - 1034.

[152] FEINGOLD A. Gender differences in effects of physical attractiveness on romantic attraction: a comparison across five research paradigms[J]. Journal of personality and social psychology, 1990(5): 981 - 993.

[153] FERGUSON C J, MUÑOZ M E, GARZA A, et al. Concurrent and prospective analyses of peer television and social media influences on body dissatisfaction eating disorder symptoms and life satisfaction in adolescent girls [J]. Journal of youth and adolescence, 2014, 43(1): 1 - 14.

[154] FESTINGER L. A theory of cognitive dissonance[M]. Redwood: Stanford university press, 1957.

[155] FESTINGER L. A theory of social comparison processes[J]. Human relations, 1954, 7(2): 117-140.

[156] FESTINGER, L. Social pressures in informal groups: a study of human factors in housing[M]. Redwood: Stanford University Press, 1950.

[157] FIGNER B, MACKINLAY R J, WILKENING F et al. Affective and deliberative processes in risky choice: age differences in risk taking in the Columbia card task[J]. Journal of experimental psychology: learning memory cognition, 2009, 35(3): 709-730.

[158] FIKKERS K M, PIOTROWSKI J T, LUGTIG P, et al. The role of perceived peer norms in the relationship between media violence exposure and adolescents' aggression[J]. Media psychology, 2016, 19(1): 4-26.

[159] Finkel E J, Eastwick P W. Speed-dating[J]. Current directions in psychological science, 2008, 17(3): 193-197.

[160] FINN C, MITTE K, NEYER F J. Recent decreases in specific interpretation biases predict decreases in neuroticism: evidence from a longitudinal study with young adult couples[J]. Journal of personality, 2015, 83(3): 274-286.

[161] FIRTH J, TOROUS J, STUBBS B, et al. The "online brain": how the internet may be changing our cognition[J]. World psychiatry, 2019, 18(2): 119-129.

[162] FISCHER P, GREITEMEYER T, FREY D. Self-regulation and selective exposure: the impact of depleted self-regulation resources on confirmatory information processing[J]. Journal of personality and social psychology, 2008, 94(3): 382-395.

[163] FISCHER P, GREITEMEYER T. A new look at selective-exposure effects[J]. Current directions in psychological science, 2010, 19(6): 384-389.

[164] FISCHER P, JONAS E, FREY D, et al. Selective exposure to in-

formation: the impact of information limits[J]. European journal of social psychology, 2010, 35(4): 469-492.

[165]FISCHER P, LEA S, KASTENMÜLLER A, et al. The process of selective exposure: why confirmatory information search weakens over time[J]. Organizational behavior and human decision processes, 2011, 114(1): 37-48.

[166]FISCHER P, SCHULZ-HARDT S, FREY D. Selective exposure and information quantity: how different information quantities moderate decision makers' preference for consistent and inconsistent information[J]. Journal of personality and social psychology, 2008, 94(2): 231-244.

[167]FISCHER P. Selective exposure decision uncertainty and cognitive economy: a new theoretical perspective on confirmatory information search[J]. Social personality psychology compass, 2011, 5(10): 751-762.

[168]FLAHERTY S J, MCCARTHY M B, COLLINS A M, et al. A different perspective on consumer engagement: exploring the experience of using health apps to support healthier food purchasing[J]. Journal of marketing management, 2019, 1-28.

[169]FORMAN C, GHOSE A, WIESENFELD B. Examining the relationship between reviews and sales: the role of reviewer identity disclosure in electronic markets[J]. Information systems research, 2008, 19(3): 291-313.

[170]FOTI P, SIDIROPOULOU M. The development of the child's personality and the contribution of the social and cultural environment[J]. European journal of education studies, 2020, 7(8): 48-56.

[171]FOX J, MCEWAN B. Distinguishing technologies for social interaction: the perceived social affordances of communication channels scale[J]. Communication monographs, 2017, 84(3): 298-318.

[172]FRANCHINA V, VANDEN A M, VAN R A J, et al. Fear of

missing out as a predictor of problematic social media use and phubbing behavior among Flemish adolescents[J]. International journal of environmental research public health, 2018, 15(10): 2319.

[173] FRANCIS L. Happiness is a thing called stable extraversion: a further examination of the relationship between the oxford happiness inventory and eysencks dimensional model of personality and gender[J]. Personality and individual differences, 1998, 26(1): 5-11.

[174] FREDSTROM B K, ADAMS R E, GILMAN R. Electronic and school-Based Victimization: Unique Contexts for adjustment difficulties during adolescence[J]. Journal of Youth and Adolescence, 2011(4): 405-415.

[175] FU S, YAN Q, FENG C. Who will attract you? Similarity effect among users on online purchase intention of movie tickets in the social shopping context [J]. International journal of information management, 2018, 40: 88-102.

[176] FÖCKER J, MORTAZAVI M, KHOE W, et al. Neural correlates of enhanced visual attentional control in action video game players: an event-related potential study[J]. Journal of cognitive neuroscience, 2019, 31(3): 377-389.

[177] GALLESE V, LAKOFF G. The brain's concepts: the role of the sensory-motor system in conceptual knowledge[J]. Cognitive neuropsychology, 2005, 22(3-4): 455-479.

[178] GANGESTAD S W, SIMPSON J A. The evolution of human mating: trade-offs and strategic pluralism[J]. Behavioral brain sciences, 2000(4): 573.

[179] GERBNER G, GROSS L, MORGAN M, et al. Some additional comments on cultivation analysis[J]. Public opinion quarterly, 1980, 44: 408-410.

[180] GERSHOFF A D, FRELS J K. What makes it green? The role of

centrality of green attributes in evaluations of the greenness of products[J]. Journal of marketing, 2015, 79(1): 97-110.

[181] GEUKES K, ZALK V, BACKMD M. Understanding personality development: an integrative state process model[J]. International journal of behavioral development, 2018, 42(1): 43-51.

[182] GIBBONS F X. Social comparison and depression: company's effect on misery[J]. Journal of personality and social psychology, 1986, 51(1): 140-148.

[183] GIDDENS A. Runaway world: how globalization is reshaping our lives[M]. Taylor & Francis, 2003.

[184] GIEDD J N. The digital revolution and adolescent brain evolution[J]. Journal of adolescent health, 2012, 51(2): 101-105.

[185] GIGERENZER G. We need statistical thinking, not statistical rituals[J]. Behavioral and brain sciences, 1998, 21(2): 199-200.

[186] GILL T, FISCHER E, KIRMANI A, et al. Blame it on the self-driving car: how autonomous vehicles can alter consumer morality[J]. Journal of consumer research, 2020, 47(2): 272-291.

[187] GILLESPIE A. Cyber-bullying and harassment of teenagers: the legal response[J]. Journal of social welfare and family law, 2007(2): 123-136.

[188] GOFFMAN E. The Presentation of Self in Everyday life[M]. Oxford, 1959.

[189] GOLDIN-MEADOW S, BEILOCK S L. Action's influence on thought: the case of gesture[J]. Perspectives on psychological science, 2010, 5(6): 664-674.

[190] GOLMAN R, HAGMANN D, LOEWENSTEIN G. Information avoidance[J]. Journal of economic literature, 2017(1): 96-135.

[191] GONDOLI D M, CORNING A F, BLODGETT SALAF E H, et al.

Heterosocial involvement, peer pressure for thinness, and body dissatisfaction among young adolescent girls[J]. Body image, 2011, 8(2): 143-148.

[192] GOODALL C, REED P. Threat and efficacy uncertainty in news coverage about bed bugs as unique predictors of information seeking and avoidance: an extension of the EPPM[J]. Health communication, 2013. 28(1): 63-71.

[193] GOODMAN J R. Mapping the sea of eating disorders: a structural equation model of how peers family and media influence body image and eating disorders[J]. Visual communication quarterly, 2005(3-4): 194-213.

[194] GOVIND R, GARG N, NITIKA V. Weather affect and preference for hedonic products: the moderating role of gender[J]. Journal of marketing research, 2020, 57(4): 717-738.

[195] GRABE S, HYDE J S, WARD L M. The role of the media in body image concerns among women: a meta-analysis of experimental and correlational studies[J]. Psychological bulletin, 2008, 134(3): 460-476

[196] GRANIC I, MORITA H, SCHOLTEN H. Beyond screen time: identity development in the digital age[J]. Psychological inquiry, 2020, 31(3): 195-223.

[197] GRANOVETTER M S. The strength of weak ties[J]. American journal of sociology, 1973, 78(6): 1360-1380.

[198] GREENE K, KRCMAR M. Predicting exposure to and liking of media violence: a uses and gratifications approach[J]. Communication studies, 2005, 56(1): 71-93.

[199] GREITEMEYER T, BRODBECK F C, SCHULZHARDT S, et al. Information sampling and group decision making: the effects of an advocacy decision procedure and task experience[J]. Journal of experimental psychology: applied, 2006, 12(1): 31-42.

[200] GREITEMEYER T, SCHULZ-HARDT S. Preference-consistent e-

valuation of information in the hidden profile paradigm: beyond group-level explanations for the dominance of shared information in group decisions[J]. Journal of personality and social psychology, 2003, 84(2): 322-339.

[201]GREWAL D, NOBLE S M, AHLBOM C P, et al. The sales impact of using handheld scanners: evidence from the field[J]. Journal of marketing research, 2020, 57(3): 527-547.

[202]GREWAL L, STEPHEN A T, COLEMAN N V. When posting about products on social media backfires: the negative effects of consumer identity signaling on product interest[J]. Journal of marketing research, 2019, 56(2): 197-210.

[203]GRIEVE R, MARCH E, WATKINSON J. Inauthentic self-presentation on Facebook as a function of vulnerable narcissism and lower self-esteem[J]. Computers in human behavior, 2020, 102: 144-150.

[204]GRIGG D W. Cyber-aggression: definition and concept of cyberbullying[J]. Australian journal of guidance and counselling, 2010, 20.

[205]GROSS L, MORGAN M, SIGNORIELLI N. The 'mainstreaming' of America: violence profile No.11[J]. Journal of communication, 1980, 30(3): 10-29.

[206]GUO M, LIUR D, DING Y, et al. How are extraversion exhibitionism and gender associated with posting selfies on wechat friends' circle in Chinese teenagers? personality and individual differences[J]. Personality and individual differences, 2018, 127: 114-116.

[207]GUO P. Focus theory of choice and its application to resolving the St Petersburg allais and ellsberg paradoxes and other anomalies[J]. European journal of operational research, 2019, 276(3): 1034-1043.

[208]GYUDONG L, JAEEUN L, SOONJAE K. Use of social-networking sites and subjective well-being: a study in south Korea[J]. Cyberpsychology behavior and social networking, 2011, 14(3): 151-155.

[209]HALLIWELL E, DITTMAR H. The role of self-improvement and self-evaluation motives in social comparisons with idealised female bodies in the media[J]. Body image, 2005(3): 249-261.

[210]HARASIM L M. Networlds: networks as social space[J]. Global networks: computers and international communication, 1993: 15-34.

[211]HARGITTAI E. Radio's lessons for the internet[J]. Communications of the ACM, 2000, 43(1): 50-57.

[212]HARRIS E G, MOWEN J C. The influence of cardinal-central-and surface-level personality traits on consumers' bargaining and complaint intentions [J]. Psychology marketing, 2001, 18(11): 1155-1185.

[213]HARRISON B, GILL J, JALALI A. Social media etiquette for the modern medical student: a narrative review[J]. International journal of medical students, 2014(2): 64-67.

[214]HART W, ALBARRACÍN D, EAGLY A H, et al. Feeling validated versus being correct: a meta-analysis of selective exposure to information [J]. Psychological bulletin, 2009, 135(4): 555-588.

[215]HARVEY D. Between space and time: reflections on the geographical imagination1[J]. Annals of the association of American geographers, 1990, 80(3): 418-434.

[216]HAZAN C U D, SHAVER P. Romantic love conceptualized as an attachment process[J]. Journal of personality and social psychology, 1987(3): 511-524.

[217]HAZAN C, DIAMOND L M. The place of attachment in human mating[J]. Review of general psychology, 2000(2): 186-204.

[218]HELM S V, LIGON V, STOVALL T, et al. Consumer interpretations of digital ownership in the book market[J]. Electronic markets, 2018, 28(2): 177-189.

[219]HELT M S, FEIN D A. Facial feedback and social input: effects

on laughter and enjoyment in children with autism spectrum disorders[J]. Journal of autism and developmental disorders, 2016, 46(1): 83 - 94.

[220] HERBERT T B, COHEN S. Stress and immunity in humans: a meta-analytic review[J]. Psychosomatic medicine, 1993, 55(4): 364 -379.

[221] HO R C, ZHANG M W, TSANG T Y, et al. The association between internet addiction and psychiatric co-morbidity: a meta-analysis [J]. BMC psychiatry, 2014, 14, 183

[222] HOGAN R, SHERMANR A. Personality theory and the nature of human nature[J]. Personality and individual differences, 2020, 152: 109561.

[223] HOMANS G C. Social behavior as exchange[J]. American journal of sociology, 1958, 63(6): 597 -606.

[224] HOWELL J L, CROSIER B S, SHEPPERD J A. Does lacking threat-management resources increase information avoidance? A multi-sample multi-method investigation[J]. Journal of research in personality, 2014(1): 102 - 109.

[225] HU N, PAVLOU P A, ZHANG J. On self-selection biases in online product reviews[J]. MIS quarterly, 2017, 41(2): 449 -491.

[226] HU X, XIE X. Validation of the domain-specific risk-taking scale in Chinese college students[J]. Judgment and decision making, 2012, 7(2): 181 -188.

[227] HUANG F F, WONG C, WAN E W. The influence of product anthropomorphism on comparative judgment[J]. Journal of consumer research, 2019, 46(5): 936 -955.

[228] HUANG Y, XU B L, MEI Y, et al. Problematic internet use and the risk of suicide ideation in Chinese adolescents: a cross-sectional analysis [J]. Psychiatry research, 2020, 290: 1 -7.

[229] HUANG K C. Effects of colored light color of comparison stimulus and illumination on error in perceived depth with binocular and monocular vie-

wing[J]. Perceptual and motor skills, 2007, 104(3): 1205-1216.

[230]HUDSON N W, BRILEY D A, CHOPIK W J, et al. You have to follow through: attaining behavioral change goals predicts volitional personality change[J]. Journal of personality and social psychology, 2019, 117(4): 839-857.

[231]HUDSONN W, FRALEY R C, BRILEY D A, et al. Your personality does not care whether you believe it can change: beliefs about whether personality can change do not predict trait change among emerging adults[J]. European journal of personality, 2021, 35(3): 340-357.

[232]HULT G T M, SHARMA P N, MORGESON I F, et al. Antecedents and consequences of customer satisfaction: do they differ across online and offline purchases? [J]. Journal of retailing, 2019, 95(1): 10-23.

[233]HUTTER K, HAUTZ J, DENNHARDT S, et al. The impact of user interactions in social media on brand awareness and purchase intention: the case of MINI on Facebook[J]. Journal of product and brand management, 2013, 22(5/6): 342-351.

[234]HÄUBL G, TRIFTE V. Consumer decision making in online shopping environments: the effects of interactive decision aids[J]. Marketing science, 2000, 19(1): 4-18.

[235]INKEL E J, EASTWICK P W. Interpersonal attraction: in search of a theoretical Rosetta Stone[C]// APA handbook of personality and social psychology. New York: American Psychological Association, 2015.

[236]IRENE B. A decision model based on expected utility entropy and variance[J]. Applied mathematics and computation, 2020, 379: 125285.

[237]JAMIESONK H, CAPPELLA J N. Echo chamber: rush limbaugh and the conservative media establishment[M]. New York: Oxford University Press, 2008.

[238]JAYAWICKREME E, INFURNAF J, ALAJAK K, et al. Post-

traumatic growth as positive personality change: challenges opportunities and recommendations[J]. Journal of personality, 2021, 89(1): 145 – 165.

[239] JEAN T. Cognitive discrepancy dissonance and selective exposure [J]. Media psychology, 2019, 22(3): 394 – 417.

[240] JENSEN-CAMPBELL L A, GRAZIANOW G. Agreeableness as a moderator of interpersonal conflict[J]. Journal of personality, 2001, 69(2): 323 – 362.

[241] JERVI S R. Reports politics and intelligence failures: the case of Iraq[J]. Journal of strategic studies, 2006, 29(1): 3 – 52.

[242] JIA L, XUAN L, LING M, et al. Users' intention to continue using social fitness-tracking apps: expectation confirmation theory and social comparison theory perspective[J]. Informatics for health social care, 2019, 44(3): 298 – 312.

[243] JIANG T, LIU F, CHI Y. Online information encountering: modeling the process and influencing factors[J]. Journal of documentation, 2015, 71(6): 1135 – 1157.

[244] JOACHIMS T, GRANKA L, PAN B. Accurately interpreting clickthrough data as implicit feedback[J]. SIGIR forum, 2017, 51(1): 4 – 11.

[245] JOHN O P, ANGLEITNER A, OSTENDORF F. The lexical approach to personality: a historical review of trait taxonomic research[J]. European journal of Personality, 1988, 2(3): 171 – 203.

[246] JOHNS G. The essential impact of context on organizational behavior[J]. Academy of management review, 2006, 31(2): 386 – 408.

[247] JOHNSON T J, BICHARDS L, ZHANG W. Communication communities or "cyberghettos?": a path analysis model examining factors that explain selective exposure to blogs[J]. Journal of computer-mediated communication, 2009, 15(1): 60 – 82.

[248]JONA S E, GRAUPMAN N V, FREY D. The influence of mood on the search for supporting versus conflicting information: dissonance reduction as a means of mood regulation?[J]. Personality and social psychology bulletin, 2006, 32(1): 3-15.

[249]JONES D C, CRAWFORD J K. The peer appearance culture during adolescence: gender and body mass variations[J]. Journal of youth and adolescence, 2006, 35(2): 257-269.

[250]JUNG S, ROESCH S, KLEIN E, et al. The strategy matters: bounded and unbounded number line estimation in secondary school children[J]. Cognitive development, 2020, 53: 100839.

[251]KAHANE G, EVERETT J A C, Earp B D, et al. Beyond sacrificial harm: a two-dimensional model of utilitarian psychology[J]. Psychological review, 2018, 125(2): 131-164.

[252]KAHNEMAN D, FREDERICK S. Representativeness revisited: attribute substitution in intuitive judgment[C]//Heuristics and biases: the psychology of intuitive judgment. Cambridge: Cambridge University Press, 2002.

[253]KAMOUS I B, GRANT A M, BACHELDER B, et al. Comparing the quality of signals recorded with a rapid response eeg and conventional clinical EEG systems[J]. Clinical neurophysiology practice, 2019, 4: 69-75.

[254]KANEMAN D, TVERSKY A. Prospect theory: an analysis of decision under risk[J]. Econometrica, 1979, 47(2): 263-292.

[255]KARSA Y K, MATTHE S J. Sexually objectifying pop music videos young women's self-objectification and selective exposure: a moderated mediation model[J]. Communication research, 2020, 47(3): 428-450.

[256]KATZ E, BLUMLER J G, GUREVITCH M. Uses and gratifications research[J]. The public opinion quarterly, 1973, 37(4): 509-523.

[257]KE Z, LIU D, BRASS D J. Do online friends bring out the best in US? The effect of friend contributions on online review provision[J]. Informa-

tion systems research, 2020, 31(4): 1322 – 1337.

[258] KEANE M, EASTMAN J K, IYER R. Predicting adventure seeking of young adults: the role of risk innovativeness and status consumption [J]. Sport management review, 2020, 23(5): 952 – 963.

[259] KELE S B, MCCRAE N, GREALISH A. A systematic review: the influence of social media on depression anxiety and psychological distress in adolescents[J]. International journal of adolescence and youth, 2020, 25(1): 79 – 93.

[260] KELLERMAN J, LEWIS J, LAIRD J D. Looking and loving: the effects of mutual gaze on feelings of romantic love[J]. Journal of research in personality, 1989, 23(2): 145 – 161.

[261] KELLYJ W, CHEREPL A, KLESEL B, et al. Comparison of two methods for improving distance perception in virtual reality[J]. ACM transactions on applied perception, 2018, 15(2): 1 – 11.

[262] KENRICK D T, GROTH G E, SADALLA E K, et al. Integrating evolutionary and social exchange perspectives on relationships: effects of gender self-appraisal and involvement level on mate selection criteria[J]. Journal of personality and social psychology, 1993(6): 951 – 969.

[263] KERN M L, FRIEDMAN H S. Do conscientious individuals live longer? a quantitative review[J]. Health psychology, 2008, 27(5): 505 – 512.

[264] KERR D C R, TIBERIO S S, CAPALDI D M, et al. Intergenerational congruence in adolescent onset of alcohol tobacco and marijuana use[J]. Psychology of addictive behaviors, 2020, 34(8): 839 – 851.

[265] KERSCHREITE R R, SCHULZ-HARD T S, MOJZISC H A, et al. Biased information search in homogeneous groups: confidence as a moderator for the effect of anticipated task requirements[J]. Personality and social psychology bulletin, 2008, 34(5): 679 – 691.

[266] KESIC I A. The effect of conscientiousness and gender on digital game addiction in high school students[J]. Journal of education future, 2020(18): 43-53.

[267] KIETZMANN J H, HERMKENS K, MCCARTHY I P, et al. Social media? get serious! understanding the functional building blocks of social media[J]. Business horizons, 2011, 54(3): 241-251.

[268] KIM Y, HSU S H, DE ZUÑIGA H G. Influence of social media use on discussion network heterogeneity and civic engagement: the moderating role of personality traits[J]. Journal of communication, 2013, 63(3): 498-516.

[269] KIM J Y. Social interaction in computer-mediated communication[J]. Bulletin of the American society for information science technology, 2000, 26(3): 15-17.

[270] KLAPPER J T. The effects of mass communication[M]. New York: The Free Press, 1960.

[271] KNOBLOCH-WESTERWICK S, MOTHES C, POLAVIN N. Confirmation bias ingroup bias and negativity bias in selective exposure to political information[J]. Communication research, 2020, 47(1): 104-124.

[272] KNOBLOCH-WESTERWICK S. The selective exposure self-and affect-management (SESAM) model: applications in the realms of race, politics, and health[J]. Communication research, 2015, 42(7): 959-985.

[273] KORGAONKAR P K, WOLIN L D. A multivariate analysis of web usage[J]. Journal of advertising research, 1999, 39(2): 53-68.

[274] KOSTYRKA-ALLCHORNE K, HOLLAND A, COOPER N R, et al. What helps children learn difficult tasks: a teacher's presence may be worth more than a screen[J]. Trends in neuroscience and education, 2019, 17: 100114.

[275] KRAYER A, INGLEDEW K D, IPHOFEN R. Social comparison

and body image in adolescence: a grounded theory approach[J]. Health education research, 2008, 23(5): 892 – 903.

[276]KRUGER D J, WANG X T, WILKE A. Towards the development of an evolutionarily valid domain-specific risk-taking scale[J]. Evolutionary psychology, 2007, 5(2): 555 – 568.

[277]KUND A Z. The case for motivated reasoning[J]. Psychological bulletin, 1990, 108(3): 480 – 498.

[278]KWON J H, CHUNG C S, LEE J. The effects of escape from self and interpersonal relationship on the pathological use of Internet games[J]. Community mental health journal, 2011(1): 113 – 121.

[279]LAHEY B B. Public health significance of neuroticism[J]. American psychologist, 2009, 64(4): 241 – 256.

[280]LAMBERT S D, LOISELLE C G, MACDONALD M E. An indepth exploration of information-seeking behavior among individuals with cancer [J]. Cancer nursing, 2009(1): 11 – 23.

[281]LAMM C, BATSON C D, DECETY J. The neural substrate of human empathy: effects of perspective-taking and cognitive appraisal[J]. Journal of cognitive neuroscience, 2007, 19(1): 42 – 58.

[282]LAWRIE Z, SULLIVAN E A, DAVIES P S W, et al. Media influence on the body image of children and adolescents[J]. Eating disorders, 2006, 14(5): 355 – 364.

[283]LAZARSFELD P F, MERTON R K. Mass communication, popular taste and organized social action[M]. Indianapolis: bobbs-merrill, college division, 1948.

[284]LAZARUSR S. On the primacy of cognition[J]. American psychologist, 1984, 39(2): 124 – 129.

[285]LEARY M R, BAUMEISTER R F. The nature and function of self-esteem: sociometer theory[J]. Advances in experimental social psychology,

2000, 32: 1 - 62.

[286] LEARY M R, BAUMEISTER R F. The nature and function of self-esteem: sociometer theory[J]. Advances in experimental social psychology, 2000, 32: 1 - 62.

[287] LEE D, HOSANAGAR K. How do recommender systems affect sales diversity? a cross-category investigation via randomized field experiment[J]. Information systems research, 2019, 30(1): 1 - 43.

[288] LEE E, AHN J, KIM Y J. Personality traits and self-presentation at Facebook[J]. Personality and individual differences, 2014, 69: 162 - 167.

[289] LEE J, LIN L, ROBERTSON T. The impact of media multitasking on learning[J]. Learning media and technology, 2012, 37(1): 94 - 104.

[290] LEE K, ASHTON M C. Psychometric properties of the HEXACO-100[J]. Assessment, 2018, 25(5): 543 - 556.

[291] LEE K, ASHTON M C. The dark triad the big five and the HEXACO model[J]. Personality and individual differences, 2014, 67: 2 - 5.

[292] LEINER B M, CERF V G, CLARK D D, et al. The past and future history of the internet[J]. Communications of the ACM, 1997, 40(2): 102 - 108.

[293] LEJUEZ C W, READ J P, KAHLER W C, et al. Evaluation of a behavioral measure of risk taking: the Balloon Analogue Risk Task (BART)[J]. Journal of experimental psychology-general, 2002, 8(2): 75 - 84.

[294] LERNER J S, LI Y, VALDESOLO P, et al. Emotion and decision making[J]. Annual review of psychology, 2015, 66: 799 - 823.

[295] LEVY S, BREEN L, LUNSTEAD J, et al. Facing addiction: a laudable but incomplete effort[J]. American Journal of public health, 2018, 108(2): 153 - 155.

[296] LEVY S J. Symbols for sale[J]. Harvard business review, 1959,

37(4): 24-117.

[297] LEWISM B. Exploring the positive and negative implications of facial feedback[J]. Emotion, 2012, 12(4): 852-859.

[298] LI J S, BARNETT T A, GOODMAN E, et al. Approaches to the prevention and management of childhood obesity: the role of social networks and the use of social media and related electronic technologies [J]. Circulation, 2013, 127(2): 260-267.

[299] LI M, MAI Z, YANG J, et al. Ideal time of day for risky decision making: evidence from the balloon analogue risk task[J]. Nature and science of sleep, 2020, 12, 477-486.

[300] LOEHLIN J C, HORN J M, WILLERMA N L. Personality resemblance in adoptive families [J]. Behavior genetics, 1981, 11(4): 309-330.

[301] LOEHLIN J C, NICHOLS R C. Heredity environment and personality: a study of 850 sets of twins [M]. Austin: University of Texas Press, 2012.

[302] LOGOTHETIS N K, PAUL S J, AUGAT H M, et al. Neuro physiological investigation of the basis of the fMRI signal[J]. Nature, 2001, 412 (6843): 150-157.

[303] LONGO M R, LOURENC O S F. Space perception and body morphology: extent of near space scales with arm length[J]. Experimental brain research, 2007, 177(2): 285-290.

[304] LOWIN A. Approach and avoidance: alternate modes of selective exposure to information [J]. Journal of personality and social psychology, 1967, 6(1): 1-9.

[305] LYNN M. Scarcity effects on value: a quantitative review of the commodity theory literature[J]. Psychology marketing, 1991, 8(1): 43-57.

[306]MARCIAN O L, CAMERINI A L, SCHULZ P J. Neuroticism in the digital age: a meta-analysis[J]. Computers in human behavior reports, 2020, 2: 100026.

[307]MARENGO D, LONGOBARDI C, FABRIS M A, et al. Highly-visual social media and internalizing symptoms in adolescence: the mediating role of body image concerns[J]. Computers in human behavior, 2018, 82: 63–69.

[308]MARENGO D, LONGOBARDI C, FABRIS M A, et al. Highly-visual social media and internalizing symptoms in adolescence: the mediating role of body image concerns[J]. Computers in human behavior, 2018, 82: 63–69.

[309]MARES M L, SUN Y. The multiple meanings of age for television content preferences[J]. Human communication research, 2010, 36(3): 372–396.

[310]MARES S H, LICHTWARCK-ASCHOFF A, Engels R C. Intergenerational transmission of drinking motives and how they relate to young adults' alcohol use[J]. Alcohol and alcoholism, 2013, 48(4): 445–451.

[311]MARKOWITZ M H. Portfolio selection: efficient diversification of investments.[M]. New York: Yale University Press, 1959.

[312]MARQUAR T F, MATTHE S J, RAP P E. Selective exposure in the context of political advertising: a behavioral approach using eye-tracking methodology[J]. International journal of communication, 2016(10): 2576–2595.

[313]MARSH H W, PARKER P D, GUO J, et al. Psychological comparison processes and self-concept in relation to five distinct frame-of-reference effects: pan-human cross-cultural generalizability over 68 countries[J]. European journal of personality, 2020, 34(2): 180–202.

[314]MARTIN M C, GENTRY J W. Stuck in the model trap: the

effects of beautiful models in ads on female pre-adolescents and adolescents[J]. Journal of advertising, 1997, 26(2): 19-33.

[315] MARTÍNEZ-MONTEAGUDOM C, DELGADO B, et al. Cyberbullying and social anxiety: a latent class analysis among Spanish adolescents[J]. International journal of environmental research and public health, 2020, 17(2): 406.

[316] MASCHERONI G, VINCENT J, JIMENEZ E. Girls are addicted to likes so they post semi-naked selfies: peer mediation normativity and the construction of identity online[J]. Cyberpsychology, 2015(1): 30-43.

[317] MATA R, FREY R, RICHTER D, et al. Risk preference: a view from psychology[J]. Journal of economic perspectives, 2018, 32(2): 155-172.

[318] MATT C, HESS T, WEIB C. A factual and perceptional framework for assessing diversity effects of online recommender systems[J]. Internet research, 2019, 29(6): 1526-1550.

[319] MATTHEWS E J, DESJARDINS M. The meaning of risk in reproductive decisions after childhood abuse and neglect[J]. Journal of family violence, 2019, 35(8): 793-802.

[320] MCCAY-PEET L, TOMS E G, KELLOWAY E K. Development and assessment of the content validity of a scale to measure how well a digital environment facilitates serendipity[J]. Information research, 2014, 19(3): 4-28

[321] MCCLELLAND J L, RUMELHART D E, GROUP P R. Parallel distributed processing: explorations in the microstructure of cognition [M]. London: The MIT press, 1986.

[322] MCCLURE M J, LYDON J E, BACCUS J R, et al. A signal detection analysis of chronic attachment anxiety at speed dating: being unpopular is only the first part of the problem[J]. Personality and social psychology bulle-

tin, 2010(8): 1024-1036.

[323] MCCRAE R R, COSTA J. Personality trait structure as a human universal[J]. American psychologist, 1997, 52(5): 509-516.

[324] MCCRAE R R, COSTA P T, MARTINT A. The NEO-PI-3: a more readable revised neo personality inventory[J]. Journal of personality assessment, 2005, 84(3): 261-270.

[325] MCCRAE R R, COSTA P T. Clinical assessment can benefit from recent advances in personality psychology[J]. American psychologist, 1986, 41(9): 1001-1003..

[326] MCCRAE R R, COSTA P T. Validation of the five-factor model of personality across instruments and observers[J]. Journal of personality and social psychology, 1987, 52(1): 81-90.

[327] MCCREERY M P, KATHLE E N KRAC H S, SCHRADER P G, et al. Defining the virtual self: personality behavior and the psychology of embodiment[J]. Computers in human behavior, 2012, 28(3): 976-983.

[328] MCLUHAN M. Media hot and cold[J]. Understanding media: the extensions of man, 1964: 22-32.

[329] MEIER E P, GRAY J. Facebook photo activity associated with body image disturbance in adolescent girls[J]. Cyberpsychology, behavior, and social networking, 2014, 17(4): 199-206.

[330] MEIER E P, GRAY J. Facebook photo activity associated with body image disturbance in adolescent girls[J]. Cyberpsychology, behavior, and social networking, 2014, 17(4): 199-206.

[331] MEIER E P, GRAY J. Facebook photo activity associated with body image disturbance in adolescent girls[J]. Cyberpsychology behavior and social networking, 2014, (4): 199-206.

[332] MEIER Y, SCHÄWEL J, KRÄMER N C. The shorter the better? effects of privacy policy length on online privacy decision-making[J]. Media

and communication, 2020, 8(2): 291 - 301.

[333] MENHAS R, TABBASAM H F, JABEE N N. Influence of electronic media on children's personality development[J]. Innovare journal of social sciences, 2014, 2(3): 12 - 14.

[334] MESERVY T O, FADEL K J, KIRWAN C B, et al. An fMRI Exploration of information processing in electronic networks of practice1[J]. MIS quarterly, 2019, 43(3): 851 - 872.

[335] MESHI D, ELIZAROVA A, BENDER A, et al. Excessive social media users demonstrate impaired decision making in the Iowa Gambling Task [J]. Journal of behavioral addictions, 2019, 8(1): 169 - 173.

[336] MESHI D, ULUSOY E, ÖZDEM-MERTENS C, et al. Problematic social media use is associated with increased risk-aversion after negative outcomes in the balloon analogue risk task[J]. Psychology of addictive behaviors, 2020, 34(4): 549 - 555.

[337] METCALFE J. Metacognitive judgments and control of study[J]. Current directions in psychological science, 2009, 18(3): 159 - 163.

[338] METZGER M J, HARTSELLE H, FLANAGINA J. Cognitive dissonance or credibility? a comparison of two theoretical explanations for selective exposure to partisan news[J]. Communication research, 2020, 47(1): 3 - 28.

[339] MILLER G A. The magical number seven plus or minus two: some limits on our capacity for processing information[J]. Psychological review, 1956, 63(2): 81 - 97.

[340] MIR M A, AMIALCHUK A, RENNA F. Social network and weight misperception among adolescents[J]. Southern economic journal, 2011 (4): 827 - 842.

[341] MITCHELL V W, BOUSTANI P. Market development using new products and new customers: a role for perceived risk[J]. European journal of

marketing, 1993, 27(2): 17-32.

[342]MIYAZAKI A D, FERNANDEZ A. Consumer perceptions of privacy and security risks for online shopping[J]. Journal of consumer affairs, 2001, 35(1): 27-44.

[343]MONTOYAR M, HORON R S, KIRCHNER J. Is actual similarity necessary for attraction? a meta-analysis of actual and perceived similarity[J]. Journal of social and personal relationships, 2008. 25(6): 889-922

[344]MOON J, CHADEE D, TIKOO S. Culture product type and price influences on consumer purchase intention to buy personalized products online [J]. Journal of business research, 2008, 61(1): 31-39.

[345]MORAYN. Attention in dichotic listening: affective cues and the influence of instructions[J]. Quarterly journal of experimental psychology, 1959, 11(1): 56-60.

[346]MOUSAVIA R, CHENB R, KIMCJ D, et al. Effectiveness of privacy assurance mechanisms inusers' privacy protection on social networking sites from the perspective of protection motivation theory[J]. Decision support systems, 2020, 135: 13323.

[347]MUKHLIS H, KRISTIANINGSIH A, FITRIANTI F, et al. The effect of expressive writing technique to stress level decrease of new student at AI-Falah Putri Islamic Boarding School, Margodadi, Tanggamus[J]. Annals of tropical medicine and public health, 2020, 23(6): 758-766.

[348]MUMMENDEY A, KESSLER T, KLINK A, et al. Strategies to cope with negative social identity: predictions by social identity theory and relative deprivation theory[J]. Journal of personality and social psychology, 1999, 76(2): 229-245.

[349]MUNTINGA D G, MOORMAN M, SMIT E G. Introducing CO-BRAs: Exploring motivations for brand-related social media use[J]. International journal of advertising, 2011, 30(1): 13-46.

[350] MURPHY G L. Reasons to doubt the present evidence for metaphoric representation[J]. Cognition, 1997, 62(1): 99-108.

[351] MUTLU B, ROY N, ŠABANOVIĆ S. Cognitive human-robot interaction [M]. Switzerland: Springer, Cham, 2016.

[352] MUTLU-BAYRAKTAR D, COSGUN V, ALTAN T. Cognitive load in multimedia learning environments: a systematic review[J]. Computers education, 2019, 141: 103618.

[353] MÄNTYMÄKI M, ISLAM A K. The janus face of facebook: positive and negative sides of social networking site use[J]. Computers in human behavior, 2016, 61: 14-26.

[354] NBBI R L, ABBY P, JIYEON S. Facebook friends with (health) benefits? Exploring social network site use and perceptions of social support, stress, and well-being[J]. Cyberpsychology, behavior and social networking, 2013, 16(10): 721-727.

[355] NELISSEN S, KUCZYNSKI L, COENEIY L, et al. Bidirectional socialization: an actor-partner interdependence model of internet self-efficacy and digital media influence between parents and children[J]. Communication research, 2019, 46(8): 1145-1170.

[356] NELSON J L, WEBSTER J G. The myth of partisan selective exposure: a portrait of the online political news audience[J]. Social media & society, 2017, 3(3): 1-13.

[357] NESLIN A S, GREWAL D, LEGHORN R, et al. Challenges and opportunities in multichannel customer management[J]. Journal of service research, 2006, 9(2): 95-112.

[358] NEWCOMB T M. The prediction of interpersonal attraction[J]. American psychologist, 1956(11): 575-586.

[359] NEWHAGEN J E, RAFAELI S. Why communication researchers should study the internet: a dialogue[J]. Journal of computer-mediated com-

munication, 1996, 4.

[360] NGWE D, FERREIRA K J, TEIXEIRA T. The impact of increasing search frictions on online shopping behavior: evidence from a field experiment[J]. Journal of marketing research, 2019, 56(6): 944-959.

[361] NICHOLSON N, SOANE E, FENTON-O'CREEVY M, et al. Personality and domain-specific risk taking[J]. Journal of risk research, 2006, 8(2): 157-176.

[362] NIEDENTHAL P M, BRAUER M, HALBERSTADT J B, et al. When did her smile drop? facial mimicry and the influences of emotional state on the detection of change in emotional expression[J]. Cognition emotion, 2001, 15(6): 853-864.

[363] NISHINA A, JUVONEN J, WITKOW M R. Sticks and stones may break my bones but names will make me feel sick: the psychosocial somatic and scholastic consequences of peer harassment[J]. Journal of clinical child & adolescent psychology, 2005(1): 37-48.

[364] NIU G F, SUN X J, TIAN Y, et al. Resilience moderates the relationship between ostracism and depression among Chinese adolescents[J]. Personality and individual differences, 2016: 77-80.

[365] NORMAND A. Toward a theory of memory and attention[J]. Psychological review, 1968, 75(6): 522-536.

[366] NOVAK P T. A generalized framework for moral dilemmas involving autonomous vehicles: a commentary on gill[J]. Journal of consumer research, 2020, 47(2): 292-300.

[367] OESTREICHER-SINGER G, SUNDARARAJAN A. Recommendation networks and the long tail of electronic commerce[J]. MIS quarterly, 2010, 36(2): 65-83.

[368] OGBANUFE O, KIM D J. "Just how risky is it anyway?" the role of risk perception and trust on click-through intention[J]. Information systems

management, 2018, 35(3): 182 - 200.

[369] OSATUYI B. Personality traits and information privacy concern on social media platforms[J]. Journal of computer information systems, 2015, 55(4): 11 - 19.

[370] OSTENDORF S, MULLER S M, BRAND M. Neglecting long-term risks: self-disclosure on social media and its relation to individual decision-making tendencies and problematic social-networks-use[J]. Frontiers in psychology, 2020, 11: 543388

[371] OWEN C, MIKE N, MYRA T, et al. Emoticons in mind: an event-related potential study[J], Social neuroscience, 2014, 9(2): 196 - 202.

[372] O'KEEFE D J. Message properties, mediating states, and manipulation checks: claims, evidence, and data analysis in experimental persuasive message effects research[J]. Communication theory, 2003, 13(3): 251 - 274.

[373] PANG H. Microblogging friendship maintenance and life satisfaction among university students: the mediatory role of online self-disclosure[J]. Telematics informatics, 2018(8): 2232 - 2241.

[374] PARK S, HONG K, PARK E J, et al. The association between problematic internet use and depression suicidal ideation and bipolar disorder symptoms in Korean adolescents[J]. Australian and New Zealand journal of psychiatry, 2013, 47(2): 153 - 159.

[375] PARK S, RABINOVICH E, TANG C S, et al. Technical note: should an online seller post inventory scarcity messages?[J]. Decision sciences, 2020, 51(5): 1288 - 1308.

[376] PARK S-Y. The influence of presumed media influence on women's desire to be thin[J]. Communication research, 2005(5): 594 - 614.

[377] PARKINSON C, KLEINBAUM A M, WHEATLEY T. Similar

neural responses predict friendship[J]. Nature communications, 2018, 9: 332.

[378]PATCHIN J W, HINDUJA S. Cyberbullying and self-esteem[J]. Journal of school health, 2010(12): 614-621.

[379]PAULHUSD L, WILLIAMSK M. The dark triad of personality: narcissism machiavellianism and psychopathy[J]. Journal of research in personality, 2002, 36(6): 556-563.

[380]PECK J, CHILDERS T L. Individual differences in haptic information processing: the "need for touch" scale[J]. Journal of consumer research, 2003, 30(3): 430-442.

[381]PENNEBAKER J W, CHUNG C K. Expressive writing and its links to mental and physical health[M]. New York: Oxford University Press, 2011.

[382]PERLOFF R M. Social media effects on young women's body image concerns: theoretical perspectives and an agenda for research[J]. Sex roles, 2014, 71: 363-377.

[383]PETERSON E, GOE L S, IYENGAR S. Partisan selective exposure in online news consumption: evidence from the 2016 presidential campaign [J]. Political science research and methods, 2019, 1-17.

[384]PETERSON M, ELLENBERG D, GROSSAN S. Body-image perceptions: reliability of a BMI-based silhouette matching test[J]. American journal of health behavior, 2003, 27(4): 355-363.

[385]PETTY R E, CACIOPPO J T. The elaboration likelihood model of persuasion[M]. New York: Springer, 1986.

[386]PFEIFFER J, PFEIFFER T, MEIBNER M, et al. Eye-tracking-based classification of information search behavior using machine learning: evidence from experiments in physical shops and virtual reality shopping environments[J]. Information systems research, 2020, 31(3): 675-691.

[387]PHUA J, AHN S J. Explicating the "like" on Facebook brand pages: the effect of intensity of Facebook use number of overall "likes" and number of friends' "likes" on consumers' brand outcomes[J]. Journal of marketing communications, 2016, 22(5): 544 - 559.

[388]POLIVY J, HERMAN C P. Sociocultural idealization of thin female body shapes: an introduction to the special issue on body image and eating disorders[J]. Journal of social and clinical psychology, 2004, 23(1): 1 - 6.

[389]PONTES H M. Investigating the differential effects of social networking site addiction and Internet gaming disorder on psychological health[J]. Journal of behavioral addictions, 2017, 6(4): 601 - 610.

[390]PRAT T J. The effects of personality on a subject's information processing: a comment[J]. The accounting review, 1980, 55(3): 501 - 506.

[391]PRISLIN R, OUELLETTE J. When it is embedded it is potent: effects of general attitude embeddedness on formation of specific attitudes and behavioral intentions[J]. Personality and social psychology bulletin, 1996, 22(8): 845 - 861.

[392]PROT S, GENTILED A, ANDERSONCA, et al. Long-term relations among prosocial-media use empathy and prosocial behavior[J]. Psychological science, 2014, 25(2): 358 - 368.

[393]PROUL X T, INZLICH T M, HARMON-JONE S E. Understanding all inconsistency compensation as a palliative response to violated expectations[J]. Trends in cognitive sciences, 2012, 16(5): 285 - 291.

[394]PRZYBYLSKI A, MURAYAMA K, DEHAAN C, et al. Motivational emotional and behavioral correlates of fear of missing out[J]. Computers in human behavior, 2013, 29(4): 1841 - 1848.

[395]QIN Y S. Fostering brand-consumer interactions in social media: the role of social media uses and gratifications[J]. Journal of research in interactive marketing, 2020, 14(3): 337 - 354.

[396] QUINLAN S L, JACCAR D J, BLANTO N H. A decision theoretic and prototype conceptualization of possible selves: implications for the prediction of risk behavior [J]. Journal of personality, 2006, 74(2): 599-630.

[397] RAJAMMA R K, PASWAN A K, GANESH G. Services purchased at brick and mortar versus online stores and shopping motivation [J]. Journal of services marketing, 2007, 21(3): 200-212.

[398] RAND D G, GREENE J D, NOWAK M A. Spontaneous giving and calculated greed [J]. Nature, 2012, 489(7416): 427-430.

[399] RANTANE N J, METSÄPELTOR L, FELD T T, et al. Long-term stability in the big five personality traits in adulthood [J]. Scandinavian journal of psychology, 2007, 48(6): 511-518.

[400] REINECKE L, KLIMMT C, MEIER A, et al. Permanently online and permanently connected: development and validation of the online vigilance scale [J]. PloS one, 2018, 13(10): e0205384.

[401] REINECKE L, TAMBORINI R, GRIZZARD M, et al. Characterizing mood management as need satisfaction: the effects of intrinsic needs on selective exposure and mood repair [J]. Journal of communication, 2012, 62(3): 437-453.

[402] REISENZEI N R. The Schachter theory of emotion: two decades later [J]. Psychological bulletin, 1983, 94(2): 239-264.

[403] REVELL E W. Personality structure and measurement: the contributions of Raymond Cattell [J]. British journal of psychology, 2009, 100(S1): 253-257.

[404] REYNA V F, BRAINERD C J. Fuzzy-trace theory: an interim synthesis [J]. Learning individual differences, 1995, 7(1): 1-75.

[405] RHEE H S, KIM C, RYU Y U. Self-efficacy in information security: its influence on end users' information security practice behavior [J].

Computers security, 2009, 28(8): 816 – 826.

[406] RISTOVA C. Consumer behavior in the process of consumer decision process in social media in hospitality[J]. Czech hospitality & tourism papers, 2019, 15(32): 29 – 41.

[407] RIVA G, GALIMBERTI C. Towards cyberpsychology: mind, cognition, and society in the Internet age[M]. IOS Press, 2001.

[408] RIVES B K, MATSUMOTO D. Facial mimicry is not necessary to recognize emotion: facial expression recognition by people with moebius syndrome[J]. Social neuroscience, 2010, 5(2): 241 – 251.

[409] RIZZOLATTI G, CRAIGHERO L. The mirror-neuron system[J]. Annual review of neuroscience, 2004, 27(1): 169 – 192.

[410] ROBINSR W, FRALEYR C, ROBERTS B W, et al. A longitudinal study of personality change in young adulthood[J]. Journal of personality, 2001, 69(4): 617 – 640.

[411] ROCCA S S, SAGI V L, SCHWARTZ S H, et al. The big five personality factors and personal values[J]. Personality and social psychology bulletin, 2002, 28(6): 789 – 801.

[412] ROCKLIN T, REVELLE W. The measurement of extroversion: a comparison of the eysenck personality inventory and the eysenck personality questionnaire[J]. British journal of social psychology, 1981, 20(4): 279 – 284.

[413] ROGERS W R. A protection motivation theory of fear appeals and attitude change[J]. Journal of Psychology, 1975, 91(1): 93 – 114.

[414] ROSENGREN K E. International news: methods, data and theory [J]. Journal of peace research, 1974, 11(2): 145 – 156.

[415] ROUSSEAU A, EGGERMONT S. Media ideals and early adolescents' body image: selective avoidance or selective exposure? [J]. Body image, 2018, 26: 50 – 59.

[416] RUBIN A M. Uses-and-gratifications perspective on media effects [M]//Media effects. Routledge, 2009: 181-200.

[417] RUBINSTEIN G, STRUL S. The five factor model (FFM) among four groups of male and female professionals[J]. Journal of research in personality, 2007, 41(4): 931-937.

[418] RUNNEMARK E, Hedman J, Xiao X. Do consumers pay more using debit cards than cash?[J]. Electronic commerce research and applications, 2015, 14(5): 285-291.

[419] RYA N T, XENO S S. Who uses Facebook? an investigation into the relationship between the big five shyness narcissism loneliness and Facebook usage[J]. Computers in human behavior, 2011, 27(5): 1658-1664.

[420] RYAN R M, DECI E L. On happiness and human potentials: a review of research on hedonic and eudaimonic well-being[J]. Annual review of psychology, 2001, 52(1): 141-166.

[421] SAEF R, WOOS E, CARPENTER J, et al. Fostering socio-informational behaviors online: the interactive effect of openness to experience and extraversion[J]. Personality and individual differences, 2018, 122: 93-98.

[422] SALANCIKG R, PFEFFER J. A social information processing approach to job attitudes and task design[J]. Administrative science quarterly, 1978, 23(2): 224-253.

[423] SALVUCCI D D, TAATGEN N A. The multitasking mind[M]. New York: Oxford University Press, 2010.

[424] SAMPASA-KANYINGA H, LEWIS R F. Frequent use of social networking sites is associated with poor psychological functioning among children and adolescents[J]. Cyberpsychology behavior and social networking, 2015(7): 380-385.

[425] SANTO S D, MATEOS-PÉREZ E, CANTER O M, et al. Cyberbullying in adolescents: resilience as a protective factor of mental health out-

comes[J]. Cyberpsychology, behavior, and social networking, 2021, 24(6): 414-420.

[426]SARASON B R. Traditional views of social support and their impact on assessment[J]. Social support: an interactional view, 1990, 9-25.

[427] SASSEN S. Towards a sociology of information technology[J]. Current sociology, 2002, 50(3): 365-388.

[428]SAWICK I V, WEGENER D T, CLARK J K, et al. Seeking confirmation in times of doubt: selective exposure and the motivational strength of weak attitudes[J]. Social psychological and personality science, 2011, 2(5): 540-546.

[429]SCHACHNER D A, Shaver P R. Attachment dimensions and sexual motives[J]. Personal relationships, 2004, 11(2): 179-195.

[430]SCHLOSSER A E. Self-disclosure versus self-presentation on social media[J]. Current opinion in psychology, 2020, 31: 1-6.

[431]SCHOENMUELLER V, NETZER O, STAHL F. The polarity of online reviews: prevalence drivers and implications[J]. Journal of marketing research, 2020, 57(5): 853-877.

[432]SCHRAM M W, CARTER R F. Effectiveness of a political telethon[J]. Public opinion quarterly, 1959, 121-127.

[433]SCHREIER M, OBERHAUSER S, PRÜGL R. Lead users and the adoption and diffusion of new products: insights from two extreme sports communities[J]. Marketing letters, 2007, 18(1-2): 15-30.

[434]SCHROEDE R J, KARDA S M, EPLE Y N. The humanizing voice: speech reveals and text conceals a more thoughtful mind in the midst of disagreement[J]. Psychological science, 2017, 28(12): 1745-1762.

[435]SEARS D O, FREEDMAN J L. Selective exposure to information: a critical review[J]. Public opinion quarterly, 1967, 31(2): 194-213.

[436]SEIDMAN G. Self-presentation and belonging on Facebook: how

personality influences social media use and motivations[J]. Personality and individual differences, 2013, 54(3): 402 – 407.

[437]SEIH Y T, CHUNG C K, PENNEBAKER J W. Experimental manipulations of perspective taking and perspective switching in expressive writing [J]. Cognition and emotion, 2011, 25(5): 926 – 938.

[438] SHAPIRO K L, CALDWEL L J, SORENSEN R E. Personal names and the attentional blink: a visual "cocktail party" effect[J]. Journal of experimental psychology: human perception and performance, 1997, 23(2): 504 – 514.

[439]SHAUL R Z, UNGAR W J. Maximizing the benefit and mitigating the risks of moral hazard[J]. The American journal of bioethics, 2016, 16(7): 44 – 46.

[440]SHELDON P. Student favorite: Facebook and motives for its use [J]. Southwestern mass communication journal, 2008(2): 39 – 53

[441] SHEPPERD J A, MELNYK D. Avoiding risk information about breast cancer[J]. Annals of behavioral medicine, 2012(2): 216 – 224.

[442] SHERMAN L E, GREENFIELD P M, HERNANDEZLM, et al. Peer influence via instagram: effects on brain and behavior in adolescence and young adulthood[J]. Child development, 2017, 89(1): 37 – 47

[443]SHESTYUKA Y, KASINATHAN K, KARAPOONDINOT T V, et al. Individual EEG measures of attention memory and motivation predict population level TV viewership and Twitter engagement[J]. PloS one, 2019, 14(3): e0214507.

[444]SHIFFRIN R M, ATKINSON R C. Storage and retrieval processes in long-term memory[J]. Psychological review, 1969, 76(2): 179 – 193.

[445]SILVERSTONE R. Complicity and Collusion in the Mediation of Everyday Life[J]. New literary history, 2002, 33(4): 761 – 780.

[446]SIMPSON J A, RHOLES W S, PHILLIPS D. Conflict in close re-

lationships: an attachment perspective[J]. Journal of personality and social psychology, 1996, 71(5): 899 - 914

[447]SITKIN B S, PABLO L A. Reconceptualizing the determinants of risk behavior[J]. Academy of management review 17, 1992(1): 9 - 38.

[448]SLATER A, TIGGEMANN M. Media exposure extracurricular activities and appearance-related comments as predictors of female adolescents' self-objectification[J]. Psychology of women quarterly, 2015, 39(3): 375 - 389.

[449]SLATER A, VON DER SCHULENBURG C, BROWN E, et al. Newborn infants prefer attractive faces[J]. Infant behavior and development, 1998, 21(2): 345 - 354.

[450]SLATER M D, ROUNER D. Entertainment education and elaboration likelihood: understanding the processing of narrative persuasion[J]. Communication theory, 2002, 12(2): 173 - 191.

[451]SLATER M D. Reinforcing spirals: the mutual influence of media selectivity and media effects and their impact on individual behavior and social identity[J]. Communication theory, 2007, 17(3): 281 - 303.

[452]SLATER M D. Reinforcing spirals: the mutual influence of media selectivity and media effects and their impact on individual behavior and social identity[J]. Communication theory, 2007, 17(3): 281 - 303.

[453]SMITH K A. Internet dreams: archetypes, myths, and metaphors [J]. Journal of engineering education, 1998, 87(3): 203.

[454]SMITH S M, FABRIGAR L R, NORRIS M E. Reflecting on six decades of selective exposure research: progress challenges and opportunities [J]. Social and personality psychology compass, 2008, 2(1): 464 - 493.

[455]SNYDER L B, HAMILTON M A, MITCHELL E W, et al. A meta-analysis of the effect of mediated health communication campaigns on behavior change in the United States[J]. Journal of health communication, 2004,

9,71-96.

[456]SONGS Y, CHO E, KIMY K. Personality factors and flow affecting opinion leadership in social media[J]. Personality and individual differences, 2017, 114: 16-23.

[457]SOTO C J, JOHN O P. Short and extra-short forms of the big five inventory-2: The BFI-2-S and BFI-2-XS[J]. Journal of research in personality, 2017, 68: 69-81.

[458]SOTO C J, JOHN O P. The next big five inventory(BFI-2): developing and assessing a hierarchical model with 15 facets to enhance bandwidth, fidelity, and predictive power[J]. Journal of personality and social psychology, 2017, 113(1), 117-143.

[459]SOUIDE N N, CHAOUAL I W, BACCOUCH E M. Consumers' attitude and adoption of location-based coupons: the case of the retail fast food sector[J]. Journal of retailing and consumer services, 2019, 47: 116-132.

[460]SOUIDE N N, CHTOURO U S, KORA I B. Consumer attitudes toward online advertising: the moderating role of personality[J]. Journal of promotion management, 2017, 23(2): 207-227.

[461]SOUTHWELL B G, LANGTEA U R. Age memory changes and the varying utility of recognition as a media effects pathway[J]. Communication methods measures, 2008, 2(1-2): 100-114.

[462]SPANLAN G B, NORMAND J M, BORLAN D D, et al. How to build an embodiment lab: achieving body representation illusions in virtual reality[J]. Frontiers in robotics and ai, 2014, 1: 1-22.

[463]SPEARS B, JOHNSON B, SLEE P, et al. Behind the scenes and screens insights into the human dimension of covert and cyberbullying[J]. Journal of psychology, 2009, 217(4): 189-196.

[464]SPECH T J, EGLOF F B, SCHMUKLE S C. Stability and change of personality across the life course: the impact of age and major life events on

mean-level and rank-order stability of the Big Five[J]. Journal of personality and social psychology, 2011, 101(4): 862-882.

[465]SPENCE C, NICHOLLSM E, DRIVER J. The cost of expecting events in the wrong sensory modality[J]. Perception psychophysics, 2001, 63(2): 330-336.

[466] SPINK A, COLE C, WALLER M. Multitasking behavior[J]. Annual review of information science technology, 2008, 42(1): 93-118.

[467] STEINBERG L. The influence of neuroscience on US Supreme Court decisions about adolescents' criminal culpability[J]. Nature reviews neuroscience, 2013, 14(7): 513-518.

[468]STIC E E, Bearman S K. Body image and eating disturbances prospectively predict growth in depressive symptoms in adolescent girls: a growth curve analysis[J]. Developmental psychology, 2001, 37(5): 597-607.

[469]STICE E, SCHUPAK-NEUBERG E, SHAW H E, et al. Relation of media exposure to eating disorder symptomatology: an examination of mediating[J]. Journal of abnormal psychology, 1994, 103(4): 836-840.

[470]STICE E, SHAW H. Eating disorder prevention programs: a meta-analytic review[J]. Psychological bulletin, 2004, 130(2): 206-227.

[471]STROUD N J, MUDDIMA N A. Selective exposure tolerance and satirical news[J]. International journal of public opinion Research, 2013, 25(3): 271-290.

[472]STROUD N J. Media use and political predispositions: revisiting the concept of selective exposure [J]. Political behavior, 2008, 30 (3): 341-366.

[473]STROUD N J. Niche news: the politics of news choice[M]. New York: Oxford University Press on Demand, 2011.

[474]SUN H, NI W, WANG Z. A consumption system model integrating quality satisfaction and behavioral intentions in online shopping[J]. Infor-

mation technology and management, 2016, 17(2): 165 – 177.

[475]SUNDAR S S, JIA H, WADDELL T F, et al. Toward a theory of interactive media effects(TIME) four models for explaining how interface features affect user psychology[J]. The handbook of the psychology of communication technology, 2015: 47 – 86.

[476]SUTU A, PHETMISY C N, DAMIANR I. Open to laugh: the role of openness to experience in humor production ability[J]. Psychology of aesthetics, creativity, and the arts, 2021: 15(3): 401 – 411.

[477]SWEENY K, MELNYK D, MILLER W, et al. Information avoidance: who what when and why[J]. Review of general psychology, 2010, 14(4): 340 – 353.

[478] SWIECKA B, TEREFENKO P, PAPROTNY D. Transaction factors' influence on the choice of payment by Polish consumers[J]. Journal of retailing and consumer services, 2021, 58(2): 102264

[479]TABER C S, LODG E M. Motivated skepticism in the evaluation of political beliefs[J]. American journal of political science, 2006, 50(3): 755 – 769.

[480]TABER J M, KLEIN W M P, FERRER R A, et al. Information avoidance tendencies threat management resources and interest in genetic sequencing feedback [J]. Annals of behavioral medicine, 2015, 49: 616 – 621.

[481]TAN S J. Strategies for reducing consumers' risk aversion in Internet shopping[J]. The Journal of consumer marketing, 1999, 16(2): 163 – 180.

[482]TANAKA S. The notion of embodied knowledge[M]. Concord, Canada: Captus Press, 2011.

[483]TAYA S W, TEHB P S, PAYNEC S J. Reasoning about privacy in mobile application install decisions: risk perception and framing[J]. International journal of Human-Computer studies, 2021, 145: 102517.

[484] TAYLOR J W. The role of risk in consumer behavior[J]. Journal of marketing, 1974, 38(2): 54 – 60.

[485] TEMDE E P. Smart learning environment: paradigm shift for online learning[M]. London: Intechopen, 2020.

[486] TENG C I. Personality differences between online game players and nonplayers in a student sample[J]. Cyberpsychology behavior, 2008, 11(2): 232 – 234.

[487] TESSER A, MILLAR M, MOORE J. Some affective consequences of social comparison and reflection processes: the pain and pleasure of Being Close[J]. Journal of personality and social psychology, 1988, 54(1): 49 – 61.

[488] TESSER A, MILLAR M, MOORE J. Some affective consequences of social comparison and reflection processes: the pain and pleasure of being close[J]. Journal of personality and social psychology, 1988, 54(1): 49 – 61.

[489] THOMPSON E. Empathy and consciousness[J]. Journal of consciousness studies, 2001, 8(5 – 6): 1 – 32.

[490] TICED M. Self-concept change and self-presentation: the looking glass self is also a magnifying glass[J]. Journal of personality and social psychology, 1992, 63(3): 435 – 451.

[491] TIGGEMANN M, SLATER A. NetGirls: the Internet, Facebook, and body image concern in adolescent girls[J]. International journal of eating disorders, 2013, 46(6): 630 – 633.

[492] TOBIN S J, VANMAN E J, VERREYNNE M, et al. Threats to belonging on Facebook: lurking and ostracism[J]. Social influence, 2015, 10(1): 31 – 42.

[493] TREISMANA M. Strategies and models of selective attention[J]. Psychological review, 1969, 76(3): 282 – 299.

[494]TSENG C H, WEI L F. The efficiency of mobile media richness across different stages of online consumer behavior[J]. International journal of information management, 2020, 50: 353-364.

[495]TURBAN D B, STEVENS C K, LEE F K. Effects of conscientiousness and extraversion on new labor market entrants' job search: the mediating role of metacognitive activities and positive emotions[J]. Personnel psychology, 2009, 62(3): 553-573.

[496]TUREL O, POPPAN T, GIL-OR O. Neuroticism magnifies the detrimental association between social media addiction symptoms and wellbeing in women but not in men: a three-way moderation model[J]. Psychiatric quarterly, 2018, 89(3): 605-619.

[497]TUREL O, SERENKO A. Cognitive biases and excessive use of social media: the facebook implicit associations test(FIAT)[J]. Addictive behaviors, 2020, 105: 106328.

[498]TUREL O, SERENKO A. The benefits and dangers of enjoyment with social networking websites[J]. European journal of information systems, 2012(5): 512-528.

[499]TVERSKY A, KAHNEMAN D. The framing of decisions and the psychology of choice[J]. Science, 1981, 211(4481): 453-458.

[500]TWENGE J M, BAUMEISTER R F, TICE D M, et al. If you can't join them beat them: effects of social exclusion on aggressive behavior[J]. Journal of personality and social psychology, 2001, 81(6): 1058-1069.

[501]VAIDYA J G, GRAY E K, HAI G J, et al. On the temporal stability of personality: evidence for differential stability and the role of life experiences[J]. Journal of personality and social psychology, 2002, 83(6): 1469-1484.

[502]VAILLANCOURT T, DUKU E, BECKER S, et al. Peer victimi-

zation depressive symptoms and high salivary cortisol predict poorer memory in children[J]. Brain and cognition, 2011(2): 191-199.

[503]VALENZUELA S, PARK N, KEE K F. Is there social capital in a social network site?: Facebook use and college students' life satisfaction trust and participation[J]. Journal of computer-mediated communication, 2009, 14(4): 875-901.

[504]VALKENBURG P M, CANTOR J. The development of a child into a consumer[J]. Journal of applied developmental psychology, 2001, 22(1): 61-72.

[505]VALKENBURG P M, PETER J. Five challenges for the future of media-effects research[J]. International journal of communication, 2013, 7: 197-215.

[506] VALKENBURG P M. Understanding self-effects in social media [J]. Human communication research, 2017, 43(4): 477-490.

[507]VANDERZEE K, BUUNK B, SANDERMAN R. The relationship between social comparison processes and personality[J]. Personality and individual differences, 1996, 20(5): 551-565.

[508]VEIL S R, BUEHNER T, PALENCHAR M J. A work-in-process literature review: incorporating social media in risk and crisis communication [J]. Journal of contingencies and crisis management, 2011(2): 110-122

[509]VERA A H, SIMON H A. Situated action: a symbolic interpretation[J]. Cognitive science, 1993, 17(1): 7-48.

[510]VERDEJO-GARCIA A, CHONG T T, STOUT J C, et al. Stages of dysfunctional decision-making in addiction[J]. Pharmacology biochemistry and behavior, 2018, 164: 99-105.

[511]VERDUY N P, LEE D S, PAR K J, et al. Passive Facebook usage undermines affective well-being: experimental and longitudinal evidence [J]. Journal of experimental psychology: general, 2015, 144(2): 480-488.

［512］VITAK J. The impact of context collapse and privacy on social network site disclosures[J]. Journal of broadcasting and electronic media, 2012, 56(4): 451-470.

［513］VITHAYATHILA J, DADGARB M, OSIRI J K. Social media use and consumer shopping preferences[J]. International journal of information management, 2020, 54: 102117.

［514］WALLACH H, ZUCKERMAN C. The constancy of stereoscopic depth[J]. The American journal of psychology, 1963, 76(3): 404-412.

［515］WALSTER E, WALSTER G W, PILIAVIN J, et al. "Playing hard to get": Understanding an elusive phenomenon[J]. Journal of personality social psychology, 1973(1): 113-121.

［516］WALTER W. The uses of mass communications: current perspectives on gratification research[J]. Public opinion quarterly, 1976, 40(1): 132-133.

［517］WALTHER J B. Computer-mediated communication: impersonal, interpersonal, and hyperpersonal interaction[J]. Communication research, 1996, 23(1): 3-43.

［518］WALTHER J B. Interpersonal effects in computer-mediated interaction[J]. Communication research, 1992, 19(1): 52-90.

［519］WALTHER J, HEIDEB V D, KIM S Y, et al. The role of friend appearance and behavior on evaluations of individuals on facebook: are we known by the company we keep?[J]. Human communication research, 2008, 34(1): 28-49.

［520］WANG C W, HORT H, CHANCL W, et al. Exploring personality characteristics of Chinese adolescents with internet-related addictive behaviors: trait differences for gaming addiction and social networking addiction[J]. Addictive behaviors, 2015, 42: 32-35.

［521］WANG C X, ZHANG J. Assertive ads for want or should? It depends on consumers' power[J]. Journal of consumer psychology, 2020, 30(3): 466 –485.

[522] WANG Q Z, MA L, HUANG L Q, et al. Effect of the model eye gaze direction on consumer information processing: a consideration of gender differences[J]. Online information review, 2020, 44(7): 1403 –1420.

[523] WANG S A, GREENWOOD B N, PAVLOU P A. Tempting fate: social media posts unfollowing and long-term sales[J]. MIS quarterly, 2020, 44(4): 1521 –1571.

[524] WANG S, CHEN X. Recognizing ceo personality and its impact on business performance: mining linguistic cues from social media[J]. Information management, 2020, 57(5): 103173.

[525] WANG W, WANG M. Effects of sponsorship disclosure on perceived integrity of biased recommendation agents: psychological contract violation and knowledge-based trust perspectives[J]. Information system research, 2018, 30(2): 1 –18.

[526] WANG X T, ZHENG R, XUAN Y H, et al. Not all risks are created equal: a twin study and meta-analyses of risk taking across seven domains[J]. Journal of experimental psychology-general, 2016, 145(11): 1548 –1560.

[527] WAT T S, ELLIOT T K, BRADSHA W M, et al. Binocular cues and the control of prehension [J]. Spatial vision, 2004, 17(1 –2): 95 –110.

[528] WATJATRAKUL B. Online learning adoption: effects of neuroticism openness to experience and perceived values[J]. Interactive technology smart education, 2016, 13: 229 –243.

[529] WATSON D S M U, DALLAS T X, US, PENNEBAKER J W. Health complaints stress and distress: exploring the central role of negative affectivity[J]. Psychological review, 1989(2): 234 –254.

[530] WATSON J C, PROSEK E A, GIORDANO A L. Investigating

psychometric properties of social media addiction measures among adolescents [J]. Journal of counseling development, 2020, 98(4): 458-466.

[531] WEBB T L, CHANG B P I, BENN Y. "the ostrich problem": motivated avoidance or rejection of information about goal progress[J]. Social and personality psychology compass, 2013(11): 794-807.

[532] WEBER E U, BLAIS A R, BETZ E N. A domain-specific risk-attitude scale: measuring risk perceptions and risk behaviors[J]. Journal of behavioral decision making, 2002, 15(4): 263-290.

[533] WEBER E U, MILLIMAN R A. Perceived risk attitudes: relating risk perception to risky choice[J]. Management science, 1997, 43(2): 123-144.

[534] WEIQUAN W, YI Z H, LINGYUN Q, et al. Effects of emoticons on the acceptance of negative feedback in computer-mediated communication [J]. Journal of the association for information systems, 2014, 15(8): 454-483.

[535] WEN Z, GENG X, YE Y. Does the use of wechat lead to subjective well-being?: the effect of use intensity and motivations[J]. Cyberpsychology behavior and social networking, 2016, 19(10): 587-592.

[536] WERTHEIM E H, PAXTON S J, SCHUTZ H K, et al. Why do adolescent girls watch their weight? an interview study examining sociocultural pressures to be thin[J]. Journal of psychosomatic research, 1997, 42(4): 345-355.

[537] WESTERWICK A, JOHNSON B K, KNOBLOCH-WESTERWICK S. Confirmation biases in selective exposure to political online information: source bias vs content bias [J]. Communication monographs, 2017, 343-364.

[538] WHAITEE O, SHENS A A, SIDANI J E, et al. Social media use personality characteristics and social isolation among young adults in the United

States[J]. Personality and individual differences, 2018, 124: 45-50.

[539] WHITLEY S C, TRUDEL R, KURT D. The influence of purchase motivation on perceived preference uniqueness and assortment size choice[J]. Journal of consumer research, 2018, 45(4): 710-724.

[540] WIGDERSON S, LYNCH M. Cyber-and traditional peer victimization: unique relationships with adolescent well-being[J]. Psychology of violence, 2013, 3(4): 297-309.

[541] WIGGINS J S. A psychological taxonomy of trait-descriptive terms: the interpersonal domain [J]. Journal of personality social psychology, 1979(3): 395-412.

[542] WILKE A, SHERMAN A, CURDT B, et al. An evolutionary domain-specific risk scale[J]. Evolutionary behavioral sciences, 2014, 8(3): 123-141.

[543] WILLIAMS K D, GOVAN C L, CROKER V, et al. Investigations into differences between social-and cyberostracism[J]. Group dynamics, 2002(1): 65-77.

[544] WILSON M. Six views of embodied cognition[J]. Psychonomic bulletin review, 2002, 9(4): 625-636.

[545] WOJCIESZA K M. What Predicts Selective Exposure Online: testing Political Attitudes Credibility and Social Identity[J]. Communication research, 2019, 48(5): 687-716.

[546] WOLFINBARGER M, GILLY M C. Shopping online for freedom control and fun[J]. California management review, 2001, 43(1): 34-55.

[547] WOOD J V, GIORDANO-BEECH M, TAYLORK K L, et al. Strategies of social comparison among people with low self-esteem: self-protection and self-enhancement[J]. Journal of personality and social psychology, 1994, 67(4): 713-731.

[548] WOOD J V. Theory and research concerning social comparisons of

personal attributes[J]. Psychological bulletin, 1989, 106(2): 231-248.

[549]WORRINGER B, LANGNER R, KOCH I, et al. Common and distinct neural correlates of dual-tasking and task-switching: a meta-analytic review and a neuro-cognitive processing model of human multitasking[J]. Brain structure and function, 2019, 224(5): 1845-1869.

[550]WORTHA S M, BLOECHLE J, NINAUS M, et al. Neurofunctional plasticity in fraction learning: an fMRI training study[J]. Trends in neuroscience and education, 2020, 21: 100141.

[551]WRZUS C, ROBERTS B W. Processes of personality development in adulthood: the TESSERA framework[J]. Personality and social psychology review, 2017, 21(3): 253-277.

[552]WYER R S, SRULL T K. Human cognition in its social context[J]. Psychological review, 1986, 93(3): 322-359.

[553]XIAO L, MOU J. Social media fatigue-technological antecedents and the moderating roles of personality traits: the case of wechat[J]. Computers in human behavior, 2019, 101: 297-310.

[554]XIE H, PENG J, QIN M, et al. Can touchscreen devices be used to facilitate young children's learning? a meta-analysis of touchscreen learning effect[J]. Frontiers in psychology, 2018, 9: 2580.

[555]XU X, CHEN R, JIANG L. The influence of payment mechanisms on pricing: when mental imagery stimulates desire for money[J]. Journal of retailing, 2020, 96(2): 178-188.

[556]XUE K, YANG C, YU M. Impact of new media use on user's personality traits[J]. Quality quantity, 2018, 52(2): 739-758.

[557]YARKON I T. Psychoinformatics: new horizons at the interface of the psychological and computing sciences[J]. Current directions in psychological science, 2012, 21(6): 391-397.

[558]YEAGER D S. Dealing with social difficulty during adolescence:

the role of implicit theories of personality[J]. Child development perspectives, 2017, 11(3): 196-201.

[559]YEAGERD S, JOHNSON R, SPITZERB J, et al. The far-reaching effects of believing people can change: implicit theories of personality shape stress health and achievement during adolescence[J]. Journal of personality and social psychology, 2014, 106(6): 867-884.

[560]YOUNGM J, LANDY M S, MALONEY L T. A perturbation analysis of depth perception from combinations of texture and motion cues[J]. Vision research, 1993, 33(18): 2685-2696.

[561]YU C R, YU X Y, FAN Z T, et al. Development and validation of a BMI-based figure rating scale for Chinese adolescents[J]. Evaluation and the health professions, 2022, 45(2): 215-219.

[562]YU E, KIM H C. Is she really happy? a dual-path model of narcissistic self-presentation outcomes for female Facebook users[J]. Computers in human behavior, 2020, 108: 106328.

[563]ZAKARI A N, YUSOF S A M. Crossing cultural boundaries using the internet: toward building a model of swift trust formation in global virtual teams[J]. Journal of international management, 2020, 26(1): 100654.

[564]ZEIGLER-HILL V, MONICA S. The HEXACO model of personality and video game preferences[J]. Entertainment computing, 2015, 11: 21-26.

[565]ZHANG J, DONG H, ZHAO Z, et al. Altered neural processing of negative stimuli in people with internet gaming disorder: fMRI evidence from the comparison with recreational game users[J]. Journal of affective disorders, 2020, 264: 324-332.

[566]ZHOU N, CAO H, LI X, et al. Internet addiction problematic internet use nonproblematic internet use among chinese adolescents: individual parental peer and sociodemographic correlates[J]. Psychology of addictive be-

haviors, 2018, 32(3): 365-372.

[567] ZHOU Y, ZHENG W, GAO X. The relationship between the big five and cyberbullying among college students: the mediating effect of moral disengagement[J]. Current psychology, 2019, 38(5): 1162-1173.

[568] ZHUANG H, LESZCZYC P T, LIN Y. Why is price dispersion higher online than offline? the impact of retailer type and shopping risk on price dispersion[J]. Journal of retailing, 2018, 94(2): 136-153.

[569] ZILLMAN N D, BRYANT J. Affect, mood, and emotions as detriments of selective exposure[M]. Routledge, 1985.

[570] ZILLMAN N D, CHEN L, KNOBLOC H S, et al. Effects of lead framing on selective exposure to Internet news reports[J]. Communication research, 2004, 31(1): 58-81.

[571] ZILLMANN D. Mood management through communication choices [J]. American behavioral scientist, 1988, 31(3): 327-340.

后　　记

2019年5月，教育部联合科技部、工信部等13个部委启动的"六卓越一拔尖"计划2.0正式推出了"新文科"概念，新文科建设自此进入政策实施阶段，成为我国哲学社会科学研究发展的新时代背景。在新文科建设过程中，已有多位专家提出了打破学科壁垒、促进新科技革命与文科融合、着力建设交叉融合新专业新方向的建设思路。"新媒体与行为决策"作为一门交叉学科，是基于新文科建设大背景下的一次学科交叉融合尝试。

《新媒体与行为决策》的编写始于2020年夏天，在中山大学本科生全校通识教育课、传播与设计学院本科生专业选修课的授课讲义基础上形成初稿，期间历经多次修改。斗转星移，两年的教材编写时光转瞬之间就结束了。移动互联技术高速发展着，本教材的编写过程也伴随着新媒体研究的突飞猛进、日新月异，虽然已经纳入了本领域的部分最新研究成果，但需要指出的是，在本教材之外仍存有一些"遗珠"研究，乐观且期待地说，这也给本教材下一版的修订提供了较大空间。

最后，我想向为本教材的顺利出版提供了巨大支持与帮助的所有朋友表示最真挚的感谢：感谢中山大学出版社的徐诗荣副社长和相关编校人员，他们为本教材的出版付出了大量的努力，他们的专业精神令人钦佩；新媒体与行为决策课题组的部分学生参与了本教材部分章节的编写及整理工作，分别是刘立恒、刘紫娟、王乐天、郭明晨、满飞增，感谢他们的付出；感谢在教材写作过程中提供诸多建议及帮助的家人和朋友，这份支持令人难忘。

郑昱
2022年10月23日于中山大学康乐园